CURIOSITÉS

PHILOLOGIQUES, GÉOGRAPHIQUES

ET ETHNOLOGIQUES.

LA BIBLIOTHÈQUE DE POCHE

Se compose de **10 volumes** pareils à celui-ci, et dont voici les titres :

1. CURIOSITÉS MILITAIRES.
2. — LITTÉRAIRES.
3. — BIBLIOGRAPHIQUES.
4. — BIOGRAPHIQUES.
5. — DES TRADITIONS, MOEURS, USAGES, ETC.
6. — DES BEAUX-ARTS ET DE L'ARCHÉOLOGIE.
   — DES ORIGINES ET DES INVENTIONS.
8. — PHILOLOGIQUES, GÉOGRAPHIQUES ET ETHNOLOGIQUES.
9. — ANECDOTIQUES.
10 — HISTORIQUES.

Paris. — Imprimerie mécanique d'Adrien DELCAMBRE et Comp., 15, rue Breda.

BIBLIOTHÈQUE DE POCHE

PAR UNE

SOCIÉTÉ DE GENS DE LETTRES ET D'ÉRUDITS

CURIOSITÉS

PHILOLOGIQUES, GÉOGRAPHIQUES

ET

ETHNOLOGIQUES.

PARIS,

PAULIN ET LE CHEVALIER, ÉDITEURS,

RUE RICHELIEU, 60.

1855

CURIOSITÉS PHILOLOGIQUES

GÉOGRAPHIQUES

ET ETHNOLOGIQUES.

PHILOLOGIE.

PROLÉGOMÈNES.

DE LA PREMIÈRE LANGUE. — Quelle langue parlaient Adam et Eve dans le paradis terrestre? Cette grave question a exercé la sagacité de bien des savants; mais elle leur a surtout fourni l'occasion de faire preuve de patriotisme.

Des rabbins ont prétendu que la langue mère était le samaritain.

Ouvrez les *Origines antverpianæ* [1] de Jean Goropius, surnommé Becanus, auteur brabançon, et vous y

[1] Anvers, 1569, in-fol.

verrez que c'était le cimbrique, c'est-à-dire le flamand ancien.

La Basse-Bretagne a donné naissance à plusieurs érudits qui n'admettent pas que la langue primitive soit autre que le bas-breton [1].

Un espagnol, J.-B. Erro, ne s'est pas contenté de publier en 1806 un alphabet de la langue primitive de l'Espagne, pour prouver que les Basques sont les premiers habitants de la péninsule ; il ne s'est pas borné dans son *El Mundo primitivo* [2] à remonter au delà du déluge pour démontrer qu'avant qu'il existât des Egyptiens et des Babyloniens, les savants basques avaient coordonné le système du mouvement universel, lequel système inconnu de nos jours comprend sous une seule loi le cours des astres et la végétation des moindres plantes : il ne doute pas que ce ne soit du basque qu'Adam ait tiré tous les noms qu'il a eu à donner aux êtres et aux choses.

André Kempe est moins exclusif. Dans l'ouvrage étrange qu'il a composé sur cette importante matière, il admet qu'on a parlé trois langues au paradis : le suédois, le danois et le français. Dieu se réserva la première, Adam lui répondit dans la seconde, et c'est dans la nôtre qu'Eve fut tentée par le serpent. Notre langue, il faut en convenir, n'occupe pas là précisément la place la plus considérable ; mais les Français ont l'humeur si galante, qu'ils sont capables de s'en tenir parfaitement satisfaits.

Les Persans admettent aussi qu'il se parlait trois lan-

---

[1] Le Brigant est du nombre ; il disait sérieusement, pour concilier son système avec l'étymologie du nom d'Adam et de celui d'Ève, qu'ayant failli s'étrangler en avalant la fatale pomme, Adam aurait dit : *a tam* (quel morceau !) et que Ève lui aurait répondu *ev !* (bois).

[2] Madrid, 1814, in-4.

gues au paradis; mais, comme on peut s'y attendre, ils sont persuadés que c'est le persan, l'arabe et le turc.

Adam et Eve parlaient entre eux la langue de l'amour et de la poésie, le persan; le serpent prit pour les séduire la langue de l'éloquence et de la persuasion, l'arabe; mais quand l'ange Gabriel eut à les chasser du paradis, voyant qu'il n'était écouté ni en persan ni en arabe, il prit la langue du commandement et de la menace, il parla turc [1].

Tous ces faiseurs d'hypothèses intéressées, Voltaire les met d'accord, en niant qu'il y ait une langue primitive. « Chaque espèce, dit-il, a sa langue. Celle des Esquimaux et des Algonquins ne fut point celle du Pérou. Il n'y a pas eu plus de langue primitive et d'alphabet primitif que de chênes primitifs, et que d'herbe primitive...

« Ne peut-on pas, sans offenser personne, supposer que l'alphabet a commencé par des cris et des exclamations? Les petits enfants disent d'eux-mêmes *ha he* quand ils voient un objet qui les frappe; *hi hi*, quand ils pleurent; *hu hu, hou hou*, quand ils se moquent; *aïe*, quand on les frappe : et il ne faut pas les frapper.

« A l'égard des deux petits garçons que le roi d'Egypte Psammeticus (ce qui n'est pas un mot égyptien) fit élever pour savoir quelle était la langue primitive, il n'est guère possible qu'ils se soient tous deux mis à crier *bec bec* pour avoir à déjeuner.

« Des exclamations formées par des voyelles, aussi naturelles aux enfants que le coassement l'est aux grenouilles,

---

[1] Si ces opinions diverses ne suffisent point au lecteur et qu'il veuille avoir de plus amples renseignements sur l'alphabet d'Adam, sur celui d'Énoch, de Noé, et même sur la langue des anges, nous l'engagerons à lire la *Synopsis universæ philologiæ* de Godefroi Henselius, page 20, Nuremberg, 1741, in-8.

il n'y a pas si loin qu'on croirait à un alphabet complet. Il faut bien qu'une mère dise à son enfant l'équivalent de *viens, tiens, prends, tais-toi, approche, va-t'en* : ces mots ne sont représentatifs de rien, ils ne peignent rien ; mais ils se font entendre avec un geste.

« De ces rudiments informes il y a un chemin immense pour arriver à la Syntaxe. Je suis effrayé quand je songe que de ce mot *viens* il faut parvenir un jour à dire : « Je serais venu, ma mère, si, en accourant vers vous, je n'étais pas tombé à la renverse, et si une épine de votre jardin ne m'était pas entrée dans la jambe gauche. »

Jean Goropius, dans son ouvrage déjà cité par nous, après avoir constaté que le mot *sac* se retrouvait dans la plupart des langues, *sak* en hébreu, en chaldéen et en turc ; *sac* en celtique ; *sach* en teuton ; *sakkos* en grec; *saccus* en latin ; *sakk* en goth ; *sac* en anglo-saxon ; *sack* en allemand, en anglais, en danois et en belge ; *sacco* en italien ; *saco* en espagnol, *sac* en français, etc... tire de cette analogie une conclusion difficile à croire sérieuse : c'est que, lors de la confusion des langues, pas un des ouvriers, en quittant Babel, n'oublia son sac.

ALPHABET. — Voltaire, qui définit l'alphabet l'origine de toutes les connaissances de l'homme et de toutes ses sottises, demande pourquoi l'alphabet n'a de nom dans aucune langue de l'Europe. *Alphabet* ne signifie autre chose que A B, et A B ne signifie rien, ou tout au plus il indique deux sons ; et ces deux sons n'ont aucun rapport l'un avec l'autre. *Beth* n'est point formé d'*Alpha;* l'un est le premier, l'autre le second ; et l'on ne sait pas pourquoi.

« Or comment s'est-il pu faire qu'on manque de termes pour exprimer la porte de toutes les sciences ? La connaissance des nombres, l'art de compter, ne s'appelle point *un-deux;* et le rudiment de l'art d'exprimer ses pensées n'a dans l'Europe aucune expression propre qui le désigne.

« L'alphabet est la première partie de la grammaire ; ceux qui possèdent la langue arabe, dont je n'ai pas la plus légère notion, pourront m'apprendre si cette langue, qui a, dit-on, quatre-vingts mots pour signifier un cheval, en aurait un pour signifier l'alphabet.

« Je proteste que je ne sais pas plus le chinois que l'arabe ; cependant j'ai lu dans un petit vocabulaire chinois [1] que cette nation s'est toujours donné deux mots pour exprimer le catalogue, la liste des caractères de sa langue ; l'un est *ho-tou*, l'autre *haipien* : nous n'avons ni ho-tou ni haipien dans nos langues occidentales. Les Grecs n'avaient pas été plus adroits que nous ; ils disaient *alphabet*... Or cet alphabet, les Grecs le tenaient des Phéniciens.

« Il est à croire que les Phéniciens, en communiquant leurs caractères aux Grecs, leur rendirent un grand service en les délivrant de l'embarras de l'écriture égyptique que Cécrops leur avait apportée d'Égypte : les Phéniciens, en qualité de négociants, rendaient tout aisé ; et les Égyptiens, en qualité d'interprètes des dieux, rendaient tout difficile.

« Je m'imagine entendre un marchand phénicien abordé dans l'Achaïe, dire à un Grec, son correspondant : « Non-seulement mes caractères sont aisés à écrire, et rendent la pensée ainsi que les sons de la voix ; mais ils expriment nos dettes actives et passives. Mon *aleph*, que vous voulez prononcer *alpha*, vaut une once d'argent ; *betha* en

---

[1] 1er vol., *Histoire de la Chine* de Duhalde.

vaut deux ; *ro* en vaut cent ; *sigma* en vaut deux cents. Je vous dois deux cents onces : je vous paie un *ro*, reste un *ro* que je vous dois encore ; nous aurons bientôt fait nos comptes.

« Les marchands furent probablement ceux qui établirent la société entre les hommes, en fournissant à leurs besoins ; et, pour négocier, il faut s'entendre.

« Il est très-vraisemblable (je ne dis pas très-vrai, Dieu m'en garde !) que ni Tyr, ni l'Égypte, ni aucun Asiatique habitant vers la Méditerranée, ne communiqua son alphabet aux peuples de l'Asie orientale. Si les Tyriens ou même les Chaldéens qui habitaient vers l'Euphrate, avaient, par exemple, communiqué leur méthode aux Chinois, il en resterait quelques traces ; ils auraient les signes des vingt-deux, vingt-trois ou vingt-quatre lettres. Ils ont tout au contraire des signes de tous les mots qui composent leur langue ; et ils en ont, nous dit-on, quatre-vingt mille : cette méthode n'a rien de commun avec celle de Tyr. Elle est soixante et dix-neuf mille neuf cent soixante et seize fois plus savante et plus embarrassée que la nôtre. Joignez à cette prodigieuse différence qu'ils écrivent de haut en bas, et que les Tyriens et les Chaldéens écrivaient de droite à gauche ; les Grecs et nous de gauche à droite.

« Examinez les caractères tartares, indiens, siamois, japonais, vous n'y voyez pas la moindre analogie avec l'alphabet grec et phénicien. »

Geoffroy Tory, fameux imprimeur de Bourges au XVIe siècle, et auteur du traité intitulé *Champfleuri, auquel est contenu l'art et la science de la due proportion des lettres attiques*, etc., 1529, in-8º, établit que toutes les lettres latines dérivent du nom de la déesse Io, c'est-à-dire qu'elles sont toutes formées d'une ligne droite et d'un cercle.

En irlandais, chaque nom de lettre signifie un arbre, de sorte que l'alphabet forme une sorte de forêt [1].

A l'âge de 16 ans, Leibnitz avait conçu le projet d'un alphabet des idées de l'esprit humain, au moyen duquel les savants de tous les âges pussent communiquer entre eux, indépendamment de la différence et des altérations des langues [2].

Avant lui, Wilkins avait essayé de former une langue universelle [3]. Celui-ci avait été lui-même précédé par Alex. Top [4].

Hiéroglyphes. — Le premier qui se soit livré avec une ardeur soutenue à l'étude des hiéroglyphes, est le jésuite Kircher [5]. Mais il faut qu'à force de travailler il se soit surexcité le cerveau, ou qu'il eût naturellement trop d'imagination pour un érudit; car il crut avoir découvert que les hiéroglyphes n'étaient en réalité que des signes cabalistiques; que les obélisques, les momies, les amulettes étaient autant de grimoires; et, qui plus est, il eut la prétention, lui Jésuite, d'y lire et d'y avoir surpris bien des secrets du démon. Sur un obélisque, pour ne citer que cet échantillon de sa perspicacité, se trouvaient quelques signes qu'il interpréta de la façon qui suit : « L'auteur de la fécondité et de toute végétation est Osiris, dont la faculté génératrice est tirée du ciel dans son royaume par le Saint-Mophta; » ces quelques signes composaient tout simplement un mot, un seul, et ce mot, les progrès de la

---

[1] V. *Alphabet irlandais* de Marcel.
[2] V. son *Institutio ling. caract. univers.*
[3] *Essai sur la langue philosophique*, 1668.
[4] *The olive leaf*, 1603.
[5] On a de lui deux ouvrages sur les langues de l'Égypte: *Lingua ægyptiaca restituta*, 1644, in-4., et l'*OEdipus ægyptiacus*, qui traite plus spécialement des hiéroglyphes.

science ont permis de le constater depuis, était *autocrator* autocrate, empereur.

Grâce à M. Etienne Quatremère, nous savons aujourd'hui que la langue copte n'est autre que la langue égyptienne qui s'est transmise verbalement et qui s'est écrite en caractères grecs depuis l'introduction du Christianisme en Egypte jusqu'à une époque rapprochée de la nôtre [1]. La découverte de la fameuse pierre de Rosette permit de compléter cette importante démonstration ; car, ainsi qu'il y était dit dans les dernières lignes, l'inscription qu'elle contenait avait été gravée « sur une pierre dure en trois caractères : caractères hiéroglyphiques, caractères enchoriaux ou démotiques et caractères grecs. »

Ne voulant constater que les résultats obtenus, nous laisserons de côté les travaux plus ou moins heureux des savants dont la découverte de cette pierre avait réveillé le zèle, et nous irons droit à feu Champollion qui, dans deux mémoires lus à l'Académie en 1821 et 1822, constata que les Egyptiens avaient trois sortes d'écriture :

1º L'écriture hiéroglyphique pure, employée principalement sur les monuments ;

2º L'écriture hiératique ou sacerdotale, celle des papyrus, qui n'était pour ainsi dire qu'une tachygraphie des hiéroglyphes, puisqu'on y retrouvait toutes les formes de ces derniers ;

3º L'écriture démotique, qui différait des autres par l'absence ou du moins par l'emploi moins fréquent des signes symboliques.

Enfin il a prouvé que les Egyptiens employaient phonétiquement certains signes, c'est-à-dire leur donnaient

---

[1] V. sur cette belle découverte de M. Quatremère, *Magas. Pittor.*, VII, 26.

la valeur de sons, pour exprimer les mots étrangers, et cela dans les trois sortes d'écriture.

ÉCRITURE CHINOISE. — Les Egyptiens, entre autres sortes d'écriture en avaient une figurative : les Chinois, depuis quatre à cinq mille ans, n'en ont pas d'autre à proprement parler. Elle sert pour tous les actes publics et privés, comme pour l'impression des ouvrages littéraires, qui souvent sont d'une grande étendue, puisqu'il existe en Chine des encyclopédies de six mille volumes, et des dictionnaires qui n'en ont pas moins de deux cents. Sans doute, les signes graphiques, qui primitivement consistaient dans la représentation grossière des objets, ont dû peu à peu se simplifier dans la pratique ; sans doute aussi la nécessité de représenter des idées en dehors des objets matériels, a dû introduire dans l'écriture chinoise des signes qui n'étaient plus la reproduction de ces objets matériels ; mais avec ces modifications, ce n'en est pas moins une écriture figurative, dont les dégradations successives de l'image première à la forme cursive, peuvent assez facilement se constater.

NOMBRE DES LANGUES CONNUES. — On ne saurait attendre de nous en pareille matière des renseignements bien positifs. Le chiffre des langues connues a dû naturellement augmenter au fur et à mesure des découvertes des navigateurs. Tandis qu'autrefois le père Kircher n'était pas bien sûr de ne pas être taxé d'exagération en gratifiant le genre humain de cinq cents manières d'exprimer sa pensée, M. d'Azara est venu et lui en a accordé mille; puis Don Juan Francisco Lopez qui a été jusqu'à quinze cents, et enfin Don Juan Estanislao Rayo qui, croyant sans doute, d'après l'exemple donné par ses prédécesseurs, qu'on ne pouvait enchérir de moins de cinq cents, a porté le chiffre à 2000 [1].

Ces comptes étaient tous un peu trop ronds pour ne pas être suspects. Nous n'accuserons pas les savants modernes d'y avoir mis peu d'adresse. Il est tout à la fois plus simple et plus charitable de penser que leurs données plus précises les ont amenés, par une conséquence toute logique, à des chiffres plus vraisemblables.

Ainsi M. Frédéric Adelung, dans son *catalogue de toutes les langues et de leurs dialectes*, trouve, d'après ses calculs, un total de 3,064 langues qu'il répartit de la sorte.

Europe	587
Asie	937
Afrique	276
Amérique et Océanie	1264

La confiance, que cette fraction figurée par le chiffre 4 est si bien faite pour inspirer, se trouve malheureusement fort ébranlée par les calculs de M. Balbi qui, quoique postérieurs à ceux de M. Frédéric Adelung, ne le sont point assez pour justifier l'énorme différence qui les sépare. En effet M. Balbi, dont le système est préférable en ce qu'il distingue les langues des dialectes, M. Balbi en constate dans l'univers 2796 de plus, à savoir :

LANGUES.

En Europe	48
En Asie	153
En Afrique	118
En Amérique	424
En Océanie	117

---

[1] Peignot, *Livre des singularités*, p. 38.

DIALECTES

Environ.....................	5,000
Total.....................	5,860

A ces tableaux toujours un peu hasardés nous en joindrons un de la proportion dans laquelle certaines langues d'Europe sont parlées dans le nouveau monde.

L'anglais y est parlé, dit-on, par	11,647,000	individus.
L'espagnol, par...............	10,504,000	
Le portugais, par.............	5,740,000	
Le français, par..............	1,242,000	
Le hollandais, le danois et le...		
suédois, par.................	216,000	
Total..............	27,349,000	

NOMBRE DE MOTS DONT SE COMPOSENT CERTAINES LANGUES MODERNES. — Un homme qui devait avoir autant de patience que de curiosité, et autant de modestie que de loisir, s'est donné la tâche de faire un relevé des différentes espèces de mots que contenait le Dictionnaire de l'Académie française, et il y a compté :

Substantifs................	18,716
Adjectifs..................	4,803
Verbes....................	4,557
Adverbes..................	1,634
Total.....	29,710 mots.

Ceci se passait à Nîmes en 1786, peu de temps avant cette révolution qui allait en augmenter singulièrement le chiffre. Mais où trouver maintenant un oisif aussi laborieux pour dépecer à son tour le vocabulaire de notre langue actuelle [1] ?

En 1831, un autre philologue [2] a soumis à une dissection aussi minutieuse et plus savante la langue anglaise. Le dictionnaire de Johnson [3] en établissait le bilan que voici :

Substantifs............	15,910
Adjectifs.............	8,444
Verbes..............	10,142
Adverbes.............	2,288
Total.....	36,784 mots.

Sur ces 36,784 mots, notre philologue en compte 15,779 dérivés dont voici la liste :

Du latin................	6,732
Du français.............	4,812
Du saxon...............	1,665
Du grec................	1,148
Du hollandais...........	691
De l'italien.............	211
De l'allemand..........	173
Du welche.............	95
Du danois.............	75
De l'espagnol..........	56
Du suédois............	50
De l'islandais..........	50
D'autres langues........	41
Total.....	15,779

[1] *Revue britannique*, décembre 1831.
[2] G. Peignot, *Livre des singularités*, p. 40.
[3] *Dictionnary of the english language*, London, 1784, 2 vol. in-fol.

PROLÉGOMÈNES. 13

Si, comme d'autres calculs l'établissent, le vocabulaire italien en a 35,000, l'espagnol, 30,000, etc., à quel chiffre effrayant ne doit pas s'élever le total des mots qui forment les 5,860 langues ou dialectes qui, au dire de M. Balbi, se parlent dans l'univers ! Quelle ingénieuse combinaison des lettres dont se composent les divers alphabets dont nous donnons ici le tableau :

Français.................	26
Anglais...................	26
Italien....................	20
Espagnol.................	27
Allemand.................	26
Slavon...................	27
Russe....................	41
Latin.....................	22
Grec.....................	24
Hébreu, etc...............	22
Arabe....................	28
Persan...................	32
Turc.....................	33
Sanskrit..................	50
Chinois..................	214

Mais cette faculté de combinaison n'est pas près de s'épuiser, s'il en faut croire un journal anglais, le *Panorama de Londres* [1]. Il prétend que « tous les habitants du globe, d'après un calcul brut, ne pourraient dans l'espace de mille millions d'années, écrire toutes les transpositions des vingt-cinq lettres de l'alphabet, même en supposant que chaque individu écrivît par jour quarante pages dont chacune contînt quarante différentes transpositions de lettres. »

[1] **Numéro de novembre 1831.**

Ce sont de ces calculs que les lecteurs aiment en général beaucoup mieux admettre sur parole que de les vérifier. Un mathématicien, nommé Taquet, a pourtant voulu savoir à quoi s'en tenir, et sans s'effrayer du travail, il s'est rendu compte que le nombre des combinaisons des vingt-cinq lettres de l'alphabet s'élevait, sauf erreur, à

$$620,448,401,733,239,439,360,000$$

C'est-à-dire à six cent vingt sextillions, quatre cent quarante-huit quintillions, quatre cent un quatrillions, sept cent trente-trois trillions, deux cent trente-neuf billions, quatre cent trente-neuf millions, trois cent soixante mille combinaisons.

Tandis que les uns s'occupaient à faire le recensement des langues parlées sur le globe, et que les autres soumettaient ce travail à toutes sortes de savantes analyses, d'autres encore recueillaient des mots de ces diverses langues et en dressaient des tableaux comparatifs.

Ainsi l'oraison dominicale a été donnée en 1715 par Chamberlayne en 150 langues différentes ;

Par Benjamin Schultze, dans son *Maître de langues orientales et occidentales* [1], en 200 langues ;

Par Laurent Stervas, dans son *Saggio prattico delle lingue* [2], en plus de 300 ;

Par Bodoni [3] en 155 seulement, mais dont 97 imprimées en caractères exotiques ;

Et par Jean-Christophe Adelung, dans son *Mithridate ou Science générale des langues* [4], en près de 500.

---

[1] En allemand, Leipsick, 1748, 2 vol. in-8.
[2] Cesena, 1787, in-4.
[3] Parme, 1806, in-fol. de 328 pages.
[4] En allemand, Berlin, 1806-1817, 5 vol. in-8.

Les deux éditions (en russe) des *Linguarum totius orbis Vocabularia*, de Pallas [1], contiennent 260 mots exprimés en 200 langues d'Asie et d'Europe, auxquels ont été ajoutés dans la seconde 150 mots dans les langues communes d'Afrique et d'Amérique.

M. Peignot, dont les ouvrages auxquels nous avons emprunté une partie des précédents détails, sont une mine précieuse pour les amateurs de curiosités littéraires, a dressé, à l'aide de Chamberlayne, de Marcel et des vocabulaires rapportés par les voyageurs de diverses parties du monde, une nomenclature des manières dont le mot PÈRE est exprimé chez 170 nations différentes. La voici :

EUROPE.

En cantabre ou biscayen,	aita.
En gothique,	atta.
En épirot (albanais),	atti.
En laponais,	atti.
En hongrois,	atyank.
En man,	ayr.
En sarde (rustique),	babu.
En islandais,	fader.
En danois,	fader.
En suédois,	fader.
En anglo-saxon,	fader.
En écossais,	fader.
En franco-théotisque,	fader.
En runique,	fader.
En anglais,	father.

---

[1] La 1re, Pétersbourg, 1786-89, 2 parties in-4. de 410 et 490 pages ; la 2e, par Théod. J. Kiewitch de Mirievo, Pétersbourg, 1790-91, 4 vol. in-4.

Aux Orcades,	favor.
En frison (d'Hinlopen),	feer.
En anglo-saxon,	fœder.
En frison (Pays-Bas),	heita.
En frison (commun),	heite
En finlandais,	isa.
En esthonien,	issa.
En vaudois,	harme.
En irlandais,	nathair.
En écossais,	nathairne.
En russe,	otcts.
En slavon (cyroul),	otsche.
En moscovite,	otsche.
En servien,	otse.
En dalmatien,	otse.
En croate,	otse.
En bulgare,	otskye.
En slavon (hieroni).	ottse.
En bohémien,	ottse.
En carniole,	otze.
En polonais,	oycze.
En italien,	padre.
En espagnol,	padre.
En portugais,	pac.
En gallois,	paerinthele.
En gascon,	paire.
En grison,	pap ou bap.
En anc. rhætiq.	papa.
En sarde,	pare.
En catalan,	pare.
En frioul,	pari.
En valaque,	parintye.
En grec,	patér.

PROLÉGOMÈNES. 17

En latin,	pater.
En portugais.	pay.
En léodique,	peer.
En français,	père.
En juif allem.	phadaer.
En breton,	taad.
En livonien,	tabes.
En werulique,	tabes.
En breton-armoriq.	tàd.
En cambro-breton,	tad.
En lettique,	taews.
En valaque,	tatul.
En cornouaillier,	taz.
En courlandais,	tews.
En lithuanien,	tewe.
En prussien,	thewes.
En hollandais,	vader.
En norvégien,	vader.
En Allemand,	vater.
En anglo-saxon,	vatter.
En gueldre,	vayer.
En frison (molquer),	veer.
En lusace,	voshe.
En vandale,	wotz ou woschzi.

ASIE.

En hébreu,	ab.
En samaritain,	ab.
En arabe,	aba.
En samoyède,	abam.
En chaldéen,	abba.
En pehlvi,	abider.

En syriaque, aboh.
En arabe vulgaire, abu.
En tatare mantchou. ama.
En tungusien, aminmoen.
En madécasse, amproy.
En birman, apa.
En sibérien, atai.
En kalmouk, atey.
En rabbinique, av.
En mogol, baab.
En turc, baba.
En tatare, babamuz.
En tamoul, bita.
En tonquinois, cha-tocha.
En annamatique, cia.
En japonais, cici ou jitzi.
A Formose, diameta.
A Jeso, faupé.
En zend, fedré.
En chinois, fu.
En arménien, hair.
En tangut, hapa.
En ibérien (Géorgie), mamao.
En thibétain, pa, jap.
En persan, pader.
A Java, paman.
En persan-jaghuti, peder.
En keriako, pepe.
Au Thibet, pha.
Au Tonquin, phu.
Au Malabare, pitave.
Au Malab. Tranquebar, pitawe.
A Ceylan, pita.

En sanskrit,	piter.
En siamois,	poo.
A Java,	rama.
En japonais,	riosin.
Autres en japonais,	tete, toto.
En chinois,	ticou.
En tamoul,	vida.

AFRIQUE.

En amharique,	aba.
En barbarie,	aba.
En melindan.	aba.
En abyssin,	abba.
En moresque,	abbo.
En éthiopien,	abi.
En hottentot,	ambup.
En shilah,	baba.
En hottentot,	bo.
En copte moderne,	jôt.
En hottentot.	tikkop.
En angolan,	tot.

AMÉRIQUE.

En huron,	aihtaha.
En canadien,	aistan
En groënlandais,	attata.
En caraïbe,	baba.
En crikique, ou karirique,	chalkée.
En chilois,	chou.
En apalachique,	kelké
En virginien,	noosh.

20 CURIOSITÉS PHILOLOGIQUES, ETC.

En savanalique,	nossé.
En algonkin,	nousce.
A la N^{lle} Angleterre,	oshe.
Au Canada,	outa.
En guarinien (Brésil),	ruba.
En mexicain,	rure.
Autre mexicain,	tahtli.
En brésilien,	tuba.
En groënlandais,	ubia.
En chacktavique,	ungey.
En mohogique.	wanilia.

OCÉANIE.

Aux îles Pelew,	cattam.
A Otahiti (Sandwich),	metouatané.
A Attoi (id.).	modooatané.

La grammaire de quelques-unes de ces langues est extrêmement compliquée; ainsi de la grammaire groënlandaise, où, grâce aux modifications et aux flexions infinies de chaque mode et de chaque temps, les verbes peuvent quelquefois se conjuguer de 180 manières différentes. Le vocabulaire est aussi pauvre que la grammaire est riche. Les mots manquent pour ce qui regarde les idées abstraites: et aussi pour les nombres à partir de *cinq*. Pour le mot *vingt* on emploie ceux qui expriment les mains et les pieds qui par le total de leurs doigts forment en effet l'équivalent de ce nombre, etc.

NOMS PROPRES ET MOTS BIZARRES CHEZ QUELQUES PEUPLES SAUVAGES. « Les organes de la parole et du chant sont en très-grand nombre, dit Court de Gebelin [1]; ils compo-

---

[1] MONDE PRIMITIF, *De l'Origine du Langage et de l'Écriture*, p. 65-573.

sent un instrument très-compliqué, qui réunit tous les avantages des instruments à vent, tels que la flûte ; des instruments à cordes, tels que le violon ; des instruments à touche, tels que l'orgue; et c'est avec celui-ci qu'il a le plus de rapports : car, comme l'orgue, l'instrument vocal a des soufflets (les poumons), des tuyaux (le gosier et les narines), une caisse (la bouche), et des touches (les parois de la bouche). »

Il faut en effet que cet instrument soit bien compliqué et qu'il offre des ressources bien merveilleuses, pour suffire aux devoirs que certaines langues lui imposent. Il semblerait, au premier abord, qu'un nom, qui sert à désigner une personne et qui, par conséquent, doit se répéter souvent, devrait être simple, court et d'une prononciation facile. En voici un, celui de l'un des chefs de l'île de Tahiti : Demstrgrfrwomldammfr. Un chef indien de la tribu des Sacs a écrit ses mémoires en mauvais anglais [1]. Il s'appelle MAIKAMICHIKIAKIAK. Ce qui, du reste, signifie Corbeau-Noir. — Dans les îles Sandwich, un roi d'Owhyhi se nommait POURAHOUAOUKAIKAÏA, une reine, KAÏKIRANIARIOPOUNA. Enfin on a pu lire dans les journaux du 12 septembre 1859 : « S. M. le roi de Hollande vient de nommer commandeur de l'ordre du Lion Néerlandais le sultan de Djocjockarta (Djoujocarta dans l'île de Java), dont le nom est d'une certaine étendue ; il s'appelle HAMANKOEBOEWONOSENOPAITINGALGONGABGURRACHMANSAYD-INPANOTAGOMODE, V[e] du nom ; » il était le cinquième ! sous quatre règnes avant le sien, les Djoujocartiens avaient déjà été obligés de crier de temps en temps vive..... ce nom là ! nous espérons que ces sortes de noms, qui sans doute ont été choisis de cette taille pour faire peur aux

---

[1] Boston, 1831.

ennemis, sont exclusivement réservés aux rois et aux chefs ; sinon la démocratie ne pourra jamais s'implanter dans ces pays-là. Figurez-vous une assemblée nationale composée de noms pareils, et un de ses secrétaires obligé de faire l'appel nominal !

Nous disions que sans doute c'était pour effrayer leurs ennemis que les sauvages prenaient des noms si terribles ; mais voici qui renverse notre supposition. Comment croyez-vous que se dise un baiser en mexicain ? TETENNAMIQUILITZLI. Dieu merci ! quand on a prononcé le mot, on a bien mérité la chose.

Le vin qui n'éveille pas non plus, que nous sachions, une idée bien effrayante, le vin pourtant se dit ONÉHARADESEHOENGTSERAGHERIC ; mais peut-être a-t-il été ainsi baptisé par quelque missionnaire voyageant pour le compte d'une société de tempérance. Il est vrai que c'est chez les Iroquois que le vin s'appelle de la sorte.

Respirer, en groënlandais [1], se rend par ANASATOCHIMACPA, probablement à cause du besoin qu'on éprouve de respirer après une expression pareille.

Les Yaméos (Amérique méridionale) ne respirent pas en parlant, ils aspirent et assourdissent les voyelles et les diphthongues, sur lesquelles ils passent avec rapidité ; leurs mots sont en général très-longs ; mais ils les abrègent de moitié au moins en les prononçant. Ainsi à l'oreille PAETARRARORINCOUROAC, qui exprime le nombre trois, a tout au plus quatre syllabes. Si un chiffre aussi simple se traduit par une telle complication de lettres, on s'explique aisément pourquoi l'arithmétique des Yaméos n'a pas été au delà.

[1] *Relation ou Histoire naturelle de l'Islande, du Groënland, et du détroit de Davis*, traduit de l'allemand, par Rousselot de Surgy, Paris, 1750, 2 vol. in-12.

PROLÉGOMÈNES. 23

Chez les Algonkins (Amérique septentrionale) les syllabes semblent augmenter de nombre à mesure qu'augmente de valeur le chiffre qu'elles expriment. Si seize se rend par MITASSOUACHININGOUTOUASSOU, il ne faut rien moins que NISSOUEMITANAACHININGOUTOUASSOU pour rendre trente-six. On conçoit que la science des nombres doit s'arrêter bien vite devant la nécessité d'une progression pareille. Dans la langue du même peuple, le mot FRANCE devient, grâce à une traduction peu remarquable par sa brièveté, le mot : *miltigouchiouekendalakiank* littéralement de *Français* pays.

RICHESSE DE CERTAINES LANGUES SAUVAGES. — Mais s'il est chez les sauvages des langues auxquelles se refusent nos lèvres européennes, il en est d'autres d'une douceur et d'une richesse qui doivent nous faire envie, par exemple celle des îles Mariannes ou des Larrons. Donnons comme échantillon le fruit du cocotier : quelle variété de termes pour exprimer les différentes phases par lesquelles il passe!

NIDJOUK ou NIOU signifie à la fois *cocotier*, l'arbre, et *coco*, le fruit.

FAHA, coco sur le point de germer.

TÉHÉHOK, coco qui commence à germer.

HAÏGOUI, coco dont les feuilles commencent à pousser.

APLOUK, jeune coco qui contient du lait, mais qui n'a pas encore de crème.

MANHA, coco tendre et doux.

DADIK, coco qui n'est pas encore tout à fait mûr.

MASSON, coco plus mûr que le manha, sans pourtant l'être tout à fait.

KANOUON, coco encore mou, bon à manger jusqu'à sa première enveloppe.

Matopnoeg, coco tendre et mou comme le manha, mais dont le lait n'est pas doux.

Gafo, coco entièrement mûr.

Pountan, coco mûr et qui commence à sécher sur l'arbre.

Nagao, coco entièrement desséché.

Bangbang, coco dont la crème s'est réduite en pulpe solide.

Boubouloung, coco tout à fait vide, mais tenant encore à l'arbre.

Tchaoutchaou, coco sec, qui fait du bruit quand on l'agite.

Boulén, coco pourri intérieurement.

Tchouhout, petit coco.

Baba, coco produit par un vieux cocotier dépouillé de ses feuilles et sur le point de ne plus donner de fruit, etc., etc., etc.

Cette richesse n'est pas un privilége de la seule langue Mariannaise.

Amérique. — « Les Iroquois, les Sioux, les Mohiccans, » dit M. Ampère [1] « ont dans leur grammaire d'étonnantes ressources pour exprimer par un mot des idées très-complexes. Chez le peuple Thiroki, par exemple, il y a treize verbes différents qui signifient *je lave*. Ainsi l'un exprimera : *je me lave dans un fleuve* ; l'autre : *je me lave la tête* ; un troisième : *je me lave le visage* ; un quatrième : *je lave le visage d'un autre* ; ou bien : *je lave mes mains* ; *je lave les mains d'un autre* ; *je lave mes habits* ; *je lave un vase* ; *je lave un enfant* ; *je lave*

---

[1] *Histoire littéraire de la France.*

de la viande, etc. Une altération quelquefois assez légère dans la forme du mot exprime ces modifications diverses de l'idée ; mais au fond cette richesse apparente est pauvreté. Rien n'est plus contraire à la netteté du discours qu'une telle exubérance de formes complexes ; rien ne s'oppose plus à la liberté de l'analyse que cette synthèse obligée. »

Sans vouloir entamer ici une controverse que ce livre ne comporte pas, nous ne pouvons nous empêcher de dire, en passant, que ce raisonnement n'a pas fait entrer dans notre esprit la conviction qui paraît animer le critique. Nous ne voyons pas trop en quoi il est si désavantageux pour une langue d'exprimer en un mot, ce qui ailleurs exige une phrase ; et comment un écrivain se trouverait plus mal d'avoir un grand choix d'expressions que ne l'est un peintre d'avoir un grand choix de couleurs et de pinceaux. M. Ampère n'aurait-il pas été entraîné à cette affirmation un peu dogmatique par la crainte, lui historien de la littérature française, d'envier quelque chose à une langue de sauvages ? Ce qui fait que nous ne leur portons pas, quant à nous, précisément envie, c'est, d'une part, qu'heureusement les Français ont comme eux plus d'un mot pour exprimer cette même idée, puisqu'ils peuvent dire *je lave, je débarbouille, je baigne, je blanchis, je savonne, je rince, je décrasse,* etc. ; et que, d'autre part, s'ils sont moins riches en termes de propreté, c'est du moins une consolation de pouvoir dire qu'ils sont beaucoup moins malpropres.

JOURNAL ET ALPHABET IROQUOIS. — En 1828, fut fondé le *Phénix iroquois,* journal publié à New-Echota, chez les Arkanzas, en deux langues, iroquoise et anglaise. Il avait dix-neuf pouces de long sur douze de large ; il était imprimé sur cinq colonnes. Le n° 34 porte la date du 22 octobre 1828. Voici l'histoire de son établissement :

Un Indien nommé Su-Quah-Yah est l'inventeur de cet alphabet iroquois dont M. Knapp a donné l'histoire en 1825, presque dans les mêmes termes que l'inventeur, qui était alors âgé de 65 ans.

A la fin de la campagne, et lorsque la guerre était près de se terminer, une lettre fut trouvée sur un prisonnier qui la lut aux Indiens. Dans quelques-unes de leurs délibérations sur ce sujet, deux questions s'élevèrent parmi eux, à savoir : si le mystérieux pouvoir de la « feuille parlante » était un don du Grand-Esprit à l'homme blanc, ou une découverte faite par l'homme blanc lui-même. Le plus grand nombre était de la première opinion, tandis que Su-Quah-Yah soutenait hardiment la seconde.

Ceci devint pour lui un sujet de fréquentes rêveries ; mais il n'y songea pas sérieusement jusqu'au jour où, retenu dans sa cabane par une douleur au genou, il fut entièrement livré à sa pensée. Son esprit était sans cesse préoccupé de ce mystérieux langage des lettres dont les noms même n'existaient pas pour lui.

Par les cris des bêtes sauvages ou des oiseaux, par les voix des enfants ou de ses compagnons, il savait que les sentiments et les passions pouvaient se communiquer d'un être intelligent à un autre. Il eut alors la pensée de remarquer et de classer chaque son de la langue des Iroquois. N'ayant pas lui-même l'ouïe très-fine, il se fit aider par sa femme et ses enfants. Lorsqu'il fut en état de bien distinguer tous les sons de sa langue, il tenta de les rendre par des signes caractéristiques, des images d'oiseaux ou de quadrupèdes, puis de lier ces sons à d'autres, ou de les fixer dans son esprit. Mais bientôt persuadé que cette méthode était impraticable, il essaya des signes arbitraires, n'ayant aucune signification apparente, mais dont on pût se souvenir, et qui fussent bien distincts les uns des autres.

Ces signes furent d'abord extrêmement nombreux et au moment où il commença à croire à la réussite de son projet, il y avait environ 200 caractères dans son alphabet. A l'aide de sa fille, qui semblait comprendre parfaitement son idée, il parvint à les réduire à 86, nombre employé maintenant. Il travailla ensuite à rendre ces caractères plus agréables à l'œil, et réussit. Comme il ne savait pas encore qu'on pût se servir d'une plume, il grava ces caractères sur un morceau d'écorce avec un couteau.

Bientôt après, il chargea un agent indien ou un commerçant de sa nation de lui rapporter du papier et des plumes. Quant à l'encre, il en fit avec l'écorce de quelques arbres dont il connaissait la propriété colorante.

Restait la difficulté de faire connaître son invention. Il se décida enfin à convoquer les hommes les plus remarquables de sa nation, afin de la leur communiquer. Après leur avoir donné de son mieux l'explication de sa découverte et l'avoir dépouillée de toute apparence surnaturelle, il voulut leur démontrer clairement ce qu'il avait imaginé. Sa fille, qui était sa seule élève, s'éloigna jusqu'à ce qu'elle fût hors de la portée de sa voix. Su-Quah-Yah demanda à l'un de ses amis de lui dire un mot ou une pensée qu'il écrivit, et lorsque la jeune fille revint, elle lut les mots tracés en son absence. Le père se retira ensuite, et la fille écrivit. Les Indiens furent très-étonnés et parfaitement satisfaits.

Su-Quah-Yah proposa alors à la tribu de lui confier plusieurs jeunes gens parmi les plus intelligents, afin qu'il pût leur faire part de sa science. Cet offre fut acceptée. Plusieurs des jeunes gens mis sous la direction de

Su-Quah-Yah répondirent parfaitement aux enseignements de leur maître; séparés les uns des autres, ils purent se comprendre par écrit. Su-Quah-Yah trouva aussi les nombres. Il fut nommé chef de la tribu. Ce fut alors que le gouvernement des Etats-Unis fit graver les caractères pour cet alphabet, et publier le *Phénix Iroquois*.

LANGUES ANCIENNES.

DES LANGUES ANCIENNES CHEZ LES MODERNES. — Schickard est l'auteur d'une *Méthode pour apprendre l'hébreu en vingt-quatre heures* (1625). Cet opuscule fit la réputation de l'auteur, et fut imprimé plus de quarante fois. Si ce projet d'enseigner l'hébreu en vingt-quatre heures semble un paradoxe, il faut considérer qu'il s'agit de vingt-quatre leçons d'une heure, à un ou plusieurs jours de distance, pendant lesquels les étudiants, au nombre de six au moins, chargés chacun de donner spécialement leur attention à une partie du discours différente, se contrôlent l'un l'autre, absolument comme dans l'enseignement mutuel.

Un des hébraïsants les plus distingués de l'Allemagne a essayé de nos jours une méthode à peu près semblable dans une courte grammaire hébraïque-allemande, intitulée : *Kunst, etc. Art d'apprendre à lire et à comprendre l'hébreu en quatre semaines* [1].

---

[1] Par Ch. Ang. Leb. Kaestner, Leipsig, 1810.

On a de Van Helmont, le fils, un livre intitulé : *Alphabeti verè naturalis hebraici brevissima delineatio* [1], dans lequel il cherche à prouver que l'hébreu est une langue si naturelle aux hommes, que les caractères en sont comme nés avec eux, puisque l'alphabet hébreu n'est, selon lui, que la représentation de la position des organes vocaux nécessaire pour le prononcer. Il prétend pouvoir ainsi faire parler les sourds-muets.

L'étude du grec, dont la vulgarisation dans le reste de l'Europe avait commencé vers 1453, ne se développa en Suède que vers le milieu du xviiᵉ siècle. L'un des premiers monuments de l'enfance de cette étude est le discours d'Isocrate à Démonique, Stockholm 1686, publié par Erici.

Voss voulant représenter l'æ par η, et écrivant *hœ, bœ, hœrœ*, au lieu de Ηηβη, Ηηρη, Lichtenberg publia sa satire : *De la prononciation des moutons de l'ancienne Grèce, comparée à celle de leurs nouveaux frères des bords de l'Elbe*, avec cette épigraphe parodiée :

To bæh or not to bæh, that is the question.

Malgré la vulgarisation dont nous parlions tout à l'heure, le grec eut à subir de vives attaques dans les pays même où il fut le mieux accueilli. Conrad d'Heresbasch, le même qui publia l'*Apologie des lettres grecques*, rapporte qu'il entendit un moine s'écrier en chaire : « On a trouvé une nouvelle langue que l'on appelle grecque ; il faut s'en garantir avec soin ; car cette langue enfante toutes les hérésies ; quant à la langue hébraïque, tous ceux qui l'apprennent deviennent Juifs aussitôt. »

Un savant allemand du xviiiᵉ siècle, Franck, a publié

---

[1] Salzbach, 1667, in-12.

un ouvrage[1], dans lequel il essaye de prouver que l'Allemagne est le pays de l'Europe le plus anciennement peuplé, et que, par conséquent, c'est dans la langue de ses habitants qu'on doit trouver l'origine de la langue latine[2]. Il cherche ensuite à justifier ce système par une nomenclature assez étendue de mots latins et allemands qui ont la même signification dans les deux langues; mais il lui resterait à démontrer que les Latins ont reçu ces mots des Allemands, au lieu de les leur donner.

Les *Osservazioni critiche intorno la moderna lingua latina del signor Paolo Zambaldi*, Venise, 1740, in-8º, n'ont laissé à aucun de leurs lecteurs l'audace d'écrire deux phrases en latin. D'Alembert et tous les gens sensés n'ont cessé de crier à l'impertinence, lorsqu'il s'est agi de prose et surtout de vers faits de nos jours en soi-disant latin. Il est clair que la langue des Romains serait pire que de l'arabe pour un Romain ressuscité qui entendrait un de nos latinistes. Les acceptions usuelles, les allusions locales, les conventions traditionnelles n'existent plus pour nous, et cependant, c'est toujours d'excellent latin que nos pédants croient composer.

PRONONCIATION DU LATIN. — La manière dont les anciens prononçaient le latin est un grand sujet de controverse parmi les nations modernes. Chacune le prononce comme sa propre langue, et rit beaucoup de la prononciation des autres. Le genre humain est ainsi fait, toujours satisfait de lui-même et toujours intolérant. Un phi-

---

[1] *De origine linguæ lat. tractatus*, 1720, in-4.

[2] La proposition contraire serait presque admissible, puisqu'il paraît prouvé que le latin a une grande affinité avec le sanscrit, et que de ce dernier dérive l'allemand.

lologue infatigable, frappé de toutes ces prétentions ridicules, s'est occupé de recueillir les diverses opinions des savants à ce sujet, et le résumé de ces opinions est, dit-il, celui-ci [1] :

C, chez les Romains, avait toujours le son dur de *K*; il avait dans *dicis*, la même valeur que dans *dico*. *T* avait toujours le même son, celui qu'il a dans *artes*, et jamais celui de *S*, que nous lui donnons dans *artium*. *U* se prononçait comme *ou*, et *W*; selon d'autres, plutôt comme *O* bref que comme *ou*. *Um, am*, à la fin des mots, étaient des syllabes sourdes, muettes, dans lesquelles *M*, se faisait à peine sentir : ce qui porterait à le croire, c'est qu'elles s'élidaient dans les vers. Enfin, *V* pouvait fort bien ne pas avoir la valeur d'une consonne que nous lui attribuons.

Les deux phrases qui suivent sont un spécimen de cette prononciation présumée :

In Latio decus pronunciationis et eloquentiæ est Cicero.

In lathio dekous pronwnkiationis et éloquenthiæ est ikero.

Utinam Ciceronem audivissemus, Romani, ut pronunciaremus voces vestras ut decet.

Outinam kikeronem audiwissemous, Romani, out pronwnkiaremous wokes westras out deket.

Ce mode de prononciation se rapproche beaucoup plus de celui des Italiens, des Allemands et surtout des Hongrois que de tout autre.

Cette question restée si douteuse, l'intolérance, mainte et mainte fois, ne s'est pas fait scrupule de la trancher. Ramus raconte qu'un bénéficier fut privé de ses revenus

---

[1] Peignot, *Essai sur l'origine de la langue française*, Dijon, 1835, in-8.

pour avoir prononcé *quisquis* et *quanquam* comme nous le prononçons aujourd'hui, au lieu de *kiskis* et *kankan*.

LATIN DE CUISINE. — Il a fallu lutter longtemps contre l'obstination des tribunaux français à faire usage du latin dans leurs actes. En 1490, Charles VIII avait prescrit d'écrire les dépositions en français ; en 1510, Louis XII fut obligé de renouveler cet édit. Ce que ces deux rois avaient exigé pour les dépositions, François Ier l'étendit en 1532 aux actes des notaires, et en 1539, par l'ordonnance de Villers-Cotterets, à toutes les espèces d'actes judiciaires. Cependant, vingt-six années après cette ordonnance, les cours supérieures persistaient encore dans l'emploi de la langue latine « pour les réponses sur requêtes et pour les enregistrements des lois royales, » quoique les requêtes et les lois elles-mêmes, au bas desquelles on les inscrivait, fussent en langue française, et on fut forcé de le leur interdire en 1563 par l'ordonnance de Roussillon. Bien plus, en 1629, c'est-à-dire quatre-vingt dix ans après l'ordonnance de Villers-Cotterets, et soixante-six après celle de Roussillon, on eut encore à faire la même défense, pour les procédures et jugements, aux tribunaux ecclésiastiques (*Code Michaud*, art. 27).

Cet amour opiniâtre du latin se justifiait-il au moins par une connaissance approfondie de cette langue? Nous allons, par quelques citations empruntées à des documents authentiques, mettre le lecteur en état de répondre lui-même à cette question.

1248. « On a donné à cens une vigne qui est auprès de Vif... *quæ vinea est apud* MONTATAM *de Vivo.* » — Acensement, dans Valbonnais, Hist. de Dauphiné, t. I, p. 96.

1276. En Dauphiné, au XIIIe siècle, on punissait les

adultères en les faisant *trotter* nus à travers la ville où ils avaient commis leur crime. « On la fit trotter dans la grande rue, et elle était échevelée et nue jusqu'à la ceinture... *Fuit* TROTTATA *per magnam* CARRERIAM *et erat* DECHEVELATA *et nuda usque ad corrigiam.* » — Enquête tirée du Mss. de Thomassin.

1431. « Interrogée sur le danger auquel nous nous exposerons... *Interrogata de* DANGERIO *in quo nos ponebimus.* » — Procès de Jeanne d'Arc, Mss. lat. B. 12, nº 5965, f. 81.

Idem. « Si elle le tenait, elle le ferait mettre en quatre pièces... *Si* TENERET *eum, feceret ipsum scindi in quatuor* PECIAS. » — Ibid. f. 87.

Idem. « Qu'ils n'empêchassent son voyage... *Ne impedirent suum* VOYAGIUM. » Ibid. f. 88.

Idem. « Il y avait cinquante flambeaux ou torches... *Erant quinquaginta tædæ seu* TORCHIÆ. » Ibid f. 91.

Idem. « Ils voulaient faire une escarmouche... *Volebant facere unam* ESCARMOUCHAM. » — Ibid f. 96.

Idem. « D'un bout à l'autre... AB UNO BUTO *usque ad alium.* » — Ibid. d. f. 96.

1456. « Elle gardait les troupeaux à son tour... *Animalia custodiebat* AD TURNUM. » — Procès de révision de Jeanne d'Arc, Mss. lat. B. 12, nº 5970, f. 52, 53, 54, etc.

Idem. « Elle se mit sur le bord du fossé... *Posuit se supra* BORDUM FOSSATI. » Ibid. f. 66 [1].

Nous ne multiplierons pas ces exemples : ils sont choisis, pour la plupart, dans deux procès célèbres dont les juges étaient des personnages versés dans le droit canonique et

---

[1] Voyez le mémoire de M. Berriat-Saint-Prix, dans sa collection des *Mémoires de la Société des antiquaires de France*, t. VI.

dans le droit civil, et des documents empruntés à la justice ordinaire ne pourraient que donner une idée plus défavorable de la latinité du temps. La ténacité des hommes de robe, à vouloir parler une langue qu'ils savaient si mal, ne s'explique donc que par ce funeste esprit de routine si commun chez les individus, si commun surtout dans les corporations, mais qui heureusement perd tous les jours de son empire à l'époque où nous vivons.

Quand Molière écrivait dans son *Malade imaginaire* : *Donamus tibi puissanciam medicandi, purgandi, seignandi*, etc..... l'art, comme cela arrive si souvent dans la caricature et dans le sérieux, l'art restait, on peut le dire, au-dessous de la nature, et les échantillons que nous avons donnés de ce latin de palais, justifient pleinement, on en conviendra, le titre que nous avons cru devoir mettre en tête de ce chapitre [1].

---

[1] C'est la barbarie de ce soi-disant latin qui avait déterminé François Ier à le proscrire des actes du Parlement; voici en quelle circonstance : « Sa Majesté s'étant informée d'un courtisan, quel arrêt on avait rendu dans un procès de conséquence où il était demandeur, et qui venait d'être jugé au Parlement ; le seigneur lui répondit : « Sire, étant venu en poste, sur l'avis de mon procureur, pour me trouver au jugement de mon procès, à peine ai-je été arrivé que votre cour du Parlement m'a DÉBOTTÉ. — Vous a DÉBOTTÉ ! lui dit le roi, qu'entendez-vous par là ? — Oui, Sire, au moins la Cour, en prononçant, s'est servie de ces termes: DICTA CURIA DEBOTAVIT et DEBOTAT *dictum actorem*, langage qui parut, dit-on, si ridicule au roi et à ceux qui l'accompagnaient, qu'il résolut de défendre à son Parlement de s'en servir dans la suite. » Dr. du Radier, *Tablettes histor.*, II, 152.

LANGUE FRANÇAISE.

Formation de la langue française. — Le celtique, avec ses différents dialectes, était la langue des Gaulois, avant la conquête des Romains. De ces dialectes, il ne s'en parle plus que deux de nos jours, le gaélique et le gallois. Le gaélique se subdivise en irlandais, en manse et en erse qui se parlent en Irlande, dans l'île de Man et en Ecosse. Le gallois se subdivise en gallois, cornique et bas-breton, qui se parlent dans le pays de Galles, dans la province de Cornouailles et dans la Basse-Bretagne. Le bas-breton lui-même se subdivise en léonard, trécorien, cornouailler et vanneteux, qui se parlent à Saint-Pol-de-Léon, à Tréguier, à Quimper-Corentin et à Vannes.

Quant au basque, qui offre aussi quatre dialectes, le biscaïen, celui de Guipuscoa, celui de la Haute-Navarre et du pays d'Alava, et celui de la Basse-Navarre et du pays de Labour, il est reconnu aujourd'hui pour une langue primitive et étrangère à toutes les autres.

Une fois maîtres de la Gaule, les Romains s'efforcèrent d'y propager leur langue, et bientôt il s'y forma, entre la langue des vaincus et celle des vainqueurs, une sorte de compromis sous le nom de *romana rustica*. L'irruption successive des peuples qui vers le milieu du troisième siècle commencèrent à envahir les Gaules, et qui naturellement y apportèrent leurs différents idiomes, jeta une grande confusion dans les trois langues qui se partageaient le pays.

De tous les peuples qui pénétrèrent dans les Gaules, les Goths, les Bourguignons et les Francs furent les seuls qui se fixèrent dans la partie dont se compose aujourd'hui la

France, les deux premiers au midi de la Loire et le troisième au nord de ce fleuve. Nous laissons de côté les Normands qui ne s'établirent qu'au commencement du x⁰ siècle dans la province qui porte leur nom.

Les trois peuples que nous avons nommés plus haut, parlaient la langue romane. Elle se divisa en deux dialectes principaux, le roman provençal parlé au midi de la Loire et le roman wallon parlé au nord : le premier, mélange de latin et de teutonique ; le second, mélange de romane rustique et de théotisque. La romane rustique était la langue du peuple, et le théotisque la langue de la cour pendant la première et la deuxième race, jusqu'à Charles-le-Chauve. Ainsi ce fut dans cet idiome que Charlemagne donna aux mois de l'année les noms suivants que nous a transmis son biographe Eginhard, et auxquels nous joindrons, en l'empruntant à M. Peignot, la signification de l'ancienne nomenclature des Germains :

Noms des mois.	Signification de l'ancienne nomenclat. des Germains.	Nouvelle nomenclature de Charlemagne.
Janvier	Mois d'hiver	Wintermanoht.
Février	Mois de boue	Hornunk [1].
Mars	Mois du printemps	Lenzinmanoht.
Avril	Mois de Pâques	Ostermanoht.
Mai	Mois d'amour	Winnemanoht.
Juin	Mois brillant	Prahmanoht.
Juillet	Mois des foins	Hewimanoht.
Août	Mois des moissons	Aranmanoht.
Septembre	Mois des vents	Wintumanoht.
Octobre	Mois des vendanges	Windummemanoht.
Novembre	Mois d'automne	Hersistmanoht.
Décembre	Mois d'enfer	Helmanoht.

[1] On pense que ce mot vient de *Horn* (corne), l'ancienne coupe des Germains. Or, février est le mois des libations.

On sera peut-être curieux de comparer à ces désignations des mois de l'année, celle des habitants des bords de la rivière de Kamtschatka, que nous trouvons dans la relation de voyage d'un Russe. Seulement nous n'en donnerons pas plus de dix, ce peuple ne divisant l'année qu'en dix parties inégales, car il ne se règle point sur la lune.

1. Mois de la purification des péchés;
2. Mois qui rompt les haches à cause de la grande gelée;
2. Commencement de la chaleur;
4. Temps du long jour;
5. Mois des préparatifs;
6. Mois du poisson rouge;
7. Mois du poisson blanc;
8. Mois du poisson kaiko;
9. Mois du grand poisson blanc;
10. Mois de la chute des feuilles.

Mais, vers le milieu du ixe siècle, le partage qui se fit entre les fils de Louis le Débonnaire opéra une scission définitive entre la langue des Francs et de la cour, et celle du peuple. Charles le Chauve, roi de France, y conserva le roman wallon, et son frère Louis, roi des Germains, importa le théotisque en Allemagne. Nous laisserons de côté le théotisque pour ne nous occuper que de la langue romane, qui bientôt forma deux autres subdivisions: la langue d'oc et la langue d'oïl; l'une au midi qui commence à la cour de Boson, roi de Provence, de 879 à 887; l'autre à la cour de Guillaume-Longue-Epée, fils de Rollon, duc de Normandie, de 927 à 943.

Ce petit résumé était nécessaire avant de donner, comme nous en avions l'intention, quelques échantillons de la langue française à ses différents âges, du ixe siècle au xviie.

Neuvième siècle. — *Serments de Charles le Chauve et Louis le Germanique. (14 février 842).*

En théotisque. — In Godes minna ind durh tes xristianes folches ind unser bedhero gehaltnissi, fon thesemo dage frammordes, so fram so mir Got genuizzei indi madh furgibit, so hald ih tisan minan bruodher...

En roman [1]. — Pro Deu amor et pro christian poble et nostre commun saluament, dest di en auant, en quant Deus sauer et poder me donet, si saluaraieu cest meon fadre Karle...

En français. — Pour l'amour de Dieu et pour le salut du peuple chrétien et le nôtre, dès ce jour en avant, autant que Dieu me donnera savoir et pouvoir, je sauverai mon frère Charles.

Dixième siècle. — *Extrait des actes du martyre de saint Etienne* [2].

> Por amor Deu, vos pri saignos barun
> Se ce vos tuit, escoter la leçun
> De saint Estenne le glorieus Barrun,
> Escotet la par bone entention,
> Qui a ce ior reçu la passion...

---

[1] Ce serment peut être considéré comme le point de départ de la langue française. Nous ne donnons point le texte de Nithard, mais la version rectifiée de M. Thierry.

[2] Manuscrit de Gatien de Tours.

TRADUCTION.

Pour l'amour de Dieu, je vous prie, seigneurs barons,
Si cela vous convient, d'écouter la leçon
De saint Etienne le glorieux baron;
Écoutez-la à bonne intention,
Il a aujourd'hui reçu la passion...

Onzième siècle. — Li secunds liures de rejs [1].

Sathanas se esleuad encuntre Israel et entichad dauid que il feist anumbred ces de Israel é ces de iuda. Et li reis cumandad a ioab ki esteit maistre cunestables de la chevalerie le rei, que il en alast par tutes les lignées de Israel...

TRADUCTION. — Satan s'éleva contre Israel et suggéra à David de faire dénombrer ceux d'Israel et ceux de Juda. Et le roi commanda à Joab, qui était maître connétable de la cavalerie du roi, qu'il allât par toutes les familles d'Israel...

Douzième siècle. — Fragment d'un sermon de saint Bernard.

Ensi sunt pluisors gent cui fruit sachet et chieient, por ceu k'il trop hastiulement naissent. Ce sunt cil ki en l'encommencement de lor conversion vuelent apermemes fructifier par une presumptuouse badise.

TRADUCTION. — Ainsi sont plusieurs personnes dont le fruit sèche et tombe, parce qu'il naît trop tôt : ce sont ceux qui, dans le commencement de leur conversion, veulent aussitôt fructifier par une présomptueuse vanité.

[1] Villehardouin, *Conqueste de Constantinople.*

Treizième siècle. — *Supplice de l'empereur Murtzulphe* [1].

A ce fu accordez li conseil que il auoit une colonne en Constantinople enmi la ville auques, qui ere une des plus haltes et des mielz ourées de marbre qui onques fut vene doil : et enqui le feist mener et lo feist saillir aual tote la gent que si halte iustice deuoit bien toz li monz veoir.

TRADUCTION. — Le conseil fut d'accord qu'il y avait une colonne à Constantinople au milieu de la ville, qui était une des plus hautes et des mieux travaillées en marbre que l'on eût jamais vues ; et qu'il fallait qu'on l'y menât et qu'on le fît sauter en bas, à la vue de tout le peuple, que tout le monde devait voir un si grand acte de justice.

Quatorzième siècle. — *1332, ordonnance de l'évêque de Metz* [2] *qui reproche et interdit aux moines :*

1º De porter des solers destranchiés com cheualiers, des chausses de colour, des robes des plous préciouses et sintes de sintures d'argent auec las ou nowes de soie si estroits com damoiselles, et des flos tant qu'ils puissent couurir leurs espaules.

2º De Cheuaucer à grans espées com ung conte les iambes descouuertes.

3º D'aller de neu et de ior en place commune, en nosses, en danses et en aultres leus que ne sont mies à dire.

4º De menjuer en iardin auec femmes seculières et nonains à grant foison de menestriés, etc.

---

[1] Le manuscrit de cette traduction existait autrefois sur par chemin dans la bibliothèque des Cordeliers de Paris.
[2] Adhémar de Monteil, 16 septembre. A partir de cette époqu la traduction devient inutile.

*1397, extrait d'un in-folio vélin, Bibliothèque impériale,
anciens fonds français, n° 7536.*

Par giet de nombres esprouvoit
Et causes et raisons trouvoit
D'ou vient li vent qui muet les undes,
Et pour quoy se tourne li mondes,
Que li soulaus qui couche au vespre
Vient au matin d'autre part nestre,
Qui le pritemps fait atremper,
Et fleurs de la terre engendrer.

Quinzième siècle. — Extrait des convenances de table [1].

Le morsel mis hors de ta bouche,
A ton vaissel plus ne le touche.
Ton morsel ne touche à salière,
Car ce n'est pas belle manière.
Boy sobrement à toute feste,
A ce que n'affoles ta teste.
Se tu faiz souppes en ton verre,
Boy le vin ou le jette à terre.
S'on oste le plat devant toy,
N'en faiz compte et t'en tiens coy.
Et ne rempliz pas si ta pance,
Qu'en toy n'ait belle contenance.
Regarde à la table et escoute
Et ne te tiens pas sur ton coulte (coude).
Ne faiz pas ton morsel conduire,
A ton coutel qui te peult nuire.
Ne touche ton nez à main nue,

[1] **Manuscrit, Bibliothèque Impériale, n° 7398-2.**

Dont ta viande est tenue.
Ne offre à nul, se tu es saige,
Le demourant de ton potaige.
Tiens devant toy le tablier net ;
En un vaissel ton relief met.
Ne mouche hault ton nez à table,
Car c'est ung fait peu agréable.
Oultre la table ne crache point,
Je te diz que c'est ung lait point.
S'entour toy a de grands gens roucte (d'où le mot anglais *rout*),
Garde que ton ventre ne roupte.

Entrée de Charles VII à Paris [1], 1437.

A l'entrée de la porte Sainct-Denys, un enfant en guyse d'un angele, qui portoit un escu d'azur à trois fleurs de liz d'or, et sembloit qu'il volast et descendist du ciel. Le roi estoit armé de toutes pieces sur un beau coursier, et avoit un cheval couvert de velours d'azur en couleur, semé de fleurs de liz d'or d'orfavrerie. Son roi-d'armes devant lui, portant sa cotte d'armes moult riche de velours azuré à trois fleurs de liz de brodeure ; et estoient ces fleurs de liz d'or brodées de grosses perles. Et un aultre escuyer d'escuyrie sur un grant destrier, qui portoit une grant espée en escharpe, qui estoit toute semée de fleurs de liz d'or d'orfavrerie...

[1] Par son secrétaire, Alain Chartier.

1476, *extrait d'un in-folio papier.* — *Bibliothèque impériale, supplément français,* n° 264.

CONTREFAIT.

Or allons doncq trestouz y voirs.
Dieu dontques oyons les plus fors !

LA MATRONNE.

Hélas ! hélas ! vecy le corps.
Que Dacian a fait occire.
Jesu Crist le puisse mauldire !
La mer ne l'a pas retenu,
Ainçois est a flot revenu ;
Car a Dieu il ne plaisoit mie.
Veez cy le corps ; plus n'y a vie.
En cest drap l'ensepveliron,
Et puis apres nous en yron,
De paours de la paienne gent,
Ja n'en auront or ne argent ;
Ilz sont tousjours de mal esmeuz.

Seizième siècle. — 1519, *extrait d'un in-folio vélin.* — *Bibliothèque impériale, anciens fonds français,* n° 7483 (olim 802).

« Et cette douleur pourroit venir de colère citrine, qui est humeur homogenie, c'est à dire de mesmez sorte ou de mesmez genre. »

Et au bas de ces lignes, qui sont les 25-28 de la 2ᵉ colonne du folio 18 verso, l'auteur a mis en note :

« Ja d'avant ou j'ay mis homogenie, Jaspart lact a mys en son escript omogeneus ; par quoy fault entendre qu'il parle latin comme ung chevau. »

Voici encore un échantillon de la langue du xvɪᵉ siècle, mais de la fin. Nous l'empruntons cette fois à Montaigne; et nous ne nous faisons pas scrupule d'allonger notre citation, car elle rentre par son sujet même dans la question qui nous occupe.

Extrait des Essais de Montaigne, livre II, chapitre 17.
1580 [1]

« Mon langage françois est altéré, et en la prononciation, et ailleurs, par la barbarie de mon creu : ie ne veis jamais homme des contrees de deçà, qui ne sentist bien évidemment son ramage, et qui ne blecçast les aureilles pures françoises. Si n'est ce pas pour estre fort entendu en mon perigordin ; car ie n'en ay non plus d'usage que de l'allemand, et ne m'en chault gueres ; c'est un langage (comme sont autour de moy, d'une bande et d'aultre, le poittevin, xaintongeois, angoumoisin, limosin, auvergnat) brode [2], traisnant, esfoiré : il y a bien au dessus de nous, vers les montaignes, un gascon que je treuve singulièrement beau, sec, bref, signifiant, et à la vérité, un langage masle et militaire plus qu'aultre que ientende, autant nerveux, puissant et pertinent, comme le françois est gracieux délicat et abondant. »

[1] La date de la préface est du 12 de juin 1580.
[2] Lache, languissant. Les Anglais ont conservé ce mot avec sa prononciation, quoiqu'ils l'écrivent *broad : the broad scotch*, le plat écossais.

Livre III, chapitre 5.

« Le maniement et employte des beaux esprits donne prix à la langue : non pas l'innovant, tant, comme le remplissant de plus vigoreux et divers services, l'estirant et ployant ; ils n'y apportent point de mots, mais ils enrichissent les leurs, appesantissent et enfoncent leur signification et usage, lui apprennent des mouvements innaccoustumés, mais prudemment et ingenieusement. Et combien peu cela soit donné à touts, il se veoid par tant d'escrivains françois de ce siècle : ils sont assez hardis et desdaigneux, pour ne suivre pas la route commune ; mais faulte d'invention et de discretion les perd ; il ne s'y veoid qu'une misérable affectation d'estrangeté, des déguisements froids et absurdes, qui, au lieu d'eslever, abattent la matière : pourvu qu'ils se gorgiasent en la nouvelleté, il ne leur chault de l'efficace ; pour saisir un nouveau mot, ils quittent l'ordinaire, souvent plus fort et plus nerueux.

« En nostre langage ie treuve assez d'estoffe, mais un peu faulte de façon ; car il n'est rien qu'on ne feist du jargon de nos chasses et de nostre guerre, qui est un généreux terrein à emprunter ; et les formes de parler, comme les herbes, s'amendent et fortifient en les transplantant. Je le treuve suffisamment abondant, mais non pas maniant et vigoreux suffisamment ; il succombe ordinairement à une puissante *conception* : si vous allez tendu, vous sentez souvent qu'il languit soubs vous, et fleschit... »

Nous bornerons là nos citations ; la langue du xviie siècle est trop familière au lecteur, pour qu'il soit besoin d'en donner des échantillons. Ce n'est pas d'ailleurs un traité que nous faisons ici ; nous ne perdons point de vue notre cadre

Nous avons voulu mettre à même de juger d'un coup d'œil les transformations successives par lesquelles a passé notre langue, et, pour compléter cet ensemble, nous nous contenterons d'emprunter au français d'aujourd'hui quelques mots qui constateront sa double origine, latine et germaine, et qui montreront d'une manière plus saillante quelle diversité d'altérations bizarres une langue subit avant d'arriver à sa forme définitive, si tant est qu'on puisse admettre que les langues soient jamais fixées.

Tantôt nous avons pris au latin le mot dérivé ou composé, et nous lui avons laissé le primitif. Ainsi le verbe SUMERE, prendre, nous ne l'avons pas et nous avons *assumer, consumer, consomption,* etc... FERRE, porter, nous ne l'avons pas et nous avons conférer différer, dilatoire, etc... VOCARE, *appeler,* nous ne l'avons pas ; nous avons *évoquer, invoquer, convoquer, vocabulaire, vocalisation,* etc... Nous avons CONDUCERE, *conduire,* CONDUCTOR, *conducteur,* et nous n'avons pas DUCERE. Nous avons une foule d'adjectifs à signification négative, et nous ne les avons pas dans le sens affirmatif, tels qu'implacable, invincible, impudent, immonde, etc...

Tantôt les mots simples sont à peine reconnaissables, et les dérivés n'ont presque pas éprouvé d'altération. CADERE, par exemple, a bien donné naissance à *choir;* mais comme le fils ressemble peu au père ! tandis que la seconde génération est toute son image, témoin *cadence, accident, incident, incidence, coïncidence,* etc... *Boire* vient sans contredit de BIBERE, mais après combien de détours ! *imbiber,* au contraire, est le latin même. *Juger,* sans être très-éloigné de JUDICARE, l'est toujours bien plus que *judiciaire* et *judicature.*

La même racine donne souvent naissance à des mots qui ont entre eux des différences notables, comme VITRUM, à *vitre* et à *verre ;* CALAMUS à *chalumeau* et à *chaume ;* ACCEPTARE, à *accepter* et à *acheter ;* REDEMPTIO, à *rédemption* et à *rançon,* etc...

Les modifications que subissent les mots dans leur passage du latin au français sont généralement d'une seule lettre, qui est ou transposée, ou enlevée, ou ajoutée, quelquefois même changée. Par lettres, nous n'entendons parler que des consonnes dont l'étymologie doit seule tenir compte.

Lettres transposées : VIGINTI, *vingt.*

Lettres enlevées : PATER, *père ;* MATER, *mère ;* FRATER, *frère ;* SOROR, *sœur ;* PUTERE, *puer ;* JEJUNIUM, *jeûne ;* AUGUSTUS, *août ;* PAVO, *paon.*

Lettres ajoutées : GENER, *gendre.*

Lettres changées : FINGERE, *feindre ;* FLECTERE, *fléchir ;* PONERE, *poser* [1].

PATOIS DE FRANCE. — Le bureau chargé de la direction de la statistique au ministère de l'intérieur en 1807, et plus tard, après la suppression de ce bureau, la Société des antiquaires de France s'occupèrent de faire traduire en divers idiomes ou patois de France la parabole de l'Enfant prodigue. Toutes ces versions ont été publiées dans l'un des premiers volumes des mémoires de la Société des antiquaires, sous le titre de *Matériaux pour servir à l'histoire de France.* Nous en donnons ici la première phrase qui toute courte qu'elle est, suffira pour que le lecteur puisse comparer entre eux ces différents patois. Si cet échantillon lui inspirait le désir d'en connaître davantage, il trouvera la parabole tout entière au tome 6 de la collection que nous venons d'indiquer.

[1] V. *Magas. pitt.,* tom. V, pag. 190.

48 CURIOSITÉS PHILOLOGIQUES, ETC.

En français.	Un homme avait deux fils.
En patois auvergnat.	En home aviot dous efons.
En patois de Liége.	In homme aveut deux fils.
En patois wallon des environs de Malmedy.	Iun' y avéve oun homme qu'avéve deux fils.
En patois de Namur.	I nia leu oné fu en homme qui aveuve deux garçons.
En patois wallon de la partie du Hainaut, dont Mons est la capitale.	Ein n' saqui avoa deux fieux.
En dialecte de Cambray (Nord.)	Inn hom avau deux fius.
En dialecte du canton d'Arras (Pas-de-Calais.)	Ain homme avo"ait deeux garchéons.
En dialecte du canton de Carvin, arrondissement de Béthune (Pas-de-Calais).	Un homme avo deux fiu.
En patois populaire de la ville de Saint-Omer.	Eun home avouoit deux éfans.
En patois ardennois, entre Neufchâteau et Bouillon.	Ou n'oum avo deu s'afan.
En patois d'Onville, canton de Gorze (Moselle).	Ain oumme aiveu docz offans.
En patois lorrain.	In home avo doux afans.
En patois du ci-devant comté de Vaudemont (Meurthe).	Ein hame éva dou gachons.
En patois de Gerardmer (Vosges).	In am avou dou fé.
En patois de l'arrondissement d'Altkirch (Haut-Rhin).	In haune aivait deux fés.
En patois de Giromagny (Haut-Rhin.)	In houme ava dou boubes.
En patois périgourdin des communes de Gardes, Edon, Conchières, Rougnac, Diznac, Beaulieux, Choutras, Vouzon et Gers, canton de la Valette (Charente).	Un omé avo dou efan.
En patois de Nontron (Dordogne).	Un homé avio doux fis.
En patoie sarladais (Dordogne).	Un homé avio dous fils.
En patois limousin d'une partie de l'arrondissement de Confolens (Charente).	Y avio un' haumé qu'avio doûé éfan.
En dialecte limousin.	Un haumé oguet dous drolcis.
En patois limousin de l'arrondissement de Saint-Yrieix.	Un omé avio doux fis.
En patois du canton de Saint-Amant Tallende (Puy-de-Dôme).	Ein home z'ayo dou garçon.
En patois d'Aurillac (Cantal).	Un homme òbio dous fils.
En patois de Rhodez (Aveyron).	Un ouome obio dous effous.
En patois de Montauban (Tarn-et-Garonne).	Un ôme abio dous fils.
En patois de la ville de la Réole (Gironde).	Un homme agut dus gouyatz.
En patois gascon du département du Gers.	Un home qu'aougoue dus hils.
En patois du département de la Haute-Garonne.	Un home abio dous fils.
En patois de Pamiers (Ariége).	Un ome abio dous fils.
En patois de l'arrondissement de Foix (Ariége).	Un certain home ageg dous gougeats.

En patois de l'extrémité de l'arrondissement de Foix, du côté de l'Espagne.	Un certain home ageg dous gougeats.
En patois de Saint-Girons (Ariége).	Un home alec dus hils.
En langue catalane du département des Pyrénées-Orientales.	Un home tingue dos fills.
En patois de Carcassonne (Aude).	Un homme abio dous mainachés.
En patois du département du Tarn.	Un homé abié dous fils.
En patois d'Agde (Hérault).	Un hommé abio dous effans.
En patois de Lodève (Hérault).	Un home abio dous éfans.
En patois de Montpellier (Hérault).	Un hommé aviés dous enfans.
En patois du département de la Lozère.	Un omé abio dous fils.
En patois des environs du Puy (Haute-Loire).	Y aviot un homme qu'avio dous garçons.
En patois de Privas (Ardèche).	Un homé avio dous fis.
En patois de l'arrondissement d'Annonay (Ardèche).	Quoqu' eyants dous afans.
En patois de Nime (Gard).	Un homë avië doux garçouns.
En patois d'Uzès (Gard).	Un ômë avié dous efans.
En patois d'Alais (Gard).	Un omë avié dous éfans.
En patois du Vigan (Gard).	Un pérë avié dous garçons.
En dialecte de Marseille (Bouches-du-Rhône).	Un homo avié dous enfans.
En patois du quartier de Saint-Jean, à Marseille.	Un hôme avie dous enfans.
En provençal du département du Var.	Un homé avié dous enfans.
En patois génois des communes de Mons et d'Escragnolles (Var).	Un homou aveva doui fanti.
En patois du canton de Leyne, arrondissement de Digne (Basses-Alpes).	Un hommë ayie dous ënfans.
En patois de l'arrondissement de Castellane (Basses-Alpes).	Un hom' avié dous enfans.
En patois d'Avignon (Vaucluse).	Un homé avié dous garçouns.
En patois du canton de Cadenet, arrondissement d'Apt (Vaucluse).	Un certén home avié dous énfans.
En patois de Valence (Drôme).	Un hommet aguet dous garçons.
En patois de Nyons (Drôme).	Un homé avi dous garçouns.
En patois de Buis (Drôme).	Un houmé avi doux enfans.
En patois de Dé (Drôme).	Eio ûn homme qu'ovio doux éfons.
En patois de Gap et villages environnants, dans un rayon de trois lieues (Hautes-Alpes).	Un sartem homme aïe dous garçons.
En patois de Saint-Maurice, canton du Valais.	On n'omo aveive dou meniots.
En patois de Delemont, canton de Berne.	In haume avait doux fés.
En patois de Bienne, canton de Berne.	Ain home aive do fils.
En patois de la montagne de Diesse, canton de Berne.	Enn home avie do bouebes.
En patois de Courtelary, canton de Berne.	In home ayant doux fés.
En patois de Moutier-Granval, canton de Berne.	In home avait doux fés.

50 CURIOSITÉS PHILOLOGIQUES, ETC.

En patois du canton de Champagney, arrondissement de Lure (Haute-Saône).	In homme avat dous boubes.
En patois du canton de Vauvilliers (Haute-Saône).	In homme aivoit doux gaechons.
En patois du canton de Vesoul (Haute-Saône).	In home èvoi dû gaichons.
En patois du canton de Champlitte, arrondissement de Gray.	Ein homme aivot deux gassons.
En patois de Besançon (Doubs).	N'oume aiva dou offants.
En patois du Morvant (Nièvre).	Ein houme aivot deux renfans.
En patois poitevin d'une partie de l'arrondissement de Confolens (Charente).	Un' hom' avîe dou afan.
En patois des environs de la Valette, arrondissement de Barbezieux (Charente).	Un houmé avès doûe enfans.
En patois angoumoisin d'autres communes du canton de la Valette.	Yun homme avet deux enfans.
En patois de Saintes (Charente-Inférieure).	In houme avait deux fail.
En patois de la Rochelle (Charente-Inférieure).	In houme ayant deux chents d'enfant.
En patois de Marennes (Charente-Inférieure).	In houme avoit deux chent d'enfant.
En gavache de Monségur, arrondissement de la Réole.	Un homme avait deu gouya.
En gavache de la Motte-Landeron, arrondissement de la Réole.	Un home avait deu ménages.

Les traductions qui précèdent appartiennent à la langue d'oïl; celles qui vont suivre, à la langue d'oc ou romane qui est celle du midi de la France. On y retrouvera le canton de la Valette déjà cité, parce qu'une partie de ce canton fait usage du langage méridional, tandis que dans le chef-lieu et dans quelques autres communes du même canton le dialecte est celui de l'Angoumois, qui appartient au langage septentrional de la France. Ainsi la ligne qui sépare les deux grandes divisions de la France, en langue d'oïl et en langue d'oc, traverse le canton de la Valette. Cette ligne traverse aussi l'arrondissement de Confolens.

En angage génevois des environs de la Ville, canton de Genève.	On omo avai dou garçons.

En patois Broyard (comme on le parle du côté d'Estavayer-le-Lac) à l'extrémité du pays de Broie, sur la rive orientale du lac de Neufchâtel.	On omou l'avei dou valè.
En patois de Montreux, district de Vevey, canton de Vaud.	On ommo avai dous valets.
En patois roman de Gruyères, canton de Fribourg.	On ommo liu dou fè.
En dialecte de la Haute-Engadine, canton des Grisons.	Un hom havaiva duos filgs.
En dialecte de la Basse-Engadine, canton des Grisons.	Un tschert ômm veva duus filgs.

Nous joindrons comme dédommagement à cette nomenclature un peu aride deux chansons en patois jurassien que nous empruntons au même recueil[1] : la première dans le patois de la plaine, la seconde dans celui de la montagne.

CHANSON DE LA PLAINE.

Quin dz'en'amo de ma Liaudinna,	Quand j'étais aimé de ma Claudine,
Dzin ne mingov'a mins desis ;	Rien ne manquait à mes désirs ;
Sa poin-na fase bin ma poin-na,	Sa peine faisait bien ma peine,
Seus piaisis eran mins piaisis.	Ses plaisirs étaient mes plaisirs.
No se disiens sovin l'ion l'atrou,	Nous nous disions souvent l'un à l'autre
Que no se n'ameriens torzous ;	Que nous nous aimerions toujours ;
Me, vour-indret, l'in ame n'atrou	Mais, à présent, elle en aime un autre,
Liaudin-na eubli neutis amous.	Claudine oublie nos amours.
Dret loa matin a la prélia	Dès le matin, à la prairie,
No menovano neutés mautons,	Nous menions nos moutons ;
Dz'era cheto près de ma mia ;	J'étais assis près de ma mie ;
Le comminchov'na chinchon.	Elle entonnait une chanson.
Api d'apré çan no dinchovan,	Puis après cela nous dansions,
Èn no tégnant los douve mans,	En nous tenant les deux mains.
Alliegrous leus maoutons satovan ;	Joyeux les moutons sautaient ;
Mé no ne vons po mais iusan.	Mais nous n'allons plus ensemble.
La lou pia megnon, les mans blincé,	Elle a le pied mignon, les mains blanche
Lou pe torzou bin trenato ;	Les cheveux toujours bien tressés ;
I'è tota prin-ma su les hincé	Elle est toute mince sur les hanches,
Et, ma fion, bravamin mendo.	Et ma foi, joliment mise.
L'e revoillia commin na ratta,	Elle est réveillée comme une souris,
Et chintou coumm'on reussigneu.	Et chante comme un rossignol.
Oh mé, ce a villaina satta !	Oh mais ! cette cruelle traîtresse !
D'eunatrou le fa lou bonheu.	D'un autre elle fait le bonheur.

[1] Tome VII, *Vocabulaire de la langue rustique et populaire du Jura*, par M. Monnier.

CHANSON DE LA MONTAGNE.

Une jeune bergère des montagnes de Saint-Claude, exprime avec ingénuité le désir d'avoir un amant comme sa sœur aînée.

Vini cai, pitet maouton,	Viens à moi, petit mouton,
Vini, que dze tu caressa!	Viens que je te caresse!
Que n'é-te berdzi megnon,	Que n'es-tu berger mignon,
Per que seye ta metressa!	Pour que je sois ta maîtresse!
Va cumin ma grand seraou	Vois comment ma grande sœur,
On gli det nom ma gneilleta;	On lui dit nom ma poulette!
Ma per ma quin na delaou	Mais pour moi quelle douleur
D'etrou tourdz truet piteta!	D'être toujours trop petite.
Cou pou dari nun bosson,	Caché derrière un buisson,
I soutchi per la feuilleta,	Il sortit pour la fillette,
On drolou das piu megnon	Un berger des plus mignons
Que gii dezi ma gneilleta.	Qui lui dit ma poulette.
Rota n'emaillia de çan	Toute émerveillée de ça,
Le resti biu intredeta,	Elle resta bien interdite,
Quind le visa, quaqu'efan,	Quand elle vit, quoique enfant,
Que n,era truet piteta.	Qu'elle n'était pas trop petite.

EXTENSION DE LA LANGUE FRANÇAISE. — Suivant Pinkerton, dès le milieu du xie siècle, le français fut en usage à la cour d'Écosse, comme il l'était déjà à la cour d'Angleterre. Une monnaie de Guillaume le Lion, frappée lors de son avénement, en 1165, porte pour légende : *Le rei Willau.* Presque toutes les pièces relatives aux débats de Jean Balliol et Robert Bruce sont écrites en français [1].

Il est certain que sous Édouard le Confesseur, les nobles anglais envoyaient leurs enfants en France, afin qu'ils y perdissent, dit Gervais de Tilbury, la barbarie de la lan-

---

[1] C'était à Edimbourg la langue de la cour, et l'on y croit si bien que ce devait être exclusivement un idiome aristocratique que, selon Henry Estienne, les Écossais qui venaient à Paris s'étonnaient d'y voir les mendiants demander l'aumône en français.

gue de leur pays. Longtemps auparavant, Alfred le Grand avait introduit en Angleterre l'usage de l'écriture française. Suivant Ingulfe, le premier soin de Guillaume le Bâtard, après la conquête, fut de proscrire l'anglo-saxon à la cour et dans les écoles, où l'on enseignait en français. L'ignorance de cette dernière langue fut, pendant longtemps, un motif d'exclusion des charges publiques. Ce ne fut qu'à l'avénement de Henri V que l'on permit de plaider en anglais devant les tribunaux civils [1] ; mais le français continua d'être employé devant la haute cour du parlement et les autres cours de justice. « De plus, dit A. Thierry, l'usage se conserva, dans tous les tribunaux, de prononcer les arrêts en langue française et de rédiger dans la même langue les registres qu'on appelait *records*. En général, c'était l'habitude et la manie des gens de bien de tous les ordres, même lorsqu'ils parlaient anglais, d'employer à tout propos des paroles et des phrases françaises, comme : *ah ! Sire, je vous jure, ah ! de par Dieu ! à ce j'assente*, et d'autres exclamations dont Chaucer ne manque jamais de bigarrer leurs discours lorsqu'il en met quelqu'un en scène [2]. »

Ce n'étaient pas seulement les gens de loi, mais toutes les personnes voulant se donner des airs de bonne compagnie, même les habitants des campagnes, qui, au dire de Ralph Hlgden, mêlaient sans cesse des mots français dans leur conversation. Ce français, parlé en Angleterre, étant de moins en moins cultivé, s'altérait chaque jour par l'introduction de l'accent et des mots saxons. Aussi Chaucer, raillant une abbesse de haut parage, disait :
« Elle parlait français parfaitement et correctement comme

---

[1] Hallam, *L'Europe au moyen âge*, II, 279.
[2] *Histoire de la conquête de l'Angleterre*, Conclusion, ch. v.

on l'enseigne aux écoles de Stratford-Athbow ; mais le français de Paris, elle ne le savait pas [1]...

Depuis l'année 1400, les actes publics paraissent avoir été rédigés indifféremment en français et en anglais. Le premier acte de la chambre des communes, écrit entièrement en anglais, date de 1425 ; et à compter de 1450, on n'en trouve plus aucun en français dans la collection imprimée des actes publics. Le français dut pourtant être employé encore devant les tribunaux, dans quelques cas particuliers, car, dans un acte du parlement de 1731, il est fait mention d'une interdiction, non-seulement du latin mais encore du français dans les procédures judiciaires et les actes publics.

Un demi-siècle après l'importation de l'imprimerie en Angleterre, les Anglais faisaient encore imprimer en France leurs livres de lois écrits en français, et pour donner une idée du style et de l'orthographe de ces ouvrages, on n'a qu'à lire, dans les *Curiosités bibliographiques* [2], le titre d'un recueil de décisions judiciaires publié par Fitz-Herbert en 1516.

Aujourd'hui encore, un assez grand nombre de formules françaises sont employées dans les actes parlementaires de la Grande-Bretagne et dans les cérémonies du sacre des souverains, comme : *Le roi le veult, le roi s'advisera, le roi mercie ses loyaux subjects,* etc.

L'Université de Paris, où l'on venait étudier de toutes les parties de l'Europe, contribua puissamment à répandre la connaissance de notre langue dans les contrées les plus éloignées. S'il faut en croire un écrivain danois cité par Schwab dans sa *Dissertation sur les causes de l'univer-*

---

[1] V. H. Gomont, *Étude sur Chaucer*.
[2] Pag. 98.

salité de la langue française, dans un livre islandais, composé au XIIe siècle, et qui est une espèce de *speculum regale*, il est recommandé d'apprendre les langues, et surtout le latin et le français, comme d'un usage plus nécessaire.

Au siècle suivant, les qualités de notre langue si éminemment propre à la discussion, étaient déjà appréciées partout. Arnold, abbé de Lubeck, écrivait à cette époque que les nobles danois envoyaient à Paris leurs enfants, qui, ayant appris à connaître notre langue et notre littérature, en revenaient beaucoup plus habiles dans la dialectique, *propter naturalem linguæ celeritatem* [1].

Le Laboureur, dans son épître à Louis XIV, en tête de sa traduction du religieux de Saint-Denis, dit : « J'ai cru de mon devoir de dépouiller ce bon français d'un habit étranger, et de lui faire parler une langue à laquelle vos armes, sire, *ont confirmé l'avantage* d'être la première du monde. »

Lichhorn, écrivain distingué de l'Allemagne moderne, s'exprime ainsi dans son *Histoire générale de la civilisation et de la littérature* : « La France du moyen âge servit la première d'exemple aux peuples modernes. De la Méditerranée à la Baltique, on imita sa chevalerie et ses tournois ; *sur une moitié du globe* on parla sa langue, non-seulement dans l'Europe chrétienne, mais à Constantinople même, dans la Morée, en Syrie, en Palestine et dans l'île de Chypre. Ses ménestrels, courant d'un pays à l'autre, y portèrent leurs romans, leurs fabliaux, leurs contes ; ils les chantèrent dans les cours, dans les cloîtres,

---

[1] *Chronica Slavorum*, lib. III, c. 6. — Il y avait à Paris un collége pour les Danois (*Hist. litt. de France*, IX, 79.) — V. aussi *Revue des deux Mondes*, 15 juin 1838.

dans les villes et les hameaux. Partout leurs poésies furent traduites et servirent de modèles. L'Italie et l'Espagne imitèrent les poëtes français du sud; l'Allemagne et les peuples du nord imitèrent ceux des provinces septentrionales; enfin l'Angleterre même, pendant plusieurs siècles, et l'Italie, pendant quelque temps, rimèrent dans l'idiome du nord de la France. »

Le français, qui est la langue de la haute société dans la plupart des États européens, est en outre parlé exclusivement ou fort répandu parmi les populations des pays suivants : la Belgique, le duché de Luxembourg, l'Archipel anglo-normand, les cantons suisses de Berne, de Neufchâtel, de Fribourg, de Vaud, de Genève, le Bas-Valais, la Savoie et le Val d'Aoste.

Outre les colonies appartenant actuellement à la France, notre langue est encore parlée dans nos anciennes possessions maritimes, comme l'Île de France et ses dépendances, aux îles du Vent, à Sainte-Lucie, aux îles Sous-le-Vent, Saint-Domingue et surtout au Canada. Dans ce dernier pays, elle est non-seulement répandue parmi les Canadiens d'origine française, mais encore parmi les indigènes. A la Nouvelle-Orléans, toutes les proclamations et les papiers publics sont imprimés à deux colonnes, en anglais d'un côté, en français de l'autre : les voyageurs qui s'enfoncent à l'ouest, dans l'intérieur de l'Amérique, ont un très-grand besoin de savoir le français pour se faire comprendre des habitants d'origine française, et pouvoir communiquer avec les sauvages [2].

[1] En Amérique, on compte 1,242,000 individus parlant français.
[2] Des livres français sont publiés journellement à Québec; un d'eux a été réédité récemment, à Paris, sous le titre de *Légendes canadiennes*, Jannet, 1854, in-12.

ÉTRANGERS QUI ONT ÉCRIT EN FRANÇAIS. — Un très-grand nombre d'étrangers ont écrit dans notre langue; une nomenclature complète serait impossible et, d'ailleurs, fastidieuse; nous ne citerons que les principaux.

L'Italie, comme toutes les autres nations, avait subi l'influence de notre langue dès le XIIIe siècle. Le maître de Dante, le célèbre Florentin Brunetto Latini, qui vint en France en 1260, y composa en français une espèce d'encyclopédie intitulée : *Li thrésors qui parole de la naissance de toute chose ;* « et se aucuns demandois pourquoi chins livre est écrit en romanche selonc le patos de franche, puis ke nous sommes Italques, je dirois que chest pour deus raisons : l'une que nous sommes en Franche; l'autre pour chose qui la parleure est plus délitable et plus kemune à tous langages. »

Le Venitien Martino du Canale, qui écrivait vers 1275, traduisit en français un morceau d'histoire vénitienne, en donnant pour raison que *la langue françoise cort parmi le monde et est la plus délitable à lire et à oir que nulle aultre.*

Citons encore les *Guerres d'Italie*, par Guillaume de la Pirène (1378); la *Guerre d'Attila*, par Nicolo de Casola, contemporain de Boccace; le *Chevalier errant*, roman en prose mêlé de vers, par Thomas, marquis de Saluces (1395).

Dans le siècle suivant, Benvenuto d'Imola, célèbre commentateur du Dante, s'écriait : « Je m'étonne et je m'indigne quand je vois des Italiens, et surtout des nobles, qui apprennent la langue française, affirmant qu'aucune langue ne la surpasse en beauté. »

Il est prouvé maintenant que Marco-Polo, célèbre voyageur du XIIIe siècle, a écrit son voyage en français. Cattari, astrologue du XVIe siècle, a écrit sa *Géomancie* en français; Goldoni a écrit, en français, le *Bourru bienfaisant*, l'*Avare fastueux* et ses *Mémoires ;*

Losuna : *Recherches entomologiques;*

Grassi, philologue piémontais : *Aperçu sur l'ancien Piémont.*

Galiani a écrit en français ses spirituels dialogues sur le commerce des grains. « Il semble, dit Voltaire, que Platon et Molière se soient réunis pour composer cet ouvrage. »

Carpas, auteur de *Pensées sur la grammaire universelle,* en français.

Brunswick-Wolfenbutel (le prince de) : *la Mexicade,* poëme en vers français.

Euler a écrit ses *Lettres* en français.

Koenigsmarkt (comtesse de) : *Poésies françaises.*

Leibnitz a écrit quelques-uns de ses ouvrages en français, entre autres sa lettre à l'anglais Toland ; on rencontre des gallicismes dans ses ouvrages latins.

Dalberg : *Méditations sur le système de l'univers,* 1772 ; *Mémoires; Remarques sur le règne de Charlemagne.*

Bareuth (princesse Sophie de) : ses *Mémoires.*

Elisabeth-Christine (l'impératrice) a aussi écrit en français.

Christine de Prusse (la princesse) a traduit en français les *Méditations* de Sturm.

On sait que Frédéric II n'écrivait qu'en français, ne parlait que français et n'aimait pas la langue allemande. En fondant l'académie de Berlin, il ordonna qu'on n'y parlerait que français.

Rose, physicien du XVIIIe siècle, a composé un *poëme sur l'électricité,* en vers français. Goethe a écrit, dans son enfance, un drame en français, et tout le monde connaît la *Valérie* de madame de Krudener.

Lady Craven est auteur de la chanson : « Non, je n'irai plus au bois, etc. » Elle a écrit en français son *Voyage en Crimée*. Elphinston et la duchesse de Devonshire ont composé des vers français. Tomlay a traduit *Hudibras* en vers français. — La langue de Bolingbroke, de Hume, de Gibbon, de Chesterfield est presque française.

La plus ancienne grammaire française que l'on connaisse est composée par un Anglais, Palsgrave. — Wollaston a écrit : *Tableau de la religion naturelle*, 1726. — Gibbon : *Essai sur l'étude de la littérature*. — Ramsay : *Discours sur le poëme épique*, en tête du Télémaque. — Jérémie Bentham a écrit son premier ouvrage en français.

Bilderdyk ouvrit, en Angleterre, des cours de poésie très-fréquentés ; et ce qui est digne de remarque, c'est que *pour être généralement compris*, il se servait de la langue française. Voici cependant ses aménités contre la langue de Racine et de Voltaire : « Loin d'ici, jargon aux sons bâtards, glapi par les hyènes et par les chacals, renié par la postérité comme tu as renié ton origine, créé pour la moquerie qui se joue de la vérité ; ta prononciation nasillarde et mal articulée sait à peine se faire entendre. Exécrable français ! tu n'es digne que du diable, toi qui veux t'imposer au monde avec tes contorsions de singe. »

Klaproth et Mackintosh ont écrit en français, ce dernier son ouvrage pour défendre la Révolution française contre Burke. — Qui n'a pas lu les œuvres de l'écossais Hamilton, du moins ses *Mémoires du chevalier de Grammont* ? Enfin l'on connaît les ouvrages de lord Brougham en notre langue, entre autres celui sur *Voltaire et Rousseau*.

Maldeghem, seigneur flamand, a traduit Pétrarque en vers français. Il prouve que Laure n'a jamais été mariée.

Binaud, chansonnier de Gand, a composé des poésies

françaises. — Une société fut établie dans cette ville pour propager notre littérature.

Le célèbre Huyghens, hollandais, a écrit dans notre langue ses ouvrages les plus remarquables : *Traité de la lumière; Discours sur la cause de la pesanteur* [1].

Dickeyman, trouvère flamand du XIIIe siècle, a traduit en français les distiques de Caton.

Henri III, duc de Brabant, cultivait la poésie française.

Ertborn, magistrat hollandais, a écrit en français ses *Recherches sur l'Académie d'Anvers*.

L'impératrice Catherine II a écrit en français son *Antidote*. On a lu ses lettres à Voltaire.

La princesse Dashoff a écrit ses *Mémoires* en français.

De Hammer : *Origines russes*, Pétersbourg, 1825.

Ouvarof, ministre de l'instruction publique, en Russie, né à Pétersbourg en 1786, est l'auteur des ouvrages suivants : *Essai d'une académie asiatique*, Pétersbourg, 1812; *Essai sur les mystères d'Eleusis*, 1812 ; *Mémoire sur les tragiques grecs*, 1822 ; *Notice sur Goethe*, 1832.

Le prince Beloselsky a écrit des poésies et divers ouvrages en français. — Geeldenslaidt, 1777, avait lu un discours en français à l'anniversaire de l'académie de Pétersbourg.

Voici un exemple curieux du style français de Paul Ier.

« On apprend de Pétersbourg que l'empereur de Russie, voyant que les puissances de l'Europe ne pouvaient s'accorder entre elles, et voulant mettre fin à une guerre qui le désolait depuis douze ans, voulait proposer un lieu où il inviterait tous les autres souverains de se rendre et y combattre en champ-clos, ayant avec eux pour écuyers, pages de camp et hérauts d'armes, leurs ministres les

---

[1] Leyde, 1690.

plus éclairés et les généraux les plus habiles, tels que MM. Thugut, Pitt, Bernstorf, lui-même se proposant de prendre avec lui les généraux de Pahlen et Kutusof. On ne sait si on doit y ajouter foi ; toutefois la chose ne paraît pas destituée de fondement en portant l'empreinte de ce dont il a souvent été taxé. » Kotzebue voulut corriger ce français de cosaque ; l'empereur ne le permit pas.

Plus récemment encore, et tout à fait de nos jours, le prince Elim Mestcherskï, qu'une longue et cruelle maladie a enlevé si jeune aux lettres et à ses amis de France, a publié sous le titre de : *Roses noires*, deux volumes de poésies traduites du russe.

L'une de ces années dernières un de ses compatriotes, le prince Alexis Soltykoff, a fait paraître ici une relation de ses voyages aux Indes et en Perse, qui se distingue par une sincérité à racheter la mauvaise réputation de ceux qui viennent de loin, et par une modestie à réhabiliter le corps un peu calomnié des écrivains et aussi celui des peintres ; car le prince Soltykoff est l'un et l'autre, et son crayon le dispute à sa plume de naïveté piquante et d'art dissimulé.

Nous pourrions citer d'autres exemples ; mais loin de là, nous nous demandons s'il n'aurait pas fallu supprimer ceux qui précèdent ; car lorsqu'il s'agit de langue française, les Russes peuvent-ils être considérés comme étrangers, encore moins comme ennemis ?

Manteufel, courlandais, est auteur de la comédie des *Deux sages*. — Malte-Brun, le célèbre géographe, était danois. — Worden, danois, a écrit en français son *Voyage d'Egypte et de Nubie*. — Fabrice, diplomate suédois : *Lettres sur Charles XII*. — Le comte de Borch, polonais, a écrit en français. — Llorente, espagnol : *Etudes sur Gilblas*. — Maury, espagnol, a traduit un recueil de poésies de sa langue dans la nôtre. — Oliveira, portugais : *Lettres familières.* — Heitner, publiciste danois : *Essai sur l'hist. du droit*, etc.

Français qui ont écrit en langue étrangère. — Les Français passent généralement pour avoir peu de dispositions et même peu d'aptitude à apprendre les langues étrangères. Cependant plusieurs de nos compatriotes ont écrit dans ces langues, et quelques-uns même avec un talent remarquable. Nous nous bornerons à citer les suivants :

Montgaillard, poète du xvie siècle, a écrit des vers en espagnol.

Crozet, religieux, est auteur de plusieurs ouvrages en cette langue.

Chantreau a écrit en espagnol une grammaire qui est encore classique en Espagne.

Gros, poète lyonnais du xvie siècle, Meziriac et Desorgues ont composé des poésies italiennes.

Maumont, gentilhomme limousin du xvie siècle, a écrit en italien une vie de René de Bisague.

Dulcis, voyageur du xvie siècle, fut employé par le connétable d'Avila à écrire en italien les anciens privilèges accordés aux principales familles grecques, et que personne n'entendait plus, étant écrits en vieux français.

Veneroni, auteur d'une grammaire italienne très-connue, passait pour italien, quoiqu'il n'ait jamais été en Italie. Son véritable nom est Vigneron.

Antoine Motteux, chassé de France par la révocation de l'édit de Nantes, a traduit Don Quichotte en anglais; sa traduction, préférée à celle de Smollett, est classique en Angleterre. On lui doit une version de Rabelais dans la même langue. Elle est fort estimée.

Hermet, Herissant, Boisgelin, ont écrit en anglais.

Crèvecœur, agronome normand, a écrit en anglais (1782).

Marat a écrit en anglais ses *Chaînes de l'esclavage*, et Marignié sa brochure : *Le roi ne peut avoir tort* (1819).

Voltaire écrivit d'abord en anglais son *Essai sur la poésie épique* et envoya à Cradock le distique suivant qui n'a pas été imprimé :

« Thanks to your Muse, a foreign copper shines
« Turn'd into gold and turn'd in sterling lines. »

Mozin, auteur du grand Dictionnaire allemand, a écrit en cette langue.

Petis de la Croix, l'orientaliste à qui l'on doit une version célèbre des *Mille et un jours*, a traduit en arabe l'*Histoire de la campagne de Louis XIV contre les Hollandais*, histoire qui fut répandue dans tout l'Orient.

Regnier Desmarets faisait des poésies en diverses langues. Ménage dut à ses vers italiens d'être reçu de l'Académie de la *Crusca*.

—

ORTHOGRAPHE.

De l'analyse à laquelle M. Fauriel a soumis la langue d'oc (le provençal), il résulte que cette langue n'a que trois mille mots qui ne soient pas dérivés du latin. Ces trois mille mots sont d'origine grecque, basque, arabe ou celtique.

Un fait assez remarquable, c'est que la plupart des mots de la langue d'oil qui ont passé dans la langue française, ne l'ont fait qu'en gardant la forme du régime.

Un autre fait qui vaut aussi la peine d'être noté, d'autant plus qu'il est commun à la langue des trouvères et à celle des troubadours, c'est que lorsque plusieurs adverbes terminés en *ment* se trouvaient à la suite les uns des autres, cette terminaison ne se plaçait qu'une fois soit après le premier, soit après le dernier.

Dans la langue d'oil, on prononçait généralement les deux voyelles des diphthongues ; ainsi par tradition nous disons encore aujourd'hui la langue d'oïl et non pas d'*oil*. *Aide* se prononçait *aïde, haine, haïne, traître, traïtre;* dans ce même dialecte, *femme* rimait avec *sème*, et son orthographe si éloignée de la prononciation actuelle, garde ainsi trace de l'ancienne. *Oi* se prononçait *oué*. Dans beaucoup de cas, les consonnes placées à la fin des mots, et dont nous tenons compte aujourd'hui, ne se prononçaient point alors. Il reste encore bien des traces de ces habitudes, surtout dans le midi. On n'y fait pas plus sentir *r* après courir qu'après marcher; n'est-ce pas une élégance, parmi les chasseurs, de dire un *piqueu* pour un *piqueur,* un *cer* pour un *cerf?*

Dans la langue d'oil, *eu* se prononçait *u*, c'est encore la prononciation du participe passé du verbe *avoir*.

C'est de l'ancien dialecte bourguignon que la prononciation actuelle du français se rapproche le plus.

Quand Voltaire avait quelque réforme à réclamer, il revenait sans cesse à la charge, et la grammaire n'avait pas en lui un défenseur moins persévérant que la philosophie. Une de ses plus grandes préoccupations en ce genre, ce fut la diphtongue *oi*; elle fut aussi l'occasion d'un de ses triomphes les plus incontestable. Il n'est personne aujourd'hui qui n'écrive *français*, *j'allais*, etc., avec un *a* au lieu d'un *o*, et personne qui ne sache que cette innovation est due à Voltaire.

Mais ce qu'on sait peut-être moins généralement, c'est que cette réforme avait déjà été demandée en 1675 par un avocat au parlement de Rouen, nommé Bérain, et auparavant encore par un grammairien nommé Honora Rambaud [1], et parce qu'il n'a pas eu l'honneur du succès, ce n'est pas une raison pour lui enlever l'honneur de l'initiative.

Il est vrai que son mérite n'est encore que relatif, et qu'il avait été lui-même devancé par d'autres novateurs. C'est l'histoire de tous les réformateurs, et on peut ajouter de tous les inventeurs aussi. Les inventions et les réformes ont pour origine des besoins réels, généraux, à la satisfaction desquelles une foule d'intelligences travaillent; jusqu'au jour où un dernier venu s'emparant de toutes ces ébauches, en compose un ensemble qui lui vaut le nom de réformateur ou d'inventeur.

Ainsi dès le xvie siècle, à une époque ou *anglais* s'écrivait avec un *o*, et se prononçait comme *danois*, des téméraires osaient proposer non-seulement la prononciation, mais encore l'orthographe d'aujourd'hui. Le docte Etienne Pasquier en pousse des gémissements amers. « On ne doit pas, écrit-il dans ses lettres familières [2], on ne doit pas prendre modèle de la vraie naïveté de notre langue à la cour, où elle se corrompt avec les mœurs. Le courtisan aux mots douillets, écrit-il ailleurs à Ramus [3], nous couchera

---

[1] Voir dans le *Bulletin du bibliophile* l'art. que Nodier lui consacre, et aussi les *Nouveaux mélanges d'une petite bibliothèque*.
[2] Livre II, lettre 12.
[3] Livre III, lettre 4.

de ces paroles : *reyne, allet, tenet, menet...* Ni vous ni moi (je m'asseure) ne prononcerons et encore moins encores écrirons ces mots de *reyne, allet, tenet,* etc.

Un autre érudit du même siècle, Henri Estienne, partage l'indignation de Pasquier et sa douleur. Dans ses *Deux dialogues du nouveau langage françois italianisé et autrement desguisé,* imprimé à Paris en 1579, entre autres reproches sanglants qu'il fait aux partisans de ce nouveau langage, il dit : « à vous surtout

> Qui lourdement barbarisant
> Toujours *j'allions, je venions* dites...
> Et ce mot *françois* desguisant
> Par très-sotte mignarderie,
> Aimez mieux que *français* on die,
> Pource que ce seroit pécher,
> La bouche sucrée fascher
> De madame ou mademoiselle.

Après une telle réprobation, il n'est pas étonnant qu'il ait fallu toute l'ardeur révolutionnaire et toute l'influence de Voltaire pour forcer la main à l'Académie. Racine avait bien eu une velléité d'indépendance. La première édition d'Andromaque, acte III, scène 1, portait :

> Lassé de ses trompeurs attraits,
> Au lieu de l'enlever, seigneur, je la *fuirais,*

Mais le poète qui devait mourir du chagrin de n'être plus bien en cour, ne pouvait persister dans un tel excès d'audace, et, remplaçant sa rime riche par une rime suffisante, il mit dans les éditions suivantes :

> Lassé de ses trompeurs attraits,
> Au lieu de l'enlever, fuyez-la pour jamais.

ORTHOGRAPHE.

On dit *orthographe,* mais on devrait dire *orthographie,* de même que l'on dit *géographie, topographie ; orthographe* devrait, comme *géographe, topographe,* être réservé pour celui qui enseigne la science. Mais ce tyran aveugle qu'on appelle l'usage a prévalu; et cependant autrefois l'usage et la logique étaient d'accord. On disait *orthographie,* témoin cette phrase de Ronsart (*Abrégé de l'Art poétique,* édition de 1561) ;

« Tu cuiteras toute *orthographie* superflue et ne mettras aucunes lettres en tels mots, si tu ne les prononces en lisant, etc... »

Et cependant aujourd'hui le verbe ne mérite pas le même reproche que le substantif. On dit *orthographier* et non *orthographer.*

Longtemps avant M. Marle, bien des tentatives ont été faites pour la réforme de l'orthographe française ; elles n'ont pas eu plus de succès que la sienne. Il est à remarquer, cependant, que c'est depuis l'observation de Malherbe que les rois de France signent *Louis* au lieu de *Loys.*

Vers la fin du xve siècle, Sauvage voulut réformer l'orthographe, et, dans son livre projeté, introduire deux nouveaux signes de ponctuation le *parenthésisme* et l'*entrejet.*

Au xvie siècle, un certain Louis Meygret ayant publié un ouvrage sur la nécessité de rendre l'orthographe française conforme à la prononciation, Des Autelz fit paraître une critique de cet ouvrage. Meygret répondit avec humeur, et les deux antagonistes se prodiguèrent les épithètes les plus injurieuses. Chacun prit parti alors pour l'un ou pour l'autre ; il y eut des *meygretistes* et des *anti-meygretistes.* Ces derniers l'emportèrent, puisque le changement n'eut pas lieu. Peletier, littérateur et mathématicien manceau, publia en 1550 un livre dans lequel il rendit l'orthographe conforme à la prononciation [1]. Il y fait usage de deux nouveaux caractères destinés à distinguer deux espèces d'e. Ce livre lui fit une querelle avec Meygret. Il est à remarquer que sa prononciation diffère autant de celle de Meygret que l'accent manceau de l'accent lyonnais. L'ouvrage de Peletier n'a pas un seul alinea.

Le célèbre Ramus [2] proposa de nouveaux caractères pour les sons simples composés de deux lettres, tels que *au, eu, ou,* et de distinguer les trois sortes d'*e,* ce qui aurait porté à dix le nombre des voyelles.

Quelques années après Ramus (1570), un médecin, nommé Laurent Joubert, avait imaginé pour lui-même une orthographe qui peignît le plus exactement possible la prononciation, et dont son neveu nous a transmis le système, « parce que, dit-il, dès longtemps j'écris sous lui, et ay transcrit beaucoup de ses evures fransaises [3]. »

Legaynard, auteur de l'un des premiers dictionnaires de rimes qui aient paru, et d'un autre ouvrage intitulé : *Aprenmolire françois, pour apprendre les ieunes enfants et les estrangers à lire en peu de tems les mots des escritures françoizes, nouvellement inventé et mis en lumière, avec la vraie orthographe françaize, par Pierre Legaynard, seigneur de la Chaume et de la Vergne sur Sesure* (Sèvre) *dédiez à monsieur de la Boullais* [4], propose quelques changements pour l'orthographe et de nouveaux caractères. Les lettres y sont divisées d'après leurs formes en *petiettes, longuettes, rondelettes, jambues, ventrues* et *biaisées.* L'ouvrage est en vers et en prose.

[1] *Dialogue de l'ortografe et prononciation françoise.* Poitiers.
[2] *Gramère fransoèze,* Paris, 1562, in-8. — V. Nodier, *Mélanges d'une petite bibliothèque,* 386-407.
[3] *Traité du lire,* 1579, in-12.
[4] Paris, Berjon, 1609.

Monet, jésuite savoyard, mort en 1643, veut qu'on écrive le français comme on le prononce, et c'est d'après le principe qu'il orthographie [1].

Carel, conseiller et aumônier du roi, poète du XVIIe siècle, voulait qu'on supprimât les doubles consonnes, sans égard pour l'étymologie.

« C'est d'un tems immémorial, dit Mallet, ingénieur et littérateur français [2] que ces retranchemans et changemans ont été proposés ; et même j'é en min, ou en ma propre posesion, plusieurs gramères ou élémans de la lngue fransèze imprimés il y a plus d'un siècle, antre lequels on voit les écris et mémoires de François de l'Arche et de Claude le Franc, et la gramère de M. Iaque Silvins médecin, cêle de mêtre Louis Mégret, etc. » Son principe fondamental est d'écrire comme on prononce, sans égard pour l'étymologie, comme dans les mots suivants : bourjoès, fizicien, jans, ils ément, pour bourgeois, physicien, gens, ils aiment.

N. Lartigaut, grammairien, tenta de réformer l'orthographe et se fit réfuter par Regnier Desmarais.

Afin de ne pas trop nous étendre sur ce sujet, nous ne citerons que pour mémoire l'abbé Dangeau, mort en 1723, l'ex-jésuite Arnault, 1747, Beauzée et Rétif de la Bretonne ; leurs systèmes ne diffèrent pas des plus radicaux dont nous ayons fait mention. Celui de Dumarsais est beaucoup plus raisonnable : il consiste principalement à supprimer les lettres doubles dans le cas où, contraires à l'étymologie et à la prononciation, elles ne signifient absolument rien. On voit que nous avons affaire ici à un grammairien philosophe.

---

[1] *Inventaire des deux langues lat. et fr.*, Lyon, 1636.
[2] *Progrès de la vérit. ortografe, ou l'ortografe francèze fondée sur les principes*, etc. Paris, 1669, in-12.

Duclos croyait à la possibilité d'une réforme orthographique. « Lorsque, dit-il[1], la réforme dont la proposition paraît aujourd'hui chimérique, sera faite, *car elle se fera*, on ne croira pas qu'elle ait pu éprouver de la contradiction[2]. »

Voltaire, dans sa lettre à Maupertuis, du 20 décembre 1738, disait : « N. B. Je vous supplie d'écrire toujours français par un *a*, *car* l'Académie l'écrit par un *o*. » Ce *car* est peu respectueux pour l'illustre compagnie.

Wailly était zélé partisan de la réforme orthographique déjà tentée par Dumarsais et Duclos. Sa méthode consistait à retrancher les lettres qui sont inutiles à la prosodie, à faire un usage plus général des accents, à rapprocher enfin, autant que possible, l'orthographe de la prononciation, en écrivant : *atencion, filosofie, fruse, l'ome, la fame*, etc. Il fit imprimer, d'après ce système, l'*abrégé de versification* placé à la fin de sa grammaire. Depuis lui, la question n'a plus été soulevée jusqu'au radical M. Marle.

Les grammairiens français ne sont pas les seuls qui se soient occupés de réformer l'orthographe de la langue nationale. Parmi les Anglais, nous mentionnerons : Butler, au XVIe siècle, qui, en outre, voulut introduire de nouveaux caractères, les uns tirés de sa propre imagination, les autres empruntés à l'alphabet saxon ; Smith, qui pro-

---

[1] Il avait été élevé dans l'espèce de pensionnat que dirigeait l'abbé pour les neveux des chevaliers de Saint-Lazare, et toute sa vie, on le voit, il fut fidèle aux principes orthographiques qu'il y avait puisés. Voici, par exemple, comment il écrivait *fame*.

[2] A la fin de son traité *De rectâ et emendatiore linguæ græcæ pronunciatione*. Paris, 1568.

osa un nouvel alphabet de 29 lettres [1]; Hitson, né en 1752, inventeur d'une orthographe bizarre qui rend la lecture de ses ouvrages très-pénible; Norton, qui vivait sous Charles II, et enfin Franklin qui, choqué de la barbarie des sons, propose de donner des voyelles finales aux mots qui finissent par des consonnes. Ainsi *quack* serait devenu *quaco*, *that* ferait *tha*; et pour les pluriels, *pens* serait *pena*, *papers*, *papera*. Franklin a fait imprimer dans ce système ridicule la vision de Mirza tirée du *Spectateur* [2].

Il se publie en ce moment même à Londres un petit journal dont l'orthographe figure la prononciation.

Zesen, Walke et Seiffert, dans les xviie, xviiie et xixe siècles, ont également proposé, pour la langue allemande, des réformes qui n'ont pas été adoptées.

Bartoli, littérateur italien du xvie siècle, introduisit une orthographe nouvelle dans sa traduction de Marsile Ficin. — Figari, religieux augustin de Venise, dans le siècle suivant, tenta de faire substituer le *k* au *ch*. Il fit usage de ce système dans le *Trattato massimo delle venete lagune* [3], publié sous le nom de l'abbé Rasiki. — Salvini, dans sa traduction d'Appien [4] emploie sur l'*e* et l'*o* l'accent circonflexe qu'il aurait voulu introduire dans la langue italienne. Le Trissin avait eu la même idée.

La substitution du *k* au *c* fut vainement proposée en Espagne par Correas, grammairien, en 1630.

Silverstaple, historien suédois du xviiie siècle, dans sa *Théorie invariable de la langue suédoise*, charge cette langue de nouvelles lettres et de nouveaux accents.

---

[1] *Rem. sur le chap. V de la gramm. de Port-Royal.*
[2] D'Israeli, *Amen.* II, 1-8.
[3] Venise, 1714, in-8.
[4] Florence, 1728. in-8.

Il n'est pas jusqu'à la Chine immobile qui n'ait essayé de sortir de son antique cercle orthographique. Il est vrai que la tentative d'innovation se produisit par une femme.. *varium et mutabile semper femina*, comme nous le savons tous depuis nos classes, par les soins du bon Virgile. Cette femme n'était rien moins qu'une impératrice, née bien avant la Révolution française, bien avant Luther, et qui, malgré son pouvoir absolu, ne put faire admettre sa réforme par ses très-humbles et très-obéissants sujets. C'est que... mais nous n'avons mission que de faire de la philologie, et si nous y mêlions de la politique, le lecteur judicieux ne manquerait pas de nous rappeler à l'ordre en nous lançant le reproche d'Horace: *Non erat hic locus*.

Revenons à notre impératrice. Elle s'appelait Wou-heou, nom célèbre, je vous prie de le croire, *famâ super æthera notus*. Elle conçut le projet de changer plusieurs caractères de l'écriture chinoise, et en composa qui sont remarquables par leur bizarrerie. On en a conservé une partie dans les dictionnaires, comme objet de curiosité. Wou-heou mourut en 705. Son alphabet l'avait précédée au tombeau.

MÉTHODE POUR APPRENDRE L'ORTHOGRAPHE. — S'il y a eu des réformateurs, il s'est trouvé aussi des initiateurs qui se sont donné la tâche de rendre l'étude plus facile. L'usage des jeux de cartes instructifs date du xve siècle, et c'est par ce moyen que Philésius apprit les règles de la versification à l'école de Lefebre d'Estaples. Dans la grammaire de Ringmann [1], littérateur allemand du xvie siècle, les parties du discours sont représentées par autant de personnages : le nom par un curé, le pronom

---

[1] *Grammatica figurata, etc.* Deodatum Saint-Dié, 1509, in-4.

par un chapelain, le verbe par un roi, l'adverbe par une reine, le participe par un moine, la conjonction par un chanson, la préposition par un marguillier, et l'interjection par un fou.

On a d'un nommé Mercier un *jeu pour apprendre l'orthographe en jouant avec un dé ou avec un rotin* [1].

Barthélemy est auteur de la *Cantatrice grammairienne, ou nouvelle Méthode d'apprendre l'orthographe française par le moyen de chansons*, sans le secours d'aucun maître [2].

—

VERSIFICATION.

C'est aussi au xvie siècle, que, par une innovation digne compagne de l'autre, Baïf, composa des vers mesurés à la manière des Grecs et des Latins, et se faisant honneur de cette invention, donna aux vers de ce genre le nom de *baïfins*. Il employait un alphabet bizarre, et comme il suivait le système de Meygret, son orthographe ne l'était pas moins. Voici un exemple de celle-ci : *Etrénes de poézies françoises en vers mesurés* [3]. Nous croyons que de toutes les langues, la nôtre est la moins apte à admettre dans sa versification la quantité grecque ou latine.

La langue allemande, au contraire, s'y prête parfaite-

---

[1] Lyon, 1685, in-12.
[2] Lyon, 1787, in-8.
[3] V. Nodier, *Mélanges d'une petite bibliothèque.*

ment. Elle possède, en ce genre, les merveilleuses traductions d'Homère et d'Horace par Voss, et l'on trouve, dans Schiller et d'autres poètes, des exemples de vers métriques très-satisfaisants.

Villegas, célèbre poète espagnol, a soumis sa langue à la métrique ancienne; on regarde comme un chef-d'œuvre la pièce de vers en rhythme saphique qui commence par celui-ci ;

« Dulce vecino de la verve selva. »

Nous avons lu, il y a déjà assez longtemps pour que nous ne nous rappelions pas si elles sont de Fantoni ou de Frugoni, de fort belles odes italiennes diversement rhythmées à la manière d'Horace.

Plus on remonte vers les premiers temps de la poésie française, plus on y rencontre d'hiatus ; sous Louis XIV, ils ont tout à fait disparu. Ce n'est que de notre temps, lorsque les libéraux de la littérature, connus sous le nom de romantiques, faisaient la guerre à l'abus des périphrases que quelques-uns d'eux, Auguste Barbier entre autres et Alfred de Musset, ont risqué d'écrire en vers *j'ai été, j'ai eu* ou autres phrases équivalentes.

Heureusement pour les conservateurs qu'avait dû scandaliser une telle audace, l'exemple ne paraît pas avoir été contagieux. Un trône à renverser, c'est l'affaire de quelques jours ; mais l'Académie, c'est bien autre chose. Introduire des hiatus dans la prosodie, quelle énormité révolutionnaire !.. Et cependant qu'est-ce donc, s'il vous plaît, que la rencontre des terminaisons *an, en, in, on, un*, avec la voyelle qui commence le mot suivant? ne sont-ce pas autant de véritables hiatus? à moins de lier ces deux mots ensemble dans la prononciation, comme le font les Nor-

…ands, ou comme nous le faisons nous-mêmes par excep…
…n dans les phrases que voici : *un-hiatus, en-Amérique,*
…n-ami, rien-oublié, rien-appris. Nous ne prétendons pas
…re que ce soit toujours adoucir la prononciation, que
…adopter la mode normande ; *de loin en loin,* de quelque
…çon que vous le prononciez, sera toujours dur, mais en…
…n ce ne sera point un hiatus; et puisqu'ils vous inspirent
…n tel effroi, vous serez, au moins, conséquents : ce
…ii est assez rare pour être précieux par le temps qui
…ourt.

Dans son *Discours à MM. de l'Académie sur les voyelles,*
…angeau a fait un travail de patience, dont les résultats
…ous reviennent de droit. « En sortant de l'Académie,
…t-il, je pensai, en moi-même, que si ce que je vous avais
…t était vrai, un poète normand s'apercevrait moins qu'un
…tre de ces sortes de bâillements ; et pour voir si j'avais
…en rencontré, je lus le *Cinna* de Corneille, et le *Mithri-*
…te de Racine ; je marquai soigneusement tous les en…
…oits où le choc de nos voyelles *sourdes,* avec d'autres
…oyelles, faisaient des bâillements ; j'en trouvai *vingt-six*
…ns *Cinna,* et je n'en trouvai qu'*onze* dans *Mithridate ;* et
…ême la plupart de ceux de Mithridate sont dans des oc…
…asions où la prononciation sépare de nécessité le mot qui
…nit par une voyelle sourde, d'avec celui qui commence
…ar une voyelle. Je fus assez content de voir mon raison…
…ement confirmé par cette expérience et je voulus pousser
…lus loin. Je jugeai qu'en prenant une pièce d'un homme
…ui fut en même temps acteur et auteur, j'y trouverais
…ncore moins de ces bâillements : je lus le *Misanthrope*
…e Molière, et je n'y en trouvai que huit. Continuant tou…
…urs à raisonner de la même manière, je crus que je trou…
…erais encore moins de ces rencontres de voyelles si je
…sais des pièces faites pour être chantées, et faites par

un homme qui connût ce qui est propre à être chant[é].
Dans cette vue, je lus un volume des opéras de Quinau[lt]
qui contenait quatre pièces; et de ces quatre pièces, il
en avait une tout entière où je ne trouvai pas un seul [de]
ces bâillements : il y en avait fort peu dans les trois autr[es]
pièces; encore étaient-ils presque tous dans des endro[its]
où le chant suspend de nécessité la prononciation, et s[é]
pare si fort les voyelles sourdes d'avec les autres, q[ue]
leur concours ne peut faire aucune peine à l'oreille.

A ce même propos, l'abbé d'Olivet raconte que l'évêq[ue]
d'Avranches, Huet, reçut un jour de Ségrais une lett[re]
écrite au nom de l'académie de Caen, pour inviter l'Ac[a]
démie française à décider s'il fallait dire *bon-à mont[er]*
bon-à descendre [1], ou ne point faire tinter la conson[ne]
finale de *bon*. Sur quoi l'Académie française répondit q[ue]
puisqu'on ne pouvait introduire un adverbe entre *bon* [et]
la particule *à*, comme si, par exemple, on voulait dire b[on]
rarement *à monter*, *bon* cependant, *bon* quelquefois [à]
descendre, de là il s'ensuivait que *bon* doit être pronon[cé]
sans liaison avec la particule *à*. Mézerai, en qualité [de]
Normand, fut seul d'un avis contraire; mais, comme s[e]
crétaire de la compagnie, il fut contraint de rédiger la d[é]
cision, à laquelle il ajouta en riant : *Et sera ainsi pr[o]
noncé nonobstant clameur de haro.*

La raison donnée par l'Académie nous a paru ass[ez]
étrange, sauf le respect que nous devons à un corps au[ssi]
solide; et c'est l'étrangeté même de cette raison qui no[us]
a déterminé à citer cette anecdote, plus encore que le m[ot]
spirituel qui la termine.

[1] C'est dans une épigramme, bien connue de Saint-Gelais, q[ue]
se trouvaient les phrases, objet de la discussi[o]n.

ÉTYMOLOGIES. — NOMS PROPRES. —
NÉOLOGISMES.

Si Dieu, comme on l'a dit, a voulu livrer le monde aux disputes, il faut convenir que jamais cette volonté ne s'est plus visiblement manifestée qu'à propos de la science étymologique. En voici quelques exemples que nous choisissons de préférence parmi les mots qui rentrent plus spécialement dans le sujet général de notre ouvrage.

AMAZONE. — Ce mot vient du latin, *Amazon*.

> At medias inter cædes exultat *Amazon*.
> Virgil., *Æneid.*, lib. XI, v. 648.

Amazon à son tour vient du grec Ἀμαζών.

> ἤματι τῷ, ὅτε ἦλθον Ἀμάζονες ἀντιάνειραι
> Homère, *Iliad.*, III, v. 189.

Jusque là tout va bien, la filiation se suit nettement; mais attendez un peu, il s'agit maintenant de décomposer ce mot grec.

Selon la plupart des grammairiens, il est formé de *a* privatif et de μαζος, mamelle, *sans mamelle*, et ceux-là mêmes ne sont plus d'accord entre eux sur l'explication à donner de ce résultat de leur analyse. Les uns vous diront que c'est parce qu'elles n'allaitaient point leurs enfants, et qu'elles les nourrissaient du lait de leurs cavales ; les autres, qu'elles se brûlaient ou coupaient la mamelle droite, soit pour mieux tirer de l'arc, soit pour donner plus de vigueur à leur bras droit : cette dernière opinion est d'Hippocrate, et elle a été adoptée par Diodore de Sicile, Justin, Quinte-Curce, etc.

D'autres grammairiens soutiennent que l'α n'est pas privatif, que c'est le signe de l'unité, ce qui reviendrait toujours à dire que les Amazones n'avaient qu'une mamelle; et ils citent à l'appui de leur opinion Tilianus qui les appelle *Unimammæ*, et Plaute [1] qui parle de l'*Unomammia* pays que les commentateurs croient généralement être celui des Amazones.

Mais voici venir d'autres étymologistes qui ont la prétention de mettre tous les précédents d'accord en prouvant, d'après des textes de Virgile, de Properce, de Quintus de Smyrne, d'après les vases étrusques, d'après le silence des auteurs originaux avant Hippocrate, que les Amazones ont toujours eu deux mamelles. L'opinion de Visconti, à laquelle Pougens se range, c'est que « le mot Ἀμάζων est un de ces noms de peuples que les Grecs, suivant leur usage constant, ont dénaturés, non-seulement en leur donnant une terminaison grecque, mais même en les modifiant de manière qu'ils pussent offrir des racines tirées de la langue grecque, et prendre une forme qui les rendît moins choquants à leur oreille délicate. » Ainsi voilà non-seulement le mot qui fait l'objet de la controverse, mais encore tous les mots dérivés du grec, mis désormais en suspicion.

Néanmoins, levons pour le moment cet interdit; même pour l'amour du grec, nos savants ne sont pas près de s'embrasser.

C'est d'abord Servius [2] qui fait venir *Amazone* d'ἅμα ensemble, et de ζάω, vivre, ce qui voudrait dire, dans son hypothèse, qu'elles vivaient ensemble, qu'elles vivaient sans hommes, sinon sans mamelles.

---

[1] *Curcul.* act. III, v. 75.
[2] *In* Virgil. Æneid., l. I, v. 494.

Puis nous trouvons les étymologies suivantes :

Ἅμα, ensemble, ζώνη, ceinture, parce que les Amazones portaient une ceinture et des armes comme les hommes, ce qui, nous ne pouvons nous empêcher de le dire malgré notre impartialité de rapporteur, ne nous paraît pas une explication fort concluante.

A privatif, μάζα, pain, parce qu'elles ne mangeaient pas le pain avec la viande.

Amazonide, fille de Samornas.

Amazone, prêtresse de Diane.

Selon le président de Brosses, « les Amazones vinrent, au rapport de Métrodore et d'Hypsicrate, géographes dignes de foi et bien au fait du pays, habiter en Albanie, près des sources du fleuve *Alazonius*. C'est de là probablement que cette nation de femmes a reçu le nom d'*Amazones*. Dans le dénombrement des troupes venues au secours de Troie, Homère, mieux instruit et presque partout plus fidèle que les écrivains postérieurs, met les Alazones ou, comme il les appelle, les Alizones, en leur vraie place, près les Paphlagoniens ; ce qui fait bien voir que cette nation scythe des Alazones s'était dès lors établie vers Themiscyre, sur la frontière de Paphlagonie ; qu'elle n'est pas différente des Amazones... et qu'il faut mettre au rang des fables tout ce que les Grecs ont débité sur l'origine de ce nom. » Alizone, ajoute-t-il, veut dire *rivière salée*; d'*ona, onis*, signifiant *rivière*, dans un grand nombre de langues anciennes, et du mot grec ἅλς, *sel*.

Si vous croyez être au bout, détrompez-vous.

V. J. Aventinus [1] attribue au mot *Amazone* cette origine septentrionale, *mans mezen, scorta virorum*, parce qu'elles se mettaient indistinctement avec des hommes de

---

[1] G. Wachter qui rapporte cette opinion, la combat.

toutes les nations. Cette étymologie est peu polie, et ne s'accorde guère avec celle qui fait vivre les Amazones sans hommes. M. Jacotot a bien raison de le dire, tout est dans tout.

L'avis de Gudlingius [1], est qu'Amazone vient des deux mots gothiques *miot*, *palus*, marais, et *kona*, sorabique *zona*, femme, parce que les Amazones habitaient près du Palus-Méotides. Il n'y a qu'un inconvénient à ce système c'est qu'à ce qu'il paraît, *miot* n'est point un mot gothique mais poursuivons.

M. Lefebvre de Villebrune, l'un des traducteurs d'Athénée, et après lui le comte de Fortia d'Urban [2] pensent que la racine d'*Amazone* est le mot hébreu *ametz*, fort robuste, courageux.

G. Wachter penche pour les mots sorabiques, *mecz* épée, glaive, et *zona*, femme.

Freret penche pour les mots kalmouks, *émé* ou *aëmé* femme, et *tzaïne*, excellente, c'est-à-dire héroïne.

Après cela, lecteur,

Décide, si tu peux, et choisis, si tu l'oses.

ASSASSIN. — Ce mot a été écrit de bien des façons : en voici les principales : *Assassini* [3], *assissini*, *heissessini* Joinville écrit *haussaci*. Les historiens orientaux donnent presque toujours aux assassins les noms d'*Ismaéliens*, *Molahed*, c'est-à-dire impies, ou Baténiens, c'est-à-dire partisans du sens allégorique. En arabe, les Ismaéliens étaient appelés Haschèschin au pluriel, au singulier Haschischin, ce qui

---

[1] *Gudlingiana*, part. III, p. 275.
[2] *Tabl. histor. et géogr.*, tom. I.
[3] C'est l'orthographe admise par Muratori, *Rerum italicarum scriptores*, VII, 616.

signifie simplement mangeurs de *haschisch* [1]. En effet, ceux qui s'enivrent avec cette préparation de chanvre sont encore aujourd'hui désignés sous le nom de Haschischin ou Haschaschin.

Paris. — Les étymologistes se sont épuisés en conjectures sur l'origine de ce mot. A en croire certains Bretons, plus passionnés peut-être pour leur pays que pour la vérité, il y avait jadis en Bretagne une ville magnifique nommée Isis, qui était l'objet d'une telle admiration que l'on ne trouva pas de plus beau nom à donner à la capitale actuelle de la France, que de dire, hyperboliquement sans doute, qu'elle était l'égale d'Isis, *par Isis.* Mais passons à l'étymologie que propose Dulaure à simple titre de conjecture.

« Il est vraisemblable, dit-il, que ce nom (*Parisii*) n'était point originairement celui de la nation à laquelle les *Senones* concédèrent un territoire (de dix à douze lieues), et qu'il provenait plutôt de la situation de ce territoire sur la large frontière qui séparait la Celtique de la Belgique.

Il existait dans la Gaule et dans la Grande-Bretagne plusieurs autres positions géographiques appelées *Parisii*, *Barisii*. Les radicaux *Par* et *Bar* sont identiques, les lettres P et B étant prises très-souvent l'une pour l'autre [2]. Les habitants du Barrois sont nommés *Barisienses*, comme ceux de Paris *Parisienses*. Or, le Barrois était la frontière qui séparait la Lorraine de la Champagne. Le territoire des Parisiens était aussi une frontière qui séparait les *Senones* et les *Carnutes* des *Silvanectes*, la Gaule Celtique de la Gaule Belgique. Il est certain que toutes les positions géo-

---

[1] C'est l'opinion de M. Sylvestre de Sacy, *Mémoire sur l'origine des assassins*, lu à l'Institut, le 7 juillet 1809.

[2] Dans les langues tudesques *Paris* est toujours prononcé *Baris*.

graphiques dont les noms se composent du radical *Bar* ou *Par* sont situées sur des frontières. Il faudrait donc en conclure que *Parisii* et *Barisii* signifient habitants de frontières, et que la peuplade admise chez les *Senones* ne dut son nom de *Parisii* qu'à son établissement sur la frontière de cette nation [1]. »

PÉTAUD.

Chacun y contredit, chacun y parle haut,
Et c'est tout justement la cour du roi Pétaud.

Les PÉTAUDS [2] étaient autrefois une certaine espèce de soldats, de fantassins dont le nom venait probablement du mot latin *pes*, pied. Il en est question dans Froissard. Or, comme il y avait en France, à cette époque, force *routiers et grandes compagnies*, c'est-à-dire force troupes de brigands, composées sans doute en grande partie de ces fantassins qui, à la paix, n'avaient plus rien à faire ni rien à manger, pétaud et brigand ne tardèrent pas à devenir synonymes ; et comme leur chef ou roi ne devait pas être toujours en état de maintenir l'ordre parmi ses subordonnés, de la vint le proverbe : c'est la *cour du roi Pétaud* [3], proverbe dont la signification est trop connue pour avoir besoin d'être expliquée.

Cette phrase, cependant, a donné lieu à une interprétation différente, mais qui nous paraît moins juste et qui est démentie par l'orthographe. Dans cette seconde hypothèse, pétaud viendrait encore du latin, de *peto*, je de-

[1] V. Deale, *Recherches sur le culte d'Isis chez les Parisiens.*
[2] On disait plutôt encore *péon, pion,* d'où le nom des soldats aux échecs et le mot *pionnier.*
[3] *Pétaudière* en est le dérivé et le synonyme.

mande, et ce seraient des mendiants réunis en communauté qui auraient donné ce surnom à leur roi.

ARLEQUIN.

Il y avait un grand jaiant (géant.)
Qui aloit trop forment brayant (très-fort criant),
Vestu ert (*erat,* était) de bon broissequin [1]

Je crois que c'estoit Hellequin,
Et tuit (tous) li autres sa mesnie (bande)
Qui le suivent toute en ragie (rage)
Monté ert sus un roncin (cheval) haut,
Si très-gras que, par saint Quinaut !
L'en li peust (on lui peut) les côtes conter (compter).

Ces vers sont extraits du poëme de *Fauvel*, imitation du fameux *Roman de la Rose;* et M. Paulin Paris, dans ses commentaires sur ce poëme, après avoir fait descendre Arlequin de ce géant qui *mesne* la bande à la fois grotesque et terrible du *chalivali* [2] (charivari), croit trouver l'étymologie de Hellequin dans le nom du cimetière d'Eliscamps ou Aleschans aux environs d'Arles. Mais nous préférons la version qui dit que *Hellequin* et par suite arlequin, viennent de l'anglais *Hell's king* ou en almand *Helle kœnig*, roi de l'enfer. Et en effet les anglais ont encore la lettre *h* que nous avons supprimée dans arlequin.

OGRE. — La nation hongroise appartient à la branche

---

[1] Étoffe inconnue.
[2] V. à ce sujet la curieuse dissertation de M. François Genin, à la suite de son livre, *Variations de la langue française.*

Ouigour de la grande famille des Finnois. Ils ont toujours été très-belliqueux ; aux IXe et Xe siècle ils étaient féroces. Cinquante années de suite, ils portèrent la mort, le pillage et la dévastation dans toute l'Europe. En quarante-cinq ans, la France, pour sa part, fut envahie onze fois. Ce n'est donc pas merveille, si autant elle a de sympathies pour eux aujourd'hui, autant ils lui inspiraient alors de haine et d'effroi. Ce fut au point qu'ils passèrent dans les récits populaires à l'état de type fabuleux, et si l'on veut se reporter à l'ancien nom des Hongrois *ouigour* ou *ogour*, on aura l'étymologie de ces ogres qui nous ont fait si grand'peur à tous dans notre enfance.

PORPHYROGÉNÈTE. — Porphyrogénète veut dire né dans la pourpre ; mais d'après l'explication que donne Anne Comnène dans son *Alexiade*, pourpre ici n'a pas le sens qu'on donne communément à ce mot. *Pourpre* est le nom d'un bâtiment carré qui était situé dans l'enceinte du palais impérial, et surmonté d'un toit en pyramide. Le plancher et les murs étaient revêtus d'un marbre très précieux, qu'à cause de sa grande beauté, les empereurs avaient fait venir à grands frais de Rome à Constantinople, lorsqu'ils transportèrent dans cette dernière ville le siége de leur empire. Il était de couleur pourpre, sauf de petits points blancs menus comme des grains de sable. Le marbre donna le nom de sa couleur à ce bâtiment, et le bâtiment à son tour donna son nom aux princes de la famille impériale qui y recevaient le jour.

PALETOT. — Le paletot est un vêtement d'un usage trop général aujourd'hui pour ne pas mériter que nous nous occupions de son origine. Il a subi diverses fortunes.

Au moyen âge, c'était une casaque à capuchon, dont la

pointe ressemblant à la tête d'une huppe, nous avait valu l'expression : C'est un homme *huppé*, pour : C'est un homme riche, bien vêtu, etc. Dans la seconde moitié du xve siècle, les gentilshommes de la dernière classe portaient des paletots comme vêtements de guerre. « Et au dessoubs de soixante livres, auront brigantines si faire le peuvent, ou paletot, arc et trousse ou jusarme, et cheval selon leur puissance. »

Après la noblesse, le paletot devint l'uniforme des simples soldats. De là vint le mot paletoquet pour désigner des gens sans aveu, par suite du peu de considération dont jouissaient les hommes de guerre, que la paix forçait à vivre de rapine.

Plus tard, le paletot passa sur le dos des laquais et leur fit donner le nom de *paletoquet*, qui se trouve dans Marivaux et qui ne se perdit jamais chez nous.

Enfin il devint le costume des pêcheurs et marins de la Normandie, et l'ordonnance qui l'assigna comme uniforme à la marine royale, en supprima la jupe et le transforma en une sorte de veste ronde.

Après avoir rendu compte de ses diverses formes et destinations successives, il nous reste à parler des différentes manières dont ce mot s'est écrit et des différentes origines qu'on lui attribue.

Paletot s'est écrit *palletot*, *palétocq*, *paletoc* et *palletoc*. Huet opine pour cette dernière orthographe. Sa raison est que paletot vient du mot latin *palla*, manteau de femme (Cicéron) et manteau fort court des Gaulois (Martial), et du mot breton *toc*, chapeau, d'où viennent aussi probablement *toque* et *toquet*.

Ménage, lui, prétend que paletot vient de *palliotum*, mot qu'il dit être de basse latinité et signifier petit manteau.

Une autre version donne à ce mot une origine espagnole.

BIÈRE. — Bière vient, dit-on, du mot hébreu *bre*, qui veut dire grain. Si cette étymologie est vraie, c'est que les Saxons lui auront emprunté aussi leur mot *bere*, qui veut dire orge, car c'est assurément de bere que les Allemands ont fait *bier*, les Anglais *beer* et les Français *bière*. (V. *Curiosités des sciences*.)

CÉRÈS, CERVOISE. — Les langues indo-germaniques ont, la plupart, pour exprimer grain de blé, un mot dont la déesse des moissons, Cérès, a reçu son nom, ainsi que cette espèce de bière appelée cervoise, *cerevisia*, que l'on buvait jadis en France.

FERTÉS. — Les annales de Metz constatent qu'il existait autrefois des forteresses appelées *Firmitates*, en français Fermetés, et, par syncope, Fertés. De là viennent les noms de la Ferté-Imbault, la Ferté-Milon, la Ferté-Bernard, etc.

RIFLARD. — Riflard n'est réellement français qu'avec cette orthographe, et pour désigner un gros rabot à dégrossir le bois, et un ciseau denté à travailler la pierre. De notre temps, rifflart a été employé en langage vulgaire pour signifier un parapluie. Ce nouveau mot est dû à un acteur du théâtre de l'Odéon qui, ayant à jouer le rôle de Riflart dans la *Petite ville* de Picard, parut en scène avec un énorme parapluie. On baptisa ce parapluie du nom de son propriétaire et depuis lors tous ceux du même genre furent appelés des *rifflarts*.

Mais au XVe siècle, *rifflart*, fidèle au verbe *riffler*, *raffler*

ÉTYMOLOGIES, ETC.

dont il était dérivé, servait dans les mystères à désigner les sergents, les recors, de concurrence avec les noms d'agrippart, dentart, etc. En voici un exemple dans le mystère de *la Passion* d'Arnoul Gresban, bachelier en théologie, ouvrage qui fut représenté avec beaucoup de succès dans les principales villes du domaine royal [1]. Pas n'est besoin d'appeler l'attention des lecteurs sur la portée satyrique de cette scène qui s'attache aux impôts et à ceux qui étaient chargés de contraindre à les payer.

ALORIS.

Çà, Rifflart, scaroyes-tu compter (conter)
Quelques nouvelles du pays ?

YSAMBERT.

Pour quelque bourde réciter
Telz gens ne sont guère esbays (embarrassés).

PÉLION.

Pour bien mentir à son devis (dans sa conversation)
Il nen craint homme, soyez seur !

ALORIS.

Aussi semble-il bien à son vis (visage)
Que ce soit ung ferme menteur.

RIFFLART.

Or ne sonnez mot. Soyez seur
Que l'aultrier (l'autre hier) fus en la cité

[1] Voir la *Bibliothèque de l'école des Chartes*, juillet-août 1842.

De Bethléen, où j'ai esté
Plusieurs fois vendre agneaux ;
Mais je y vids tant de gens nouveaux
Que c'est une grande merveille ;
Et crois, moi, que chose pareille
N'en fut veu la moitié de autant :
Si (aussi) s'en vint vers moy tout battant
Ung de ceulx qui font enfermer
Les gens... ayde-moi a nommer..
Qui portent ces bastons d'argent...
Ces choses... comment...

ALORIS.

Ung sergent,
Qui meinent les gens en prison.

RIFFLART.

C'est très-bien dict, tu as raison.
Il me mena ne sçay où loing,
Pardevant ses gros maschefoins :
— Dont es-tu ? dit l'un bien habille.
— Je suis, te dis-je, de no' ville,
Tout norry de pois et de lart.
— Et comment te nomme-on ? — Rifflart,
Dis-je. — Quel valeton !
Bref, ils rirent tant de ce nom
Qu'ils en jettoyent de très-grans crys ;
Lors me mirent en leurs escripts
Et me renvoyèrent sans boire.

YSAMBERT.

Et sans manger ?

RIFFLART.

Par ma foi, voire.
De quoi je me tins bien de rire.

YSAMBERT.

J'ai, passé huit jours, ouï dire
Que je ne scay quel grant seigneur...
Comment le nomme-on?...

PÉLION.

L'empereur.

YSAMBERT.

Voire, c'est l'empereur de Romme,
Qui veult faire escripre tout homme
En ses pays par ses suppos.

ALORIS.

Escripre ? Mais à quel propos ?
Est-ce pour faire une bataille ?...

RIFFLARD.

Mais plus tost pour faire une taille,
Hardiment, qui nous seroit dure.

PÉLION.

Or voise (aille) tout à lavanture !
Car puisque on vient de tous lieux,
Nos moutons sen vendront bien mieulx
En Bethléen et aultre part.

Québec. — Est-ce un nom indien? est-ce un nom normand? les avis sont partagés.

« Nous sommes portés à croire, est-il dit dans les transactions de la Société littéraire et politique de Québec (avril 1835), « que Québec est un nom français. La terminaison en *bec* n'est point rare dans les noms de lieu en Normandie, d'où venaient la plupart des premiers colons du Canada ; elle signifie *promontoire*. Les hommes qui abandonnent leur patrie pour s'établir dans d'autres contrées sont fort enclins à transporter les noms de leur vieux pays dans le nouveau. Il est probable que le nom de Québec a été transporté de quelque lieu maintenant inconnu en Normandie, à la capitale du Canada. Ce qui semble confirmer cette conjecture, c'est que sur le sceau du comte de Suffolk, capitaine employé par Henri V dans les guerres de France, on trouve gravé ce même nom de Québec. Il faut supposer que quelque village normand de ce nom avait été le théâtre des exploits du comte, et que Henri V le lui donna à titre de récompense. »

D'un autre côté, Champlain, qui est une autorité, puisque c'est lui qui fonda la ville de Québec, dit au livre III de ses *Voyages de la nouvelle France*, p. 115 : « Trouvant un lieu, le plus étroit de la rivière, *que les habitants du pays appellent Québec*, j'y fis bâtir et édifier une habitation, et défricher des terres, et faire quelques jardinages. » Or, ce qui achève de donner gain de cause à l'étymologie indienne, c'est que Charlevoix nous informe que *Quebéio*, en algonquin, veut dire rétrécissement, ce qui explique pourquoi on avait donné ce nom *au lieu le plus étroit de la rivière*.

Baragouin, Pétra, Pénaud. — Le premier de ces trois mots qui a passé dans la langue française pour parler d'un jargon barbare, est, selon M. Éloi Johannot qui lui-même empruntait cette étymologie à un auteur du XVIe siècle, formé du celtique *bara*, qui veut dire pain, et de *guin*, qui signifie vin. C'est une des expressions que les étrangers s'attachent à retenir pendant leur séjour en Basse-Bretagne, parce que leurs besoins de première nécessité s'y trouvent liés. De retour chez eux, les mêmes mots, auxquels ils avaient tous les jours été le plus redevables, leur servent à frapper notre langue de ridicule et à l'appeler un jargon barbare, un *baragouin*... c'est proprement le procès de l'ingratitude contre la bienfaisance.

C'est ainsi que les mots bretons, *pétra*, *pénaud*, adoptés également par les Français, sont aujourd'hui devenus dans leur bouche des qualifications injurieuses, pour insulter aux gens de la campagne. *Pétra* ou *pénos* est la réponse que nous faisons aux questions que nous n'entendons pas : ce qui correspond au français: Que dites-vous ? Et comme les Bretons et les Français, parlant deux langues entièrement différentes, ont beaucoup de peine à s'entendre, les mots *pétra* et *pénos* doivent nécessairement venir très-souvent dans la bouche des premiers, de même que celui de *baragouin* dans celle des seconds. Mais en désignant les gens de la campagne et ceux que l'on méprise, sous le nom de *pétras*; un imbécile, un sot, un homme interdit, embarrassé, sous celui de *pénaud*; une langue, un jargon quelconque, sous la dénomination de *baragouin*, l'on voit que c'est tomber dans un étrange abus des mots, pervertir la vraie signification des termes, leur donner un sens entièrement opposé dans l'usage ordinaire et s'exposer par là aux plus grandes méprises [1].

[1] Latour-d'Auvergne, *Origines gauloises*.

BLASON vient du mot allemand *blasen,* sonner d'un instrument à vent, parce que c'était au son du cor que dans les tournois la lice s'ouvrait aux combattants. Quant aux couleurs du blason, leurs noms viennent de l'arabe, suivant Court de Gebelin [1].

Gueule, de *Ghul,* rouge, rose. — *Ghulistan,* empire des roses.

Azur, de *azul,* couleur du ciel, bleu.

Sinople, de *tsin,* herbe, verdure, et de *bla,* blé naissant et d'un beau vert.

Sable, de *zebel, zibel,* noir : — martre *zibeline,* martre noire.

HAZARD. — C'est à M. Libri [2] qu'est due l'étymologie de ce mot. Comme les précédents, elle est arabe. *Azar* dans cette langue veut dire difficile. Les termes *azari, ad azarum, ludum azari,* se rencontrent dans plusieurs ouvrages italiens du moyen âge [3], qui traitent d'un jeu à trois dés, et ils expriment les points les plus difficiles à obtenir. Le hazard est donc l'éditeur responsable de tout ce dont il est difficile pour nous de découvrir l'auteur, c'est-à-dire la cause. Quant à la lettre *h,* elle remplace une autre lettre arabe, qui est sans équivalent dans notre langue.

---

[1] *Monde primitif.*

[2] *Histoire des mathématiques en Italie,* tom. I, pag. 189.

[3] Dans un commentaire fort curieux, publié à Venise en 1477, sur la *Divine comédie* du Dante, on trouve l'épithète de *azari,* appliquée à certains nombres qu'on peut amener avec trois dés. Les expressions *ad azarum, ludum azari* se trouvent aussi dans les statuts de Guastalla, publiés par Affo en 1785, et dans d'autres statuts cités dans le Glossaire de Charpentier, à l'article *azarrum.*

Algèbre. — Ce mot est dû aussi aux Arabes qui avaient nommé cette science *el djaber el-mogabelah*, c'est-à-dire la science des *restaurations* ou des *rétablissements*, des proportions et des solutions, en vertu de la règle par laquelle on opère le passage ou le *rétablissement* d'une quantité qui était négative et qui devient positive, étant transportée ou *rétablie* dans l'autre membre de l'équation. C'est pourquoi, au moyen âge, en chirurgie, *algèbre* voulait dire l'art de restaurer ou de rétablir les membres démis ou fracturés; et aujourd'hui même en espagnol et en portugais, *algebrista* signifie chirurgien.

Moutarde. — Il est à peu près certain que moutarde vient de *moult arde*, *multùm ardens*, qui brûle beaucoup. Toutefois on a soutenu que moutarde venait de *moult tarde*, contraction de *moult me tarde*, devise des ducs de Bourgogne, et que comme Dijon faisait un grand commerce de « *ce baume naturel et restaurant d'Andouilles*, » comme dit Rabelais, on y avait remplacé le mot de sénevé *(sinapis)* par la devise de ses souverains. On a même étayé cette interprétation d'un passage des *Bigarrures* de Tabourot, relatif à la moutarde de Dijon, et que nous allons citer pour rétablir les faits.

« La moutarde n'y est pas meilleure ny plus fréquente qu'ailleurs. L'origine donc de ce dire n'a pas pris sa source de là, mais a commencé sous le roy Charles VI, en l'an 1381, lorsque luy avec Philippe le Hardy, son oncle, furent au secours de Louys, comte de Flandres, où les Dijonnois, qui de tout temps ont esté très fidèles et très affectionnez envers leurs princes, se montrèrent si zélés, que, de leur propre mouvement, ils envoyèrent mille hommes conduits par un vieil chevalier jusques en Flandres. Ce que reconnaissant, ce valeureux duc leur donna plusieurs privilèges, et notamment voulut qu'à jamais la ville portât les premiers chefs de ses armes ; lui donna sa devise qu'il fit peindre en son enseigne, qui estoit : *Moult me tarde*. Mais comme cette devise estoit en rouleau, de la façon qu'encore aujourd'hui elle est eslevée en pierre à la porte de l'église des Chartreux à Dijon, plusieurs qui la voyent, même les François, ne prennant pas garde au mot de *me*, ou dissimulant de le voir par envie, allèrent dire qu'il y avoit *moustarde*, que c'estoit la troupe des moustardiers de Dijon. »

Tabourot va trop loin. Il devait se borner à établir que le mot *moutarde* ne dérive pas de la devise des ducs de Bourgogne, mais il porte atteinte au commerce de Dijon, lorsqu'il donne à entendre que sa célébrité gastronomique vient tout simplement d'une mauvaise interprétation de cette même devise. Heureusement l'archéologie est venue au secours des illustres moutardiers de cette ville. Il est incontestable que la réputation de la moutarde de Dijon a devancé de deux cents ans l'introduction de la devise des ducs de Bourgogne dans ses armes. La preuve en est écrite en toutes lettres dans nombre de manuscrits qui remontent au douzième siècle.

COCAGNE. — L'indigo n'a commencé à être connu en France que vers la fin du seizième siècle. Jusqu'alors on y teignait en bleu avec des coques de pastel; c'est à la culture et au commerce du pastel que le pays de Lauraguais dut le nom de *pays de Cocagne*, à cause du grand nombre de coques qui s'y faisaient, et des bénéfices considérables qu'on en retirait. Cocagne s'ecrivait autrefois *Coquaigne*.

> Li païs si a non Coquaigne
> Ki plus i dort plus i graigne.

C'est le fabliau de Coquaigne.

Florin. — Ce mot vient, suivant les uns, de Florence, suivant d'autres, des fleurs de lys qui étaient gravées sur les monnaies. Quoi qu'il en soit, ce mot devint un nom générique donné en bien des pays à des monnaies réelles d'or ou d'argent, et à des monnaies fictives ou de compte.

Mérinos. — Mérino, en espagnol, est le nom d'une fonction équivalente à peu près à celle de maire. De là, ce nom a été donné aux conducteurs des troupeaux qui vont de contrée en contrée chercher leur pâture, et aux cantons qu'on leur accordait. Plus tard, on a appelé, par ellipse, *ganado merino*, un troupeau mené par un *merino*, et ensuite *ovejas merinas*, les brebis mérinos, *lana merina*, la laine mérinos, et enfin *merino* seul cette race connue qui a tant gagné à son croisement avec une race africaine.

La Paulette. — C'est sous François Ier que l'on commença à vendre les charges de judicature. Un grand nombre de gens riches, affamés de rang et d'emploi, mirent là leur argent comptant. Ces charges devinrent une mine d'or qui dans la suite a produit des sommes immenses, sans qu'il en ait coûté au roi rien de plus que des gages plus ou moins forts, dont il s'est remboursé par le moyen de la *Paulette*. C'est ainsi que l'on appela, du nom de Charles Paulet qui, en 1604, en fut l'inventeur et le premier fermier, le droit que l'on obligea les gens de robe et de finance de payer au roi tous les ans, pour pouvoir, dans l'année, disposer de leurs charges, et être dispensés de la règle dite *des quarante jours*. Auparavant, il fallait que les résignants survécussent de quarante jours à leurs démissions · autrement leurs charges étaient dévolues au fisc [1]. On disait *pauleter* pour *payer l'impôt de la paulette*.

Queux, coq. — C'est du latin *coquus* que viennent ces deux mots dont le premier est tombé en désuétude et dont le second n'est employé qu'à bord des navires, et qui tous deux veulent dire cuisinier.

Anciennement, dit Ménage, on appelait grand queux de France celui qui avait la surintendance sur tous les officiers de cuisine de la maison du roi.

« Souvent avenoit, dit Joinville, quand il benoiez roi (le saint roi, Louis IX) estoit à Vernon, que il descendoit en la Méson-Dieu à heure de mengier, et il servoit les povres, de ses propres mains, des viandes que il avoit fe appareiller par ses queux. »

Ce fut Louis IX qui créa cette charge, l'une des premières de la monarchie.

Le personnel des cuisines se composait de quatre maîtres queux, quatre hâteurs, quatre potagers, quatre pâtissiers-bouche, quatre porteurs, deux avertisseurs qui s'informaient de l'heure à laquelle le roi voulait être servi, quatre porte-fauteuils et tables-bouche, trois galopins chargés de piquer les viandes, etc.

Daougan. — Ce mot breton, qui littéralement signifie *deux chants*, est le nom qu'on donne aux maris outragés. Voici sur cette expression et sur le mot français qui en est la traduction, l'explication piquante que donne M. Johanneau dans un mémoire intitulé : *Origine étymologique et mythologique du mot celtique daougan, qui signifie cocu; du mot français cocu, et d'un usage singulier relatif à ces deux noms injurieux.* La naïveté a ses priviléges ; c'est à ce titre

---

[1] L'abbé Legendre, *Mœurs et coutumes des Français*.

que nous sollicitons, avec M. Johanneau, l'indulgence du lecteur.

« Un usage singulier et extraordinaire que j'ai appris, dit-il, dans les voyages que j'ai faits, il y a environ un an, pour la recherche des antiquités celtiques et druidiques, dans l'intérieur de la France, vient confirmer l'étymologie et l'origine que je donne des noms de *daougan* et de *cocu*. Dix à douze personnes de Cléry, près d'Orléans, réunies pour me donner des renseignements, m'ont assuré que d'après un usage ancien, dans la commune rurale de la même ville, le soir ou le lendemain des noces, je ne me rappelle pas lequel des deux, les père et mère des époux, après les avoir conduits dans la chambre nuptiale et fermé la porte sur eux, faisaient asseoir le nouveau marié le derrière dans un bassin plein d'eau, lui faisaient chanter trois fois le chant du coq, *cocoriké*, faisaient mettre la mariée à genoux devant lui et lui faisaient répondre trois fois, *cocodé*, qui est le chant de la poule après qu'elle a pondu. Cet usage, presque incroyable, est cependant dans l'esprit de l'ancienne religion druidique ; car il me paraît une suite du culte du coq et de la poule des Gaulois, considérés comme le symbole, l'un de la puissance virile, l'autre de la fécondité de la femme, et tous les deux comme une image de ce qui se passe dans l'union conjugale. Il est en outre en rapport avec le nom latin *galli* des Gaulois, et confirme ce que j'ai avancé ailleurs, que ce nom ne signifie que les *coqs* dont nous révérons encore le symbole dans la *cocarde* en forme de crête de coq, et dans les coqs au-dessus de nos clochers pyramidaux [1]. »

LE SAHARA. — Le Sahara est une vaste contrée plate, dont la majeure partie est sablonneuse, improductive et

---

[1] *Cahier* VIII.

inhabitée. Quant à son étymologie, voici ce qu'en disent les lettrés (*t'olba*) :

« On appelle *Sehaur* ce moment presque insaisissable qui précède le point du jour (*fedger*), et pendant lequel nous pouvons encore, en temps de jeûne, manger, boire, fumer. L'abstinence la plus rigoureuse doit commencer, dès qu'on peut distinguer un fil blanc d'un fil noir.

« Le *sehaur* est donc une nuance entre la nuit et le point du jour qu'il nous est important de saisir, de préciser, et sur laquelle a dû se porter l'attention de nos marabouts. Un d'entre eux, Ben el Djirami, en partant de ce principe que le *sehaur* est plus facilement et plutôt appréciable pour les habitants des plaines, dont rien ne borne l'horizon, que pour les habitants des montagnes, enveloppés qu'ils sont dans les plis du terrain, en a conclu que du nom du phénomène on avait formé celui du pays où il était le plus particulièrement apparent, et qu'on l'avait nommé Sahara, le pays du *sehaur*. »

L'auteur du *Sahara algérien*, à qui nous empruntons cette étymologie, fait remarquer avec raison que, quoique l'orthographe ne soit point la même, puisque l'un des deux mots commence par un Ç (*s'âd*) et l'autre par un S (*sin*), et que par conséquent cette explication ne soit pas d'une grande sévérité grammaticale, elle ne laisse pas d'être fort ingénieuse. Elle semble d'ailleurs confirmée par l'étymologie du Tell. L'opinion la plus accréditée est que le mot tell vient de *tellus*, terre cultivable; mais Ben el Djirami n'est pas de cet avis. A l'entendre, tell vient de *tali*, dernier, et signifie la contrée qui est en arrière du Sahara, et où le *sehaur* ne paraît qu'en dernier. *Enta tellia ou sah'araoui?* Es-tu des gens du Tell ou des gens du Sahara (de la terre cultivable ou du désert), signifie selon lui : Es-tu des premiers ou des derniers à voir le sehaur ?

Cette même interprétation est donnée dans un ouvrage de Fekheur el R'àsi, qui ajoute que *tali el tell*, le dernier après le dernier, veut dire la mer, à cause de sa position en arrière du Tell [1].

BAL. — Ce monosyllabe est celtique; c'est un mot primitif qui désignait le soleil, et par conséquent : 1° Tout ce qui est beau et brillant, comme le soleil; 2° Tout ce qui est élevé, comme lui; 3° Tout ce qui est rond. Sous chacun de ces points de vue, ce mot est devenu la source d'une multitude de familles dans la langue française, en se prononçant, suivant les peuples, *bal, bel, bol,* et avec l'élision de la voyelle : *bla, ble, blo.* De là, il résulta dix branches dérivées de cette seule racine, d'où résultent une vingtaine de divisions : 1° les noms de quelques plantes et animaux; 2° *bel*, désignant la beauté ; 3° *bal*, devenu *bla*, nom de diverses couleurs, des mots *blanc, bleu, blond*, etc.; 4° *bail*, nom relatif à la puissance, à la conservation et à la perfection; 5° *bal*, relatif à l'élévation, d'où *balcon, balustrade;* 6° *bal*, relatif à l'action physique de s'élever en s'élançant, d'où *bal, ballet, ballade, baladoire, baliste;* 7° *bal*, désignant la grosseur, d'où *baleine, bloc;* 8°, etc. [2].

CAILLETTE. — On donne ce nom, qui est celui du fou de Louis XII et de François Ier, comme l'étymologie de *caillette*, femme bavarde; mais ce mot est plutôt celtique. Dans cette langue, *Caillach* signifie femme [3].

---

[1] Voyez *le Sahara algérien*, études géographiques, statistiques et historiques sur la région au sud des établissements français en Algérie, ouvrage rédigé sur les documents recueillis par les soins de M. le lieutenant-colonel Daumas, directeur central des affaires arabes à Alger, et publié avec l'autorisation du ministre de la guerre. Paris, 1845, in-8.

[2] Court de Gebelin, *Monde primitif*.

[3] Voyez une note de *La jolie fille de Perth*, de Walter Scott.

HOMME DE PAILLE. — Cette expression ne viendrait-elle pas du mannequin que l'on brûlait quand le condamné était en fuite ?

MINISTRE, synonyme de pasteur. On l't dans Lamonnoye que Rabinot, l'un des premiers disciples de Calvin, donnait ses leçons dans une salle nommée la *ministrerie*, et que de là on l'appelait monsieur le *ministre*. Cet auteur ajoute que ce fut ce qui donna à Calvin l'idée de nommer *ministres* les pasteurs de son église.

PÉQUIN. — Ce nom était donné par les allemands aux Albigeois ; n'est-ce pas parce qu'ils les considéraient comme païens, de *paganus* ? Il vient bien plutôt des mauvais soldats-picquiers qu'on appelait *picquini* ou *pekeni* et dont parle Du Cange.

RODOMONT. — Le comte de Bojardo cherchait, pour un personnage de son poëme l'*Orlando innamorato*, un nom conforme au caractère qu'il voulait lui donner. Celui de *Rodomont* se présenta à lui pendant une chasse, et lui sembla si heureux qu'il en conçut une joie excessive. De retour chez lui, il fit sonner, en signe de réjouissance, toutes les cloches du village [1].

TESTAMENT. — L'étymologie de *testamentum*, *testatio mentis*, donnée par Justinien, est spirituellement reprise par Vinnius qui s'écrie : « Imbécile ! et *excrementum* vient-il de *excretio mentis* ?

TINTAMARRE. — On trouve dans les vieilles chartes du Berry, que Jean, fondateur de la chapelle de Bourges, rencontra un jour un grand nombre de vignerons dans un état si misérable qu'il en eut pitié et les interrogea amicalement. Il apprit d'eux qu'on les faisait travailler jusqu'à 15 et 16 heures par jour. Il ordonna qu'ils n'eus-

[1] V. La Monnoye, *Glossaire* à la suite des *Noëls Bourguignons*.

sent à se rendre au travail qu'à six heures du matin, et qu'ils pussent s'en revenir à six heures du soir. Pour que cette promesse ne fût pas illusoire, le duc enjoignit à ceux qui étaient le plus près de la ville, et qui, par conséquent, entendaient les premiers sonner l'heure, d'en prévenir leurs voisins qui devaient l'annoncer aux plus éloignés. « Tellement, dit l'auteur de ce récit, qu'en toute la contrée s'entendait une grande huée et clameur, par laquelle chacun était finalement averti qu'il fallait faire retraite en sa maison. » Tous donnaient cet avertissement en *tintant* avec une pierre *dessus leur mare* (nom d'un instrument de labour), d'où il serait possible que depuis on eût appelé tintamarre, en général, tout ce qui rappelait un bruit de ce genre [1].

Des noms propres. — Les Espagnoles ne prennent pas le nom de leurs maris.

— Les Indiens américains portent pour la plupart le nom de quelque animal, comme le serpent bleu, le petit dindon, le gros ours, etc.; et leurs signatures dans les actes relatifs à des cessions de terres, etc., consistent dans la représentation, figurée à la plume, des animaux dont ils portent les noms.

— En Angleterre, ce serait commettre une inconvenance que d'appeler une demoiselle *miss*, sans y joindre son nom de famille ou son prénom. Jusqu'au XVIIIe siècle chez nous, les bourgeoises mariées étaient appelées *mademoiselle*.

— La plupart des villes, dans l'antiquité, avaient deux noms, dont l'un était tenu secret et n'était confié qu'à très-peu de personnes, et l'on n'osait pas le proférer en public; car c'était alors une superstition universellement

---

[1] Pasquier, *Recherches de la France*.

répandue que toutes les invocations des ennemis contre une ville n'avaient de force et de puissance qu'autant que son véritable nom y était exprimé. Le nom propre et secret de Rome était *Valentia*, mot latin qui signifie force, comme le mot grec *Roma*. C'est à cet usage que se rapporte le passage suivant de Macrobe : « Les Romains voulurent conserver secrets le nom du dieu sous la tutelle duquel était Rome, et le nom latin de la ville. Les peines les plus sévères étaient portées contre quiconque violait ce secret. »

— On a beaucoup reproché aux Grecs modernes d'avoir oublié les noms glorieux des villes de la Grèce antique. L'étude du grec moderne a fait justice de ce reproche. L'erreur vient de ce que chaque pays prononce les langues mortes à sa mode : après s'être bien indigné de ce que les descendants d'Epaminondas avaient changé Thèbes en *Sivé*, force a été de reconnaître que c'était nous, au contraire, qui avions changé *Sivé* en Thèbes, attendu que c'est ainsi ou à peu près que se prononce *Thebai*. Si les Grecs modernes sont coupables, ce n'est pas de défigurer les noms de leurs ancêtres; c'est, comme nous tous, d'estropier les noms étrangers. C'est, par exemple, d'avoir métamorphosé l'amiral génois *Doria* en *Sertorius*, confondant le titre *Ser* (*Messer*) avec le nom *Doria*, *Serdoria*, *Sertoria*, *Sertorius*. Il est vrai que les Vénitiens n'étaient pas en reste, eux qui d'*Egrippos* ont fait Négrepont. Nos marins, non plus, ne se sont pas fait faute d'estropier les noms grecs, eux qui ont changé l'écueil *Belopoulos* (petite aiguille), en Belle-Poule, et l'île de Samothrace en Sainte-Mandroche.

— A quelle époque les papes commencèrent-ils à changer de nom à leur avènement au trône pontifical ? Henri, dans son *Histoire ecclésiastique*, prétend que ce fut Sérge IV qui, le premier, changea de nom ; mais l'exaltation de Serge date de 1009, et Onuphre dit que cet usage est dû à Jean XII, en 956, qui ne voulut pas conserver le nom païen d'Octavien : ce qu'il y a de certain, c'est que les évêques l'avaient déjà adopté dès la fin du viie siècle. Fra Paolo, de son côté, attribue cette coutume aux papes allemands, dont les noms barbares sonnaient mal aux oreilles des Italiens. « Les papes, dit-il, l'ont continuée depuis, pour marquer qu'ils échangeaient leurs affections privées contre d'autres plus nobles. » Ainsi font les personnes qui se vouent à la profession monastique. Depuis le pontificat de Benoît IX, en 1035, on ne compte qu'un seul pape qui n'ait point changé de nom, c'est Adrien VI qui obtint la tiare en 1522.

— Après le pas d'armes, les combattants soupaient à la même table. On avait soin qu'elle fût ronde, pour éviter toute dispute sur le rang et la préséance : de là est venu le nom des *chevaliers de la table ronde*.

Origine des noms des Etats-Unis. — L'Etat du *Maine* fut ainsi nommé, en 1638, d'après la province du *Maine* en France, dont Henriette-Marie, reine d'Angleterre, était alors duchesse. *New-Hampshire* devint le nom du territoire accordé par la compagnie de Plymouth au capitaine J. Masson, qui était en même temps gouverneur de Portsmouth dans le *Hampshire* en Angleterre. *Vermont* vient du français (*Mont-Vert*); *Massachusetts*, d'une tribu d'Indiens, voisine de Boston; *Rhode-Island* fut ainsi nommé en mémoire de l'île de Rhodes dans la Méditerranée; *New-York* prit la désignation de *Nouvel-York* pour faire honneur au duc d'York et d'Albany, à qui le territoire avait été concédé; la *Pensylvanie* rappelle le chef des Quakers, William *Penn;* la *Delaware*, lord de *La War* qui mourut dans la baie ainsi nommée avant l'Etat lui-même;

la *Mary-Land*, Henriette-Marie, épouse de Charles Ier, la *Virginie*, la reine *Vierge*, Elisabeth ; la *Caroline*, Charles IX, roi de France (ce nom français date de 1564), et la *Géorgie*, Georges III (1772) ; Alabama est le nom de la principale rivière de cet Etat (1817). La *Louisiane* reçut cette désignation en l'honneur de *Louis XV*, comme la *Nouvelle-Orléans* devait son nom au régent duc d'*Orléans*. *Tennessee* signifie *cuiller tordue*; *Kentucky* est un nom de rivière ; *Ohio*, *Arkansas*, *Missouri*, *Mississipi*, *Connecticut* et *Illinois* aussi ; *Indiana* vient de ses premiers occupants, les *Indiens*; *Michigan* est un nom de lac ; la *Floride* enfin fut ainsi appelée par Juan Ponce de Léon, qui la découvrit en 1572, le dimanche des Rameaux, en espagnol, *Pascua florida* (Pâques fleuries) [1].

Des noms propres.—Une opinion émise, il y a dix-huit à vingt ans, dans un recueil littéraire ne fait pas remonter l'origine de la plupart des noms de famille français au delà du XIIe siècle. A cette époque d'affranchissement, les serfs, à mesure qu'ils cessaient d'être des choses, sentirent le besoin de constater cette position nouvelle par un nom qui leur appartînt en propre, qui ne fût pas seulement un nom de baptême commun à tant d'autres, et auquel s'ajoutait le nom du seigneur.

L'auteur de ce système divise ces noms de famille en cinq catégories :

1º Ceux des affranchis industriels : — Chaussier, Pelletier, Serrurier, Taillandier, Fabre (Fèvre, Fébure), Charpentier, etc...

2º Ceux des affranchis agricoles : — Du Pré, de la Vigne, du Val, du Guy, de l'Orme, du Mas, du Puy, de la Fontaine, etc...

---

[1] *Revue britannique*, mai 1841.

3° Ceux des affranchis appelés à des fonctions bourgeoises, ou même mercenaires : — Le Bailli, le Prévôt, le Maire, le Doyen, etc...

4° Ceux des gens qui, n'ayant ni industrie ni terres, se sont appelés de leur forme ou de leur caractère : — le Court, le Grand, le Noir, le Blond, le Roux, le Camus, le Doux, le Courbe...

5° Ceux des gens qui ont gardé simplement leur nom de baptême, et l'ont transmis à leurs enfants : — Martin, Gervais, Lucas, Guillaume, etc...

L'origine de ces noms s'explique d'elle-même ; mais il en est d'autres, composés de mots qui ne sont pas restés dans la langue, et leur signification peut être curieuse à connaître. Nous allons en citer quelques-uns, en choisissant de préférence ceux qui pourront donner lieu à quelque rapprochement piquant, que nous demanderons au lecteur la permission de ne pas faire nous-même.

ARNAUD, mauvais sujet, débauché, du mot *Arnaut*, *Arnaute*, brigand d'Albanie.

AUBER, AUBERT, haut baron, homme de cœur, de haute stature. — *Haubert*, cotte de maille que revêtait à sa majorité le possesseur d'un fief de *haubert*.

> Partonopeus s'est bien armés,
> Cauces (chausses) de fer a bien tailliés,
> Et bien de soie apparelliés,
> A blanc *auberc*, menue-maillée,
> Elme (heaume) et escu, et fort espié (épieu);
> Mais il n'a c'une seule espée.
> (*Partonopeus de Blois* [1].)

[1] *Poëme du* XII*e siècle*, édité par M. Crapelet.

Bardou, homme qui fait le badin; lourdaud. — On le prend encore pour paysan dans le patois d'Orléans. Il pourrait bien venir du grec βαρδύς, *lourd*.

Lablache, Blache, plantation de jeunes chênes et de châtaigniers assez espacés pour qu'on y puisse labourer.

Boterel, crapaud.

> Ce mesel (misérable)
> Comme il ressemble au boterel.
> (*Fabliau du jongleur d'Ely* [1].)

Brifaut, gros mangeur, glouton; — donné d'abord aux enfants mal élevés, et aux chiens de chasse (v. Lafontaine).

> Qu'est-donc la toile devenue?
> — Certes, fait-il, je l'ai perdue.
> — Brifaut! vous l'avez brifaudée.
> (*Fabliau de Brifaut.*)

Candeille, chandelle.

Carlier, charpentier.

Carnot, créneau. (Carnot était ingénieur.)

Carrel, carreau, gros trait d'arbalète, flèche à fer triangulaire. — Projectile lancé avec les balistes (Méon); — place publique; lampe (Rochefort.)

Chaptal, chef, capitaine.

Choron, chœurs, chants en chœur. (Le rapport est singulier. Choron était directeur d'une école de chant dont Dupré entre autres faisait partie.)

> De vièle sot et de rote (il savait vielle et violon).
> De lire et de saterion (psaltérion)
> De harpe sot et de choron...
> Robert Wace, *Roman de Brus.*

[1] du xive siècle.

Croy, vil, lâche, mauvais.

>Qui croy sert, croy gazardon aten.
>(Qui mauvais sert, mauvaise récompense attend).

Duponchel, du petit pont, bac, bateau.

Fauquet, Fauchet et probablement Faucher, crapaud, faucheux (l'araignée), faucille, faux, toute arme tranchante.

Fétis, beau, charmant, fait avec art et goût.

FRANCHISE.

>Qui ne fu ne (ni) brune, ne bise,
>Ains (mais) fut come la neige blanche ;
>Courtoise estoit, joieuse et franche ;
>Le nez avoit long et tretis (bien fait).
>Jex vers (yeux bleus) rians sorcils *fétis*.
>   (*Roman de la Rose.*)

Gaultier, Gautier, Gonthier, forestier, bûcheron. — *Gault* ou *gaut*, bois, forêt. — De là Marcilly-en-Gault... — *Gaultier* signifiait aussi brigand qui se cache dans les bois. Rabelais parle quelque part d'un *bon gautier*. Les Gaulois à la solde des Empereurs s'appelaient *gontharii*. Franc Gautier voulait dire franc larron.

>De tous estatz le plus entier.
>C'est la vie de franc gautier.
>   (*Dialogue du mondain.*)

Grignon, croûte de pain.

Janin.

> Quand voirrons-nous, sur le haut d'une scène,
> Quelque janin, ayant la bouche ple'ne,
> Ou de farine ou d'encre, qui dira
> Quelque bon mot qui nous réjouira.
> Ronsard, *Bocage royal*.

Malfilatre, mauvais beau-fils. On disait *filâtre* pour beau-fils, comme *marâtre* et *parâtre* pour beau-père et belle-mère.

Molé, fait au moule.

> Aubris fu biaus, eschevis (grand) et molés,
> Gros par espaules, graisles par le baudré (ceinture);
> N'eut plus bel homme en soissante cités.
> (*Garin le Loherain.*)

Molière, moulin.

Monge, moine.

Pasquier, oiseau de proie.

> Ayez l'esparvier ramaget (sauvage),
> Que aucuns appellent pasquiers,
> Bien l'aurez si bien le quérez,
> Duquel prendrez les perdriaux,
> Et de may les gros alocaux (alouettes).
> Gace de la Bigne, *des Déduits de la chasse*.

Prudhomme, Prudhon, Proudhon, homme prudent, maître de maison.

> De preudome est, en toz endrois
> Bons li envers et li endroit.
> Preudome pas ne sont tot cil
> Qui baissent l'uel et le sorcil.
> Gautier de Coinsi, *Sainte-Léocade*.

Romieu, pèlerin qui a été à Rome, ou qui en est revenu [1].

Chez les Romains tous les noms de famille se terminaient en *ius;* cette règle est sans exception : car quoiqu'il y ait des gens qui prennent pour des noms de famille les surnoms par lesquels les deux favoris d'Auguste (*Agrippa* et *Mecœnas*) nous sont connus, il est certain néanmoins que l'un s'appelait Cilnius et l'autre Vipsanius. Pour Poppæus et Perducæus, il est vrai que c'étaient des noms de famille ; mais c'est une exception qui sert à confirmer la règle, car il est probable que ces deux noms s'écrivaient d'abord avec un *i* et se prononçaient comme Pompeius, puisque la diphthongue de leur pénultième s'écrivait originairement par un *a* et un *i*, comme on peut le voir par une infinité d'inscriptions.

On peut donc compter que tous les noms qui se terminent en *ius* sont des noms de famille, excepté les neuf suivants : Appius, Caïus, Lucius, Marius, Numérius, Publius, Servius, Tiberius et Metius, qui sont des prénoms. Au reste, ces derniers étaient peu nombreux ; Varron nous apprend que les Romains n'en avaient guère plus de trente. Ainsi l'on peut assurer que tous les noms qui ne sont pas de ce nombre et qui ne se terminent point en *ius*, sont des surnoms. Mais parmi ceux-ci, dont le chiffre dépassait de beaucoup celui des noms de famille, il y en avait qui portaient le même caractère de désinence, et qu'il est assez difficile de distinguer sans une connaissance approfondie des familles romaines.

Quoique les Romains n'eussent ordinairement qu'un nom de famille, et un seul prénom, avec un ou plusieurs

---

[1] Ceux des lecteurs qui ne trouveraient pas cette nomenclature assez longue, peuvent consulter le VIe volume du *Magasin pittoresque.*

surnoms, il se trouve néanmoins des cas où la même personne a deux noms de famille, ou du moins le nom d'une famille et le surnom héréditaire d'une autre. Cet usage avait lieu en trois occasions : 1º lorsqu'un citoyen passait d'une famille dans une autre par l'adoption ; 2º lorsqu'un esclave était affranchi par son maître ; 3º lorsqu'un étranger obtenait le droit de bourgeoisie romaine par le crédit de quelque citoyen.

Dans le premier cas, celui qui était adopté était obligé de prendre le nom, le prénom et même le surnom de celui dont il devenait par là l'héritier; mais il conservait toujours quelque marque de son origine, et avait soin d'ajouter aux noms de la famille où il entrait, celui de la famille où il était né, ou du moins un des surnoms héréditaires qui servaient à en distinguer les branches; car l'usage varia sur ce sujet suivant les temps.

On se contenta d'abord de joindre à ces nouveaux noms celui de sa propre famille, mais d'une manière un peu changée, et seulement en forme de surnom, comme on peut le voir dans une foule d'exemples, et entre autres par celui d'Auguste, qui de C. Octavius, se nomma C. Julius Cæsar Octavi*anus*, dès que Cæsar l'eut adopté. De même Æmilius, adopté par P. Cornelius Scipion se fit appeler P. Cornelius Scipio Æmili*anus*, et Mutius, fils adoptif de P. Licinius Crassus, devint P. Licinius Muti*anus*.

On se piqua ensuite de conserver le nom de son origine dans son état naturel, et sans aucune altération. Enfin, on se relâcha jusqu'à ne retenir de sa première famille que le surnom de la branche où l'on était né, témoin P. Cornelius Scipio, et M. Junius Brutus, adoptés, l'un par Q. Cæcilius Metellus Pius, et l'autre par Q. Servilius Cæpio; qui ne se nommèrent point Cornelianus ni Junianus, mais simplement Q. Metellus Scipio et Q. Cæpio Brutus.

Il en était à peu près de même dans le cas de l'affranchissement ; car, quoique les esclaves n'eussent point de nom de famille, comme ils avaient une espèce de surnom qui servait à les distinguer entre eux, ils conservaient ce surnom lorsqu'ils étaient affranchis, et le joignaient au nom et au prénom de celui à qui ils étaient redevables de la liberté, comme on peut le voir par les deux affranchis de Cicéron, M. Tullius *Tiro*, et M. Tullius *Laurea*, et par le poëte Livius *Andronicus*, affranchi de M. Livius Salinator.

Lorsque c'était à la sollicitation de quelqu'un qu'ils étaient affranchis, ils joignaient au nom de famille de celui qui leur donnait la liberté, le prénom de celui qui la leur procurait, et se formaient une dénomination composée de leur surnom d'esclave, du nom de celui qui les affranchissait, et du prénom de celui à qui ils en avaient l'obligation.

Enfin la même chose se pratiquait lorsqu'un étranger obtenait le droit de cité ; et l'on peut dire que ce dernier cas tenait des deux autres : de l'adoption, en ce qu'il fallait, en quelque manière, être adopté par le peuple romain, et même être reçu dans une des 35 tribus dont il était composé, pour être fait citoyen ; et de l'affranchissement, en ce qu'on était par là affranchi de tous les impôts qui pesaient sur ceux qui n'avaient pas l'honneur d'être citoyens [1].

Surnoms.—C'est au xe siècle que s'introduisit en France l'usage des surnoms tirés du rang, ou de quelque qualité morale ou physique : tels que Hugues *l'abbé*, Hugues *le blanc*, Hugues *le noir* ; Robert *le fort*, etc...

Les sobriquets jouent un grand rôle dans les correspon-

---

[1] *OEuvres* de Boindin, t. II, p.103 à 122.—V. art. *Noms propres*, par M. Edouard Fournier, dans l'*Encyclopédie* du xixe siècle.

dances diplomatiques d'autrefois. C'était l'enfance de l'art : on a depuis perfectionné beaucoup les moyens d'échapper aux indiscrétions ; mais au fur et à mesure que les procédés s'améliorent, la sagacité augmente en proportion et ne peut-on pas prévoir un jour où les nations jouant cartes sur table, la diplomatie sera obligée de se retirer du jeu ?

Voici la clef des principaux sobriquets employés dans la correspondance d'Henri IV et de Villeroy, son ministre, avec le président Jeannin, ambassadeur de France près les Etats de Hollande :

Les Français. — Les gens du bouton.

Le roi de France. — Le Sergent, le Mari de la Rose, le Père de l'Œillet, le Maître de Bouton, le Maître de l'Espérance, le Père du Rouge, le Père du Blanc, le Père du Gris.

Le prince de Condé. — Le Vert.

M. de Villeroy, *secrétaire d'Etat des affaires étrangères*. — L'Espérance.

Le président Jeannin, *ambassadeur de France*. — Le Sycomore.

M. de Buzenval, *idem*. — La Ramée.

M. de Bussy, *id*. — L'Ecorce.

L'Empire d'Allemagne. — Le Bal.

L'Empereur. — Le Brave.

Les princes d'Allemagne. — Les gens du pourpoint.

Le roi d'Espagne. — Le Mari de l'Etalon, le Poulain.

Les archiducs. — La Buglose.

Le marquis de Spinola. — Luc.

Don Diégo d'Ibarra. — Olibrius.

Les ministres d'Espagne. — Les gens de la jument.

L'infante d'Espagne. — Le grand cheval.

Le roi d'Angleterre. — Le fruit, le père de la poire, le verger.

Les Anglais. — Les asperges.
Le prince de Galles. — La poire.
Le comte de Salisbury. — La framboise.
Le duc de Savoie. — Le serpent.
Les états de Hollande. — Les Antes, les gens de la fleur.
Le prince Maurice. — L'orme.
Le comte Guillaume. — L'aune.
Barneveld. — Le charme.
La ligue avec les états. — Le Faro.

Après la clef de cette correspondance, nous allons en donner un échantillon : nous l'emprunterons à une dépêche de M. de Villeroy au président Jeannin.

« Je vous prie d'y penser, estant certain, si la Buglose voulait nous croire, que nous la rendrions jouissante bientost d'un repos très assuré, et n'auroit cause de redouter les coups de pieds de la Jument ; mais elle est trop craintive et engagée au Poulain pour franchir ce saut. Néanmoins il faut penser à tout ; car certes je n'espère pas que le Mary de l'Estalon change de propos, car il s'est trop avant engagé au sujet de cette souveraineté. L'on dit que le Sycomore doit prendre garde aux pieds et aux mains de *Winnood*, comme celuy qui entretient une entière et fidèle correspondance avec le Charme, et qui sçait les secrets du grand trésorier d'Angleterre qui conduit ces subtilités. Si les autres quittent l'article susdit, nostre Sergent ne déclarera les tenir pour libres comme ils désirent ; car il a entendu que la promesse que le Sycomore a faite sur cela soit attachée au conseil qu'il leur a donné de sa part, ne voulant en façon quelconque favoriser la proposition du Verger. »

Pendant les deux derniers siècles cet usage de surnoms passa de la diplomatie dans les salons, et des *dépêches* dans les correspondances mondaines; on peut s'en convaincre par les lettres de Mme de Sévigné et par celles de Hamilton.

Titres. — Les plus anciens des titres, tombés aujourd'hui en désuétude sont ceux de *patrice* et de *consul*, dont les envoyés de l'empereur Anastase remirent les brevets, l'an 508, à Clovis. Pépin le Bref fut aussi nommé patrice de Rome en 754 par le pape Etienne II. Vingt ans plus tard, Charlemagne reçut la même distinction des mains du sénat et du peuple romain. Il en fut de même de l'empereur Henri III, qui, lorsqu'il alla se faire couronner à Rome en 1046, obtint, ainsi que Pépin le Bref, cette distinction pour lui et tous ses successeurs.

Le titre de *Consul* ne fut pas non plus porté seulement par Clovis en France. En 904, dans une donation du comté d'Astarac à son troisième fils, Garcie Sanche, le Courbé, duc de Gascogne, se qualifie ainsi. Vers la même époque, le duc d'Aquitaine, Guillaume le Pieux, s'intitule, comte, consul, palatin et marquis. Nous voyons dans le *Cartulaire blanc* de Sainte-Marie d'Auch ce même titre attribué aux comtes de Fezenzac, d'Armagnac et d'Astarac. Il serait aussi facile que superflu de multiplier les preuves à l'appui. Les titres de comte et de consul étaient tellement confondus aux XIe et XIIe siècles, qu'on remplaçait aussi le titre de *vicomte* par celui de *proconsul*, témoin Bernard-Aton, vicomte de Nîmes en 1035, et Raimond Trincavel, vicomte de Béziers, en 1163.

Ce besoin de distinctions nobiliaires avait pris un tel développement, et on le satisfaisait avec une telle liberté, qu'un petit-fils et frère de marquis, Pierre Bermond de Sauve, ne se contentant plus d'emprunter des titres aux Romains, alla en chercher jusque chez les Perses, et eut la fantaisie sans exemple, et, nous le croyons, sans imitateur, de se qualifier dans des actes datés de 1074 et de 1077, de *satrape* de Sauve.

Plus de deux siècles avant l'année 1349 où, par suite de la donation du Dauphiné à la France, le fils aîné du roi fut appelé *Dauphin*, ce titre appartenait à Guigues IV, comte d'Albon et de Viennois,—*Guigo comes qui vocatur Dalphinus*.

Quant au titre de *prince* (non souverain), on le voit porté en 752 par Ebbes, en 803 par Turpion, *princes* d'Aubusson; en 935 par Ermengaud, comte de Rouergue, qui s'intitule *prince* et même *prince magnifique;* en 1035 par Bernard-Aton, vicomte de Nîmes et d'Albi, qui, dans le même acte où il se qualifie *proconsul,* prend deux fois le titre de *prince*. Mais tout cela sent singulièrement l'usurpation.

Le titre de *comtor*, qui fut usité dans une partie de la France au moyen âge, et qui n'existe plus aujourd'hui que dans les monuments de cette époque et dans la mémoire des érudits, a été l'objet d'un mémoire de M. de Gaujal auquel nous n'emprunterons que son résumé, renvoyant à la source même, c'est-à-dire au tome 1er des *Mémoires de la société des Antiquaires* (nouvelle série), ceux qui seraient désireux de plus amples détails.

Le résumé de ce travail est donc que le titre de *comtor*, qui était très-répandu dans le xie siècle, doit remonter bien avant cette époque; qu'il fut connu depuis la Catalogne jusqu'à la frontière des comtés d'Angoulême et de la Marche; qu'il se trouva par conséquent circonscrit dans les contrées de la *Langue d'Oc;* qu'il ne fut établi non plus que dans les pays où il y avait des comtes ou bien des vicomtes; qu'il signifiait comte inférieur; qu'il donnait rang après les vicomtes et avant les barons, qu'il fut porté par les frères cadets des vicomtes; que néanmoins c'était d'abord un titre dérivant de fonctions ; que les comtors formaient la cour des comtes, comme les ducs et les comtes-pairs formaient la cour du roi ; qu'il est vraisemblable aussi qu'ils assistaient les comtes dans leurs autres fonctions, telles que le commandement des troupes, l'administration civile, etc. ; que, plus tard, leur titre devint, comme tous les autres, un titre de dignité héréditaire; que dès le xiie siècle, on trouve des terres titrées de comtories et assujetties aux lois générales des fiefs ; enfin, que le titre de comtor, soit dans son état primitif, soit avec la modification qu'il subit, eut une durée qui dépassa six siècles.

Un titre qui fut pendant trois siècles l'apanage du clergé, celui d'*archi-comte*, porté exclusivement depuis 581 par les archevêques et les évêques, fut adopté par les laïques à l'époque où la mort de Charles le Chauve remit la Franche-Comté aux mains de Bozon, roi de Provence (879). On y établit cinq comtes, ceux de Varasque, de Montbéliard, Scodingue, d'Amons et de Port, dont l'un fut élevé au-dessus des quatre autres avec le titre d'archi-comte.

Le titre d'*archi-duc* existe encore en Autriche ; mais il est éteint en France, qui en avait un dès l'année 959 ; et en 1495, pour récompenser son cousin Gilbert de Bourbon, comte de Montpensier, de la part qu'il avait prise à la conquête du royaume de Naples, Charles VIII le créa archiduc de Sesse par lettres patentes du 4 de mai. L'archiduché d'Autriche était antérieur de quarante-deux ans.

Le titre singulier — pour nous, du moins, — de *riche-homme* fut décerné en 1525 par Charles le Bel, roi de France et de Navarre, à son cousin Alfonse de la Cerda, qui, bien que petit-fils du roi de Castille, Alfonse X, vécut et mourut à Lunel dont il était baron.

Au nombre des titres oubliés, il faut placer celui de

baron-baronnant qui paraîtrait n'avoir existé que dans le Querci, et dont aujourd'hui nous ne connaissons pas bien la valeur.

Le titre de *Sire*, qui se donnait aux chevaliers, était affecté spécialement à certains possesseurs de grands fiefs, tels que les Sires d'Albret, en Gascogne, devenus roi de Navarre, et les Sires de Pons en Saintonge. Ce titre servit à distinguer les barons vassaux directs de la couronne, des barons vassaux de ducs ou de comtes.

Il serait inutile de faire mention du titre de *Dom*, abréviation de *Dominus*, s'il n'eût jamais été porté que par les moines : le fait, sous ce rapport, est trop connu pour trouver place ici. Mais ce qui l'est moins c'est qu'au XIe siècle il s'établit dans le Rouergue un hôpital, chef-lieu d'un ordre religieux et militaire, qui, outre ses devoirs envers les malades et les pauvres, s'imposait l'obligation de fournir des guides aux voyageurs qui avaient à traverser les hautes montagnes situées au nord de cette province. Or cette maison qui avait de grandes possessions non-seulement dans le Rouergue, mais dans l'Auvergne, s'appelait la *domerie* d'Aubroc, et avait pour chef un *dom* qui était toujours un grand personnage, tel que les cardinaux d'Armagnac, de Mazarin, de Noailles.

Quant au titre ordinaire de *dom*, il se donnait plus spécialement à l'abbé dans les maisons religieuses. *Domp-abbé damp-abbé* se rencontrent fréquemment dans les écrits du moyen âge ; et des abbés ce titre passa aux saints, et même aux lieux.

Dom Front, *dom* Loup, *dom* Martin, *dom* Pierre ;
Domp Julien, *domp* Remi, *domp* Vaast, *domp* Vallier ;
Dam Benoît, *dam* Martin, *dam* Pierre ;
Damp Leu, *damp* Martin, etc...
Damoiseau qui, dans son acception ordinaire, ne vou-

lait dire que jeune gentilhomme, fut pris, comme titre seigneurial, par un seigneur à qui l'évêque de Metz avait donné Commercy en fief. Telle est l'origine du titre de *damoiseau souverain* de Commercy que nous voyons prendre dans la suite au cardinal de Retz, qui le tenait de sa grand'mère Marie de Launoy, dans la maison de laquelle ce fief avait passé.

Vidame, comme *dam* et *damoiseau*, vient de *dominus*. Les *vidames* (*vice domini*) étaient les représentants des évêques pour les fiefs entraînant obligation de service militaire. L'évêque de Beauvais, Philippe de Dreux, qui prit le titre de Vidame de Gerberoy, en méconnaissait donc la valeur et l'étymologie; mais l'évêque, qui était beaucoup plus homme de guerre que d'église, lorsque la famille de ce Vidame s'éteignit en 1193, reprit tout, titre et forteresse.

La même nécessité qui avait créé sous les évêques des *vidames*, créa sous les abbés des *advocati* (*avoués*,) qui finirent comme cela arrive presque toujours, par se rendre indépendants et par s'emparer de l'autorité qu'ils ne possédaient que comme délégation temporaire. L'empereur Henri II était avoué du Monastère de Saint-Gall, et Charlemagne, dit-on, avoué de Saint-Pierre de Rome.

Le mot latin *capitalis* donna naissance au titre de *captal* de Buch, terre considérable et qui conférait de grands priviléges dans la ville de Bordeaux.

Parmi les compagnons d'armes de Bertrand du Guesclin en 1364, nous voyons ce *souldic* de Lestrade, dont la terre était, comme la précédente, en Guyenne.

Juveigneur en Bretagne désignait le puîné dans ses rapports féodaux avec l'aîné. Les Rohan étaient juveigneurs de Porhoët.

Nous terminerons cette nomenclature par un titre composé de deux mots qui semblent s'exclure, celui de bourgeois noble. Ce titre bizarre, les consuls de Perpignan avaient, depuis le XIIIe siècle, le droit de le conférer, et il donnait les priviléges de la noblesse. Tous les ans, le seizième jour du mois de juin les cinq consuls en exercice convoquaient les bourgeois-nobles qui avaient été premiers ou seconds consuls, et dans cette réunion qui ne devait pas compter moins de quatorze membres, on créait à la majorité des voix et parmi les personnes ayant les qualités requises, deux bourgeois-nobles, qui, par ce seul fait, jouissaient, eux et leurs descendants à perpétuité, de tous les avantages de la noblesse.

EXPRESSIONS PERDUES ET NÉOLOGISME. Par raisonnement comme par humeur, nous sommes-ennemi des persécutions, et nous nous sentons toujours disposé à mettre notre signature au bas de toutes les demandes d'amnistie. C'est dans ce sentiment que nous reproduisons ici une liste de condamnés dont Charles Pougens réclame la réhabilitation. Hâtons-nous d'ajouter que ces transportés heureusement ne l'ont été que hors du vocabulaire, et que c'est des arrêts de l'Académie que nous en appelons à la décision du peuple souverain. La Fontaine l'avait fait avant nous ainsi que Marmontel, tous deux à l'Académie, l'un quand on faisait le *dictionnaire*, l'autre quand on parlait de le refaire.

Voici, extraits de *l'Archéologie française* de Ch. Pougens, quelques-uns des vieux mots que nous paraissent mériter cette réparation :

ACCOINTER, v. a. Aborder, entrer en liaison. Nous avons *accointance*.

« Personnes les saluait ni *accointait*. Montaigne, l. III, ch. 12 ».

Accortesse, s. f. Gentillesse, humeur agréable, finesse agrément.

Nous possédons l'adjectif *accort*, et Voltaire s'est servi du mot *accortise* dans la phrase suivante : « L'accortise italienne calma la vivacité française. » *Siècle de Louis XIV*, ch. 37.

Maintenant, lequel vaut le mieux de ces deux mots ? — Que les gens de lettres décident, en employant l'un ou l'autre.

Advertance, s. f. Attention, sollicitude, précaution prudence.

« Elles (les richesses) ne valent pas une *advertance* et sollicitudes pénibles. » Montaigne, l. III, ch. 9.

Puisque nous avons son composé *inadvertance* !...

Amoitir, v. a. Rendre moite, humide.

> Ung petit ruisselet passoit
> Qui le pays *amoitissoit*.
>
> Al. Chartier, p. 595.

Animeux, adj. Courageux, colère, prompt à s'animer. Qui marque le courage, la colère, l'animosité.

« Il commença à se promener furieusement à grands pas... mettant parfois la main sur sa dague, et d'une façon si *animeuse* que je n'attendois autre chose qu'il me vînt colleter pour me poignarder. » *Mém. de Villeroy*, t. II, p. 565-6.

Anonchalir (s'), v. pr. Se refroidir, devenir languissant, insensible.

« Son amy lui fera... mille petites bichechotteries où elle prendra grand plaisir, que nul mary sauroit faire ; et s'il le sçavoit bien avant qu'il' fust marié, si l'a il oublié; pour ce qu'il *s'anonchalit*. « (*Les quinze joyes de mariage*, édit. Le Duchat, p. 67.)

Assagir, v. a. Rendre sage.

« Je ne croi point qu'il y ait poing ni point qui sceut assagir une femme si elle ne le met en sa teste. » Despers, Contes, I, 295.

Blandice, s. f. Caresses, paroles obligeantes, flatterie.

« Recognoissans bien en premier lieu que toutes les blandices d'Espagne ne sont qu'autant de piéges à leur liberté. » Sully, II, c. 20.

Citadinage, s. m. Droit de cité.

« Aultrement ne sera cru et réputé pour citoyen, nonobstant son acte et lettres de citadinage. » (Stat. de la ville d'Arles.)

Confluer, v. n. Couler ensemble; joindre ses eaux; arriver en foule.

« Comme plusieurs torrents qui confluent ensemble tout à coup sur une même place. »
 Amyot. Plut., OEuv. mor. t., II, p. 434.

Défruiter (se), v. réfl. Perdre ses fruits.

« C'est l'arbre qui tost se défruite. »
(Roman de la Rose.)

Desservice, s. m. Mauvais service, mauvais office.

« Le roy avoit desployé sa miséricorde envers une infinité de rebelles dont il n'avoit jamais receu que des desservices. » Pasquier.

Dévouloir, v. a. et n. Cesser de vouloir, avoir une volonté contraire.

« Car ce que l'un vouloit une semaine, l'autre le dévouloit, et si vous monstrerai la raison. » Froissart, Chron. I, III, c. 95.

Ménage prétend que ce fut Malherbe qui introduisit

dans la langue le verbe *dévouloir*. Cette opinion a été adoptée par Marmontel. « *Dévouloir*, proposé par Malherbe, pour dire cesser de vouloir, n'a pas été reçu ; mais que deux ou trois bons écrivains l'eussent adopté, il faisait fortune, et la langue y gagnait un mot clair et précis. » Marmont., *Elém. de litt.*

Diffluer, v. n. Se répandre, s'écouler de toutes parts.

« Mais si on les sent un peu de loing, ce qu'il y a d'évaporation terrestre se perd et *difflue* à l'environ. » Amyot. Plut., *Prop. de table.*

Dissentieux, adj. Qui engendre le trouble, les dissensions.

« Pour ne guérir le cerveau au préjudice de l'estomach et empirent le cerveau par ces drogues tumultuaires et *dissentieuses*. » Montaigne, l. II, ch. 37.

Dissentir, v. a. et n. Différer de sentiment, d'opinion, refuser son consentement.

« Afin qu'il vienne consentir ou *dissentir* le retrait. » E. Pasquier, *Rech.*, t. VIII, c. 58.

Empateliner, v. a. Caresser, séduire par des manières souples et artificieuses.

« Il l'a si bien mitouinée,
« Et si bien *empatelinée*,
« Qu'il a fait ce qu'il a voulu. »
R. Belleau, t. II, p. 155.

Enfruiter, v. a. Garnir de fruits, ensemencer.

« Terres sans estre cultivées et *enfruitées*. » La Thaumassière, *Cout. de Berry*, art. 14, p. 225.

Cette demande en réhabilitation, nous l'appuierons d'une grande autorité en matière de sens commun, celle de Voltaire. Voici ce qu'il dit au sujet de deux mots sur esquels, à défaut de l'Académie, le public lui a donné à moitié raison :

« APPOINTÉ, DÉSAPPOINTÉ. — Soit que ce mot vienne du latin, *punctum*, ce qui est très-vraisemblable, soit qu'il vienne de l'ancienne barbarie, qui se plaisait fort aux *oin*, *pin*, *coin*, *loin*, *foin*, *hardoin*, *albouin*, *grouin*, *poing*, etc., il est certain que cette expression, bannie aujourd'hui mal à propos du langage, est très-nécessaire. Le naïf Amyot et l'énergique Montaigne s'en servent souvent. Il n'est pas même possible jusqu'à présent d'en employer un autre. Je lui *appointai* l'hôtel des Ursins ; à sept heures du soir je m'y rendis ; je fus *désappointé*. Comment expliquerez-vous en un seul mot le manque de parole de celui qui devait venir à l'hôtel des Ursins à sept heures du soir, et l'embarras de celui qui est venu, qui ne trouve personne ? A-t-il été trompé dans son attente ? C'est d'une longueur insupportable, et n'exprime pas précisément la chose. Il a été *désappointé* ; il n'y a que ce mot. Servez-vous-en donc, vous qui voulez qu'on vous entende vite ; vous savez que les circonlocutions sont la marque d'une langue pauvre. Il ne faut pas dire : *Vous me devez cinq pièces de douze sous*, quand vous pouvez dire : Vous me devez un écu.

» Les Anglais ont pris de nous ces mots *appointé*, *désappointé*, ainsi que beaucoup d'autres expressions très-énergiques ; ils se sont enrichis de nos dépouilles, et nous n'osons reprendre notre bien [1]. »

Et habent sua fata libelli. Si les livres ont leur bonne ou mauvaise étoile, de quel droit les mots échapperaient-ils à cette fatalité ? Nous venons d'en citer un certain nombre qui ont été proscrits, Dieu sait pourquoi, et certes

---

[1] *Dictionnaire philosophique.*

il ne nous eût pas été difficile d'en donner une liste beau[coup] plus longue. Les mots nouveaux sont soumis au[x] mêmes caprices du sort. Combien, avec les meilleur[es] recommandations possibles, ont eu de la peine à obteni[r] ou sollicitent vainement encore le droit de cité, tand[is] que d'autres, qui en étaient moins dignes, ont été adm[is] sans conteste !

Ainsi, par exemple, l'auteur du livre de *la Sagess[e]* Charron, a créé le mot *étrangeté* [1]. Il est dans toutes le[s] bouches; n'importe, il n'est pas dans le dictionnaire.

Montaigne, qui était un grand néologue — ne pas co[n]fondre *néologue* avec *néologiste,* mot que nous voudrio[ns] bien voir admettre, afin de distinguer l'abus de l'usage, — Montaigne, entre autres expressions nouvelles, a employ[é] celle d'*incuriosité.*

C'est à Desportes, né dix ans avant Malherbe, que nou[s] devons le mot *pudeur,* dont son neveu Regnier se servi[t] si peu.

Avant Malherbe on ne connaissait point les mots *insidieux, sécurité, gracieux, incendie, transfuge, ambitionner, insulter.* Le mot *ambitionner* eut beaucoup de pein[e] à s'introduire, et les difficultés qu'il éprouva vérifièrent c[e] mot de Balzac : « S'il n'est pas français cette année-ci, i[l] le sera l'année prochaine. »

On étonnerait bien des gens en leur apprenant qu[e] PATRIOTE, POPULARITÉ, sont des mots du XVIe siècle qu[i] ont reparu à la fin du XVIIIe; que DÉMAGOGUE se trouv[e] dans Bossuet, CAMARADERIE dans Mme de Sévigné; qu'enfi[n] presque toutes ces locutions, qu'on croit nées d'hier, on[t] été employées dans un sens tout moderne, l'une par un

[1] Il dit *estrangieté,* liv. I, ch. 6.

pamphlétaire de la Fronde, l'autre par Blaise de Vigère, en 1577.

On doit à Mercier le mot LUXUEUX, que ses contemporains lui reprochent; à l'abbé de Saint-Pierre la renaissance sinon l'invention du mot BIENFAISANCE, et à Denis Sauvage, écrivain des XVe et XVIe siècles, celui de JURISCONSULTE.

Montaigne a créé les mots : *enfantillage, empaqueter, enjoué, écrivailleur, se gendarmer, inepte, incompréhensible, inimaginable, indicible, vagabonder*.

Voici un sonnet, inscrit sur le tombeau de Lope de Vega, et composé par don Hippolyte Belliur de Tovar. Il est à la fois espagnol et latin ; mais quel latin et quel espagnol !

SONNET.

Sacra, splendida, excelsa, inclyta pyra,
De fama heroica tumba gloriosa,
Si cadaver occultas religiosa,
Tu me inflamma, devota, tu me inspira.

De rara, prodigiosa, culta lyra
Fecundas voces canta numerosa,
Eloquentias publica harmoniosa,
Terentianos periodos admira.

Tu, peregrina Phœnix quæ volando
Alta penetras barbaras nationes,
Claros, æternos orbes habitando,

Vive felix. Sphæricas regiones,
Immortales coronas illustrando,
Adorando beatificas visiones.

Nous nous rappelons d'avoir lu autrefois d'assez longues

pièces de vers qui avaient la prétention d'être en même temps portugaises et latines [1]. Cette prétention nous parut alors assez bien fondée. Le portugais a des terminaisons en *ens* qui multiplient singulièrement les relations de parenté entre les deux langues.

Un homme de lettres, à Lille, M. Victor de Rode, a dressé une carte topographique sur laquelle sont indiquées, par une teinte différente, les communes où l'on parle français, celles où l'on parle flamand et celles où l'on se sert indistinctement de ces deux idiomes. L'examen de cette carte prouve que la langue flamande se retire devant la langue française. Celle-ci presse de toutes parts son adversaire ; et outre l'attaque qu'elle dirige à l'extérieur, elle s'infiltre dans le pays flamand par une trouée qui suit à peu près la grande route de Valenciennes et Lille à Dunkerque. Dans cette dernière ville elle-même, le flamand dominait il y a cinquante ans ; aujourd'hui, c'est le français. Le français gagne aussi du terrain le long des côtes. Sa marche progressive est prouvée par les noms tudesques des villages terminés en *kerque* et en *ghem*, où la langue nationale l'emporte aujourd'hui. Toutes les communes du Bas-Boulonnais, dont les noms ont cette dernière terminaison, parlent français de temps immémorial. Il y a donc lieu de penser que ce mouvement envahissant est fort ancien. La Lys séparait autrefois le domaine des deux langues, comme le démontrent certains proverbes locaux ; aujourd'hui le français a généralement franchi cette ligne. Il s'avance vers Hazebrouck et Bailleul, d'où il aura dans peu de temps chassé entièrement le flamand

---

[1] V. Ferdin. Denis. *Résumé de l'hist. litt. du Portugal*; E. Fournier, *Un prétendant portugais*, 1 vol. in-12 suivi d'*Études sur la littérature portugaise*.

Quelques villages isolés, tels que Haut-Pont, faubourg de Saint-Omer, Pré-à-Vin, près Merville, parlent flamand, quoique entourés de communes françaises ; de même que Houthem, près Ypres, Sonnebeck, etc., parlent français bien qu'enclavés dans des cantons flamingants. Ces exemples sont des exceptions dues à des émigrations et à des transports d'hommes ou de troupes que l'histoire peut expliquer. Il est bon de remarquer, d'ailleurs, que Haut-Pont et Pré-à-Vin sont des noms français comme tous ceux qui les entourent, de même que Houthem et Sonnebeck sont des noms flamands comme ceux des cantons qui les renferment. Des circonstances particulières ont donc dû entraver ici la marche générale du progrès du français [1].

Gigli, écrivain italien du XVIIe siècle, joignit à la publication des œuvres de sainte Catherine, celle d'un vocabulaire formé des seules expressions dont cette sainte avait fait usage. Il se proposa d'y démontrer que, dans la langue toscane, le dialecte de Sienne était préférable à celui de Florence pour la grâce, l'élégance et la pureté. Il lança des mots piquants et dérisoires contre les Florentins et leur académie. Il fit imprimer son vocabulaire en tête du deuxième volume des ouvrages de sainte Catherine (Rome, 1717), et l'on en était à la lettre R quand son secret fut éventé. Un décret du maître du palais arrêta aussitôt l'impression, et l'auteur fut exilé de Rome par ordre du Souverain-Pontife. Le même décret fut publié à Florence ; les académiciens rayèrent Gigli de leur liste, et firent brûler, par la main du bourreau, les exemplaires de son ouvrage qu'on leur avait envoyés. Gigli fut aussi rayé du rôle des professeurs de l'université de

---

[1] *Nouvelles annales des voyages*, 5e série, vol. I. pag. 226.

Sienne, et reçut du ministre défense de rentrer dans sa ville natale. Se voyant menacé d'une ruine entière, il se décida enfin à solliciter son rappel. Pour l'obtenir, il lui fallait publier une rétractation complète de son ouvrage; il s'humilia plus qu'on ne l'aurait attendu d'un caractère tel que le sien, et ne se réserva d'autres droits que ceux du dialecte de sa patrie. Il déclara qu'en désavouant les formes dont il s'était servi, il maintenait la question de prééminence dans toute son intégrité.

Scrofa, poëte italien du xvie siècle, fatigué des disputes sur la prééminence des langues latine et italienne, s'amusa à les confondre pour tourner en ridicule les pédants. Son recueil de vers commence ainsi, par une imitation d'un sonnet de Pétrarque :

> Voi, che *auribus arrectis* auscultate
> *In lingua hetrusca* il fremito e'l rumore
> De'miei sospiri, pieni di stupore,
> Forse d'*intemperantia* m'accusate, etc.

L'abbé Talbert, littérateur français du xviiie siècle, auteur d'un bon éloge de Montaigne, ouvrit la séance à l'académie de Besançon, lors de la querelle sur la prééminence de la langue française, par ces mots :

« Je loue le zèle des défenseurs de notre langue ; mais je crains fort que plusieurs d'entre eux n'imitent ces anciens chevaliers qui combattaient quelquefois pour des dames qu'ils ne connaissaient pas. »

En 1806, au commencement de la guerre entre la France et la Prusse, Kolbé, graveur de Berlin, ancien professeur de langue française à Dessau, publia un traité philologique intitulé : *Richesse des langues allemande et française, et des éléments qu'elles offrent à la poésie.* Cet ouvrage, dédié au roi Frédéric-Guillaume III, était un véritable écrit patriotique où l'auteur faisait battre à son aise la langue française par la langue allemande, pendant que les soldats français battaient les soldats prussiens. Comme c'était une espèce de manifeste national, il eut le même succès que nos vaudevilles de 1815 et 1816, où l'on faisait rimer si souvent et si à propos *gloire* avec *victoire*, etc...

Klopstock méprise la langue française ; cependant, sur la fin de sa vie, il admire Chénedollé!!... qui l'avait chantée.

Bylderdyck appelle la langue allemande un *abject et perpétuel barbarisme* dont il place les partisans dans *des charrettes de fumier*.

Comme on engageait Kaestner, célèbre savant allemand, à étudier les ouvrages de Kant : « Je possède douze langues, tant anciennes que modernes, dit-il ; elles me suffisent, et je ne veux pas en apprendre une treizième. »

Le satirique allemand Lichtenberg dit quelque part qu'*un âne fait sur lui l'effet d'un cheval traduit en hollandais*.

« Ce n'est pas ma faute si je suis obligé d'écrire en anglais, dit lord Byron. » Et dans une stance de Childe-Harold, il appelle sa langue maternelle une langue qu'il faut, non pas parler, mais *cracher*.

« La langue française, dit Voltaire, est, de toutes les langues, celle qui exprime avec le plus de facilité, de netteté et de délicatesse, tous les objets de la conversation des honnêtes gens, et par cela elle contribue, dans toute l'Europe, à un des plus grands agréments de la vie [1]. »

« L'empire de la langue française, dit Jos. de Maistre, ne tient pas à ses formes actuelles ; il est aussi ancien que la langue même. »

Il est très-remarquable que Caxton, le premier impri-

[1] Essais sur l'hist. gén. 205.

meur en anglais, ait laissé subsister dans ses traductions du français une quantité de mots étrangers à la langue anglaise, au point que l'éditeur de 1617 dit : « Il semble que Caxton n'est pas anglais. » On sent quelle influence durent avoir ces livres, *les premiers imprimés*, sur une langue encore flottante [1].

Caxton, dans son *Énéide*, répond d'avance à l'observation ci-dessus. « Certainement, dit-il, le langage dont on se sert aujourd'hui en Angleterre n'est plus celui qu'on parlait dans mon enfance ; car, nous autres Anglais, nous sommes nés sous l'influence de la lune, qui est toujours vacillante.. La plupart des gens n'entendent ni le latin ni le français dans ce royaume d'Angleterre. » (1482.)

Toloméi, littérateur italien du xvie siècle, entama une longue dispute pour savoir quel nom l'on donnerait à la langue italienne. Les uns voulaient qu'elle s'appelât *italienne*, d'autres *florentine*, ou *siennoise*, ou *vulgaire*. Tolomei s'efforçait de lui obtenir le titre de *toscane*. Tous ces débats aboutirent à laisser chacun libre de son choix. On voulut aussi inventer de nouveaux mètres : on composa des vers de 12, de 14, de 16 et même de 18 pieds; mais l'oreille, seul bon juge en harmonie, eut bientôt fait justice de toutes ces innovations.

---

[1] D'Israeli, *Aménités*, I, 194.—V. sur Caxton *Curios. bibliogr.* p. 96.

PHILOLOGIE CONJECTURALE.

La philologie ne compte pas seulement des érudits parmi ses adeptes ; elle a eu aussi des hommes d'imagination. Un de ces derniers a prétendu que les cinq voyelles étaient la langue du rire ; que l'homme riait en a, et la femme en e, la dévote en i, le paysan en o, et la vieille femme en u.

Une idée à peu près semblable se trouve dans une brochure publiée à Orléans en 1662, par un astrologue italien, l'abbé Damascène ; seulement, selon lui, les différentes manières de rire serviraient à distinguer les tempéraments. D'après sa méthode, un médecin, après avoir tâté le pouls à ses malades, devrait les chatouiller pour les faire rire. S'ils riaient en a, il serait sûr d'avoir affaire à des phlegmatiques ; en e, à des bilieux ; en i, à des mélancoliques ; en o, à des sanguins. « S'affaticano, » dit-il, « per conoscer le complessioni i periti, e, per mezzo di questa fatica, l'hanno assotiliata in modo che dicono, quando rida l'uomo, se fa HI, HI, HI, è malinconica ; se HE, HE, HE, è collerica ; se HA, HA, HA, è flematica ; se HO, HO, HO, è sanguigna. »

Ceux qui connaissent le mieux les bêtes, c'est-à-dire ceux qui les aiment et s'en occupent, sont le moins disposés à nier leur langage et leur intelligence. Platon, Flavius Josèphe et saint Basile y croyaient. Ce dernier ne dit-il pas quelque part que le paradis terrestre était peuplé de bêtes qui s'entendaient entre elles et qui parlaient sensément ?

Le fameux Dupont de Nemours, qui est une autorité

en pareille matière, dit que « le chien n'emploie que des voyelles, et quelquefois, mais seulement dans la colère, les deux consonnes g et z. » Nous croyons, quant à nous, qu'il restreint trop l'alphabet du chien, et qu'il faudrait à tout le moins y en ajouter trois autres, b, p et r.

« Le chat, ajoute-t-il, emploie les mêmes voyelles que le chien, et de plus dix consonnes, m, n, g, r, v, f.

« Les araignées emploient deux voyelles et deux consonnes, puisqu'elles prononcent *tak* et *tok*. »

Quant aux oiseaux, c'est, selon lui, une erreur de croire qu'ils répètent toujours le même son. Le résultat de ses observations sur les corbeaux est que leur croassement ne comprend pas moins de vingt-cinq mots que voici :

Cra, cre, cro, cron, cronon.
Grass, gross, gronss, grononess.
Crae, crea, crac, crona, groness.
Crao, creo, croe, crone, gronass.
Craon, creo, croo, crono, gronoss.

« Si nous pensons, dit-il, qu'avec nos dix chiffres arabes, qui sont dix lettres, dix mots, en les combinant deux à deux, trois à trois, quatre à quatre, on forme les chiffres diplomatiques de 100, de 1000, de 10,000 caractères, et que si on les combinait de cinq à cinq, on en ferait un chiffre de 100,000 caractères ou de plus de mots que n'en a aucune langue connue, on aura moins de peine à comprendre que les corbeaux puissent se communiquer leurs idées. Leurs vingt-cinq mots suffisent bien pour exprimer : *Là, ici, droite, gauche, en avant, halte, pâturez, garde à vous, l'homme armé, froid, chaud, partir, je t'aime, moi de même, un nid*, et une dizaine d'autres avis qu'ils ont à se donner selon leurs besoins. »

Les habitants des Philippines sont de l'avis de Dupont de Nemours; ils ont un oiseau nommé *biraki koumbang* ou l'amant des fleurs, auquel ils accordent, comme à l'homme, et un langage et un chant, dit M. de Rienzi, dans son *Océanie*.

Le premier auteur connu qui ait essayé de faire passer dans la langue humaine le chant du rossignol est un savant jésuite italien, Marco Bettini, auteur d'une *hilarotragedia satiropastorale*, intitulée *Ruben* [1], dans laquelle il a inséré cet essai de traduction bizarre, qu'il conviendra de prononcer à l'italienne.

> Tiùu, tiùu, tiùu, tiùu, tiùu,
> Zpe tiù zqua :
> Quorrror pipì
> tiò, tiò, tiò, tiò, tix.
> Qutiò, qutiò, qutiò, qutiò ;
> Zquo, zquo, zquo, zquo,
> Zi, zi, zi, zi, zi, zi, zi, zi,
> Quorror tiù zqua pipiqui.

Le rossignol a trouvé encore d'autres traducteurs de son chant, entre autres Etienne Pasquier dans une mauvaise pièce de vers en l'honneur d'une demoiselle du Bois, et Dupont de Nemours dans d'autres vers non moins mauvais, que nous leur rendrons à tous deux le service de ne pas citer. Au lieu de leurs fades et insuffisantes imitations, nous préférons donner au lecteur une véritable traduction, une traduction complète, littérale, due à la plume du docteur Jean-Matthieu Bechstein, chasseur-na-

---

[1] Parme, 1614, in-4o. Il est mort à Bologne le 7 novembre 1657.

turaliste, né en 1757 et mort en 1814, qui avait fait une étude toute particulière des mœurs et du langage des oiseaux.

« Rien n'égale, » dit Charles Nodier, dans son édition de *Philomela*[1], « rien n'égale, dans la langue factice de l'imitation, le tour de force extraordinaire du savant ornithologiste allemand Bechstein, qui est parvenu à exprimer assez heureusement, avec les signes usuels de notre langue parlée, toutes les modulations de la langue du rossignol. » Et nous ajouterons avec lui : « Ce singulier *specimen* de l'onomatopée est trop curieux pour ne pas trouver ici sa place.

Tiouou, tiouou, tiouou, tiouou,
Shpe tiou tokoua,
Tio, tio, tio, tio,
Kououtio, kououtiou, kououtiou, kououtiou :
Tskouo, tskouo, tskouo, tskouo,
Tsii, tsii, tsii, tsii, tsii, tsii, tsii, tsii, tsii, tsii.
Kouorror, tiou, Tskoua pipits kouisi.
Tso tso tso tso tso tso tso tso tso tso tso tso tsirrhading !
Tsi si si tosi si si si si si si si,
Tsorre tsorre tsorre tsorrchi,
Tsatn tsatn tsatn tsatn tsatn tsatn tsatn tsi.
Dlo, dlo, dlo, dlo, dlo, dlo, dlo, dlo, dlo :
Kouioo trrrrrrritzt.
Lu lu lu ly ly ly li li li li,
Kouio didl li loulylî.
Ha guour guour koui kouio !

---

[1] Poëme attribué à Albus Ovidius Juventinus, *Lutetiæ Parisiorum*, 1829, in-8°, p. 22, et réimprimé à la suite du *Dictionnaire des Onomatopées*.

Kouio kououi kououi kououi koui koui koui koui ghi ghi ghi ;

Gholl gholl gholl gholl ghia lududoï.

Koui koui horr ha dia dia dillhi !

Hets hets hets hets hets hets hets hets hets hets hets hets hets hets hets.

Touarrho trostehoi ;

Kouia kouia kouia kouia kouia kouia kouia kouiati ;

Koui koui koui io io io io io io io koui

La lyle lolo didi io kouia.

Higuai guai guay guai guai guai guai guai kouior tsio ts'opi. »

Ce poëme de *Philomela*, qui n'a que 70 vers, il est vrai, mais 70 vers presque aussi difficiles à traduire que le chant du rossignol, ce poëme n'a point effrayé le laborieux abbé de Marolles. Il en a fait une traduction (prose et vers) qu'il a publiée dans son *Recueil de diverses pièces d'Ovide et d'autres poëtes anciens* [1], et que Charles Nodier a jointe à son commentaire. Ce n'est point nous écarter de notre sujet, que d'en citer un curieux échantillon. Voici le texte latin :

Cucurrire solet gallus, gallina gracillat,
 Pupillat pavo, trissat hirundo vaga.
Dum clangunt aquilæ, vultur pulpare probatur ;
 Et crocitat corvus, graculus at frigulat.
Gloctorat immenso de turre ciconia rostro ;
 Pessimus at passer tristia flendo pipit.

Voici la traduction en vers de ce morceau.

Le coq a jour et nuit son haut coqueliquais ;

[1] Paris, 1661, in-8º, pages 29 et suivantes.

> Cocadaste a la poule et le paon poupe gais;
> L'hirondelle trinsotte, et de l'aigre trompette
> L'aigle imite le son, quand le vautour palpette.
> Le noir corbeau croasse; et le geai gris et vert
> Frigulote au printemps, en automne, en hiver.
> La passereau pépie en pleurant sa couvée.
> Du sommet d'une tour la cigogne élevée
> Pousse d'un bec fort long sa glottorante voix.

Veut-on maintenant savoir quels sont les noms que donne en prose l'abbé de Marolles aux divers cris des animaux?

La mésange *tintine*, la grive *gringotte*, l'étourneau *pisote*, la perdrix *caquate*, l'oie *gratonne*, la grue *gruine*, l'épervier et l'autour *piaillent*, le milan *lippe*, la pie *jase*, le butor *bouffe*, le tigre *rougnonne*, le léopard *miaule*, l'ours *grommelle*, le sanglier *roume*, l'éléphant *barronne*, le cerf *zée*, l'âne sauvage *brame*, le grillet *grillotte*, la souris *chicotte*, etc... Tous ces mots ne valent pas les délicieux vocables créés par Pline dans sa délicieuse page sur le rossignol, où toutes les variations du chant trouvent leur définition.

PHILOLOGIE EMBLÉMATIQUE.

Ce n'est qu'en Turquie que l'on a imaginé de se créer une langue à l'aide des fleurs. La servitude où l'on retient les femmes dans les harems, leur a donné l'idée d'employer ce moyen de correspondre, non point avec le dehors, comme les contes orientaux le feraient croire, mais entre elles, soit pour se distraire de la monotonie de leur existence, soit pour exprimer d'une façon discrète et détournée des sentiments nés de leur isolement et qui redoutent le grand jour. Non-seulement les fleurs, mais les fruits, mais une foule d'autres objets de la vie usuelle, font partie de ce vocabulaire, auquel les fleurs ont donné leur nom, et dont il ne faut pas concevoir une trop haute opinion. Il eût été plus ingénieux de baser cette langue sur l'anologie qui peut exister entre certains objets et certains sentiments ; mais la pensée qui a présidé à sa formation n'a pas même eu cette ambition ; le rapport des sons lui a suffi, et elle s'est contentée de chercher des rimes. Ainsi poire exprime l'idée d'espérance, parce que *Armoude* rime avec *Omoude*.

M. Hammer a composé le dictionnaire de cette langue; mais ce n'est point un dictionnaire de mots, c'est un recueil de phrases toutes faites, transcrites sous la dictée de femmes grecques et arméniennes, qui avaient des relations dans les harems. Ce glossaire n'est pas volumineux; le nombre des articles qu'il contient, n'est guère que d'une centaine. La traduction conserve l'assonance, toutes les fois que le sens le permet. Tout court qu'est ce dictionnaire, nous ne le donnons pas en entier.

DICTIONNAIRE DU LANGAGE DES FLEURS.

IPLICK. *Surgoune dek sana kostik* [1].
Du fil. Fidèle jusque dans l'exil.

ARMOUDE. *Wer bana bir omoude.*
Poire. Donnez-moi de l'espérance.

ARTCHÉ. *Gorursem seni jureghim oldi baydché.*
De l'argent. Ta vue change mon cœur en jardin fleurissant.

EKMEK. *Nijetim dir seni opmek.*
Du pain. Je veux te baiser la main.

IGNÉ. *Sœzumi digné.*
Aiguille. Ecoute ce que je babille.

INDJI. *Aldadursin beni.*
Perle. Tu me trompes, fin merle.

AOUTCHE. *Boulounmasi pek gutche.*
Paume de la main. Vous le cherchez en vain.

OUZOUM. *Benim iki gœzum.*
Du raisin. Mes yeux.

OYA. *Gel sevelim doya doya.*
Ourlet. Embrassons-nous de près.

PARA. *Oldi yureghim yara.*
De la monnaie. Mon cœur n'est qu'une grande plaie.

BAL. *Gœnulumi al.*
Miel. Prends mon cœur.

PORTUKAL. *Boyour, bir hafta bizde kal.*
Orange. Restez huit jours dans ma grange.

POUL. *Derdume derman bul.*

[1] Nous conservons l'orthographe de M. Hammer pour les mots turcs; elle se rapporte à la prononciation allemande, dans laquelle *u* équivalent à des *ou*.

Jonquille. Guéris-moi, ma fille.
BOULOUT. *Sen beni ounout.*
Nuage. Bannis de ton cœur mon image.
TEBER. *Yat da gheber.*
Tubéreuse. Péris, malheureuse.
TAHTA. *Beklerim sana bu hafta.*
Planche. Je vous attends jusqu'à Dimanche.
TURUNDJE. *Etme bizi aleme gulundje.*
Citrons. Des rieurs épargne-moi les leçons.
TOUTOUN. *Severim œni buzbutoun.*
Tabac. Mon cœur te chérit.
TOUZE. *Janarim ghedje gundouze.*
Du sel. Jour et nuit je languis pour toi, cruel.
TCHAI. *Gunduzlerumun gunechi ghedjelerimun aji.*
Du thé. Vous, mon soleil, et vous, ma lune, avez donné
    la lumière à mes jours, à mes nuits, la clarté.
ZANBAK. *Opeim sen bak.*
Des lys. Je t'embrasse : regarde et ris.
SELVI. *Daima severim seni.*
Cyprès. Je vous adore à jamais.
SUNBUL. *Ikimiz bulbul.*
Des jacinthes. Nous exhalons en rossignols nos plaintes.
CHAHPOI. *Ikimiz bir boi.*
Violette. Nous sommes de la même taille.
CHEKER. *Yureghim seni tcheker.*
Du sucre. Mon cœur soupire pour vous.
SATCHE. *Beni alda Katche.*
Cheveux. Enlève-moi si tu veux.
SATCHE. *Sen sin bachime tadche.*
Cheveux. Tu es la couronne de ma tête.
SAMAN. *Sarilalim bir zeman.*
De la paille. Entrelaçons-nous.
ANBER. *Dostdan ver bana Khaber.*

Ambre gris. Que font les amis !
Fistik. *Olaim sana kostik.*
Pistache. Plus je vous vois, plus je m'attache.
Kahvé. *Yetichur etme bana latifé.*
Café. Ne te moque plus, c'est assez.
Kaisi. *Bulmadim senden ejisini.*
Abricot. Vous êtes le meilleur lot.
Kaghad. *Terlerim saat saat.*
Papier. Je me consume tout entier.
Kirase. *Gel eglenelim bir aze.*
Cerise. Causons un moment.
Kestane. *Gœzlerun mestané.*
Des marrons. Tes yeux sont des larrons.
Ghul. *Desdunden oldim kul.*
Rose. Tes tourments m'ont réduit en cendres.
Ghulghuli. *Benim gonulimin bulbuli.*
Couleur de rose. Rossignol de mon cœur.
Limon. *Bir aghzun war dilun on.*
Limon. Vous n'avez qu'une bouche et dix langues.
Mavi. *Hazze ederim seni.*
Bleu. Je t'adore comme un dieu.
Merdjan. *Wevirim sana bu djan.*
Corail. Mon âme est dans votre sérail.
Mersin. *Mevlan seni bana wersin.*
Du myrte. Que le Seigneur vous donne à moi.
Misk. *Bulunmaz sende fisk.*
Du musc. Vous êtes sans défaut.
Nar. *Yureghim janar.*
Grenade. Mon cœur brûle.
Nacara. *Etme beni maskhera.*
Nacarat. Ne te moque pas, ingrat.
Haoudje. *Gonul wermek ghudje.*
Carotte. Il est difficile de donner son cœur.

Havayı. *Al benden haiati.*
Couleur d'aurore. Ote-moi la vie qui me dévore.
Jasemi. *Sen sev beni, benda seni.*
Jasmin. Aime-moi bien ; mon amour est égal au tien.

Sur cet idiome symbolique passé en France avec de [no]uvelles fleurs, en guise de nouveaux mots, on peut con[s]ulter le joli livre, que la veuve de Bernardin de Saint-[P]ierre, prenant le pseudonyme de Charlotte de la Tour, publié sous le titre de *Langage des fleurs.*

Toutes les autorités despotiques, à quelque titre que ce [so]it, ont toujours entravé la manifestation de la pensée ; [m]ais plus conséquente ou plus puissante que le trône, l'É[g]lise a souvent interdit jusqu'à la parole. Ainsi autrefois [d]ans la plupart des couvents, le son même de la voix hu[m]aine était prohibé ; et par une de ces contradictions in[h]érentes apparemment à notre pauvre espèce, et qui pour [êt]re fréquentes n'en paraissent pas moins étranges, le spi[ri]tualisme n'aboutissait qu'à priver l'homme de l'attribut [qu]i le distingue le plus spécialement de la brute.

Mais comme tous les décrets du monde auront de la [pe]ine à faire de purs esprits, il fallut bien un équivalent à [ce]tte parole qu'on supprimait, et les yeux furent appelés [à] remplacer les oreilles. On composa donc, à l'usage des [m]onastères, un dictionnaire de signes qui, les mêmes par[tou]t, faisaient partie de la règle de ces maisons. Ducange, [da]ns son *Glossaire de la moyenne et basse latinité*, a in[sé]ré cette nomenclature de signes, au mot *significare* ; [no]us en traduisons les plus curieux.

CEUX QUI CONCERNENT PRINCIPALEMENT L'OFFICE DIVIN.

Pour le signe général de livre, *étendez la main, et re[m]uez-la comme on la remue pour feuilleter.*

Pour le signe de missel, *outre le signe général, faites l[e] signe de la croix.*

Pour le signe du texte de l'évangile, *ajoutez celui d[e] faire le signe de la croix sur le front.*

Pour le signe de l'épître, *ajoutez celui de faire le sign[e] de la croix sur la poitrine.*

Pour le signe de l'Alleluia, *levez la main, et pliant l[e] bout des doigts, remuez-les comme pour voler, à caus[e] des anges, car c'est leur chant.*

Pour le signe du livre, dans lequel on lit aux nocturne[s] *outre le signe général et du livre et de la leçon, ajoute[z] celui de poser la main sur la mâchoire.*

Pour le signe de la règle, *ajoutez celui de prendre ave[c] deux doigts les cheveux pendant sur l'oreille.*

Pour le signe du psautier, *ajoutez celui de poser sur [la] tête votre main concave, comme image de la couronn[e] que le roi a coutume de porter.*

CEUX QUI CONCERNENT LA NOURRITURE.

Pour le signe de pain, *faites un cercle avec le pou[ce] et les deux doigts qui suivent.*

Pour le signe du pain qui est cuit à l'eau, *ajoutez cel[ui] de poser le dedans d'une main sur le dehors de l'autr[e] et ainsi de promener à l'entour la main de dessus comm[e] pour oindre ou imbiber.*

Pour le signe du pain, qui s'appelle vulgairement tourt[e] *ajoutez celui de faire la croix au milieu de la paume, c[ar] c'est ainsi que ce pain a coutume d'être partagé.*

Pour le signe d'un demi-pain, *pliez le pouce d'u[ne] main avec le doigt suivant, de manière à faire un dem[i] cercle.*

Pour le signe de fèves, *mettez sous la première joi[n]ture du pouce le bout du doigt suivant et faites ainsi d[o]miner le pouce.*

Pour le signe de millet, *faites un rond avec le doigt, parce qu'on le remue ainsi avec la cuiller dans le pot.*

Pour le signe de potage fait avec des légumes, *tirez un doigt sur l'autre, comme celui qui couperait des herbes à cuire.*

Pour le signe général de poissons, *simulez avec la main le mouvement de la queue du poisson dans l'eau.*

Pour le signe de sèche, *séparez tous les doigts tour à tour, et agitez-les ainsi.*

Pour le signe d'anguille, *fermez les deux mains, comme celui qui tient et serre une anguille qui glisse.*

Pour le signe de lamproie, *simulez avec le doigt sur la mâchoire des points comme ceux que la lamproie a sur les yeux.*

Pour le signe de saumon, *ajoutez celui de faire du pouce et de l'index un cercle autour de l'œil droit.*

Pour le signe de brochet, *ajoutez celui d'aplanir avec la main la superficie du nez, parce que ce poisson a un long museau.*

Pour le signe de truite, *ajoutez celui de tirer une ligne d'un sourcil à l'autre, parce que c'est le signe de la femme, et que la truite est du genre féminin.*

Pour le signe de crêpes, *saisissez les cheveux avec le poing, comme si vous vouliez les crêper.*

Pour le signe de fromage, *joignez obliquement les mains, comme celui qui prend un fromage.*

Pour le signe de fouaces [1], *outre le signe du pain et du fromage, repliez tous les doigts d'une main, et posez ainsi la main concave à la superficie de l'autre.*

Pour le signe de lait, *appliquez le petit doigt sur les lèvres, comme pour que l'enfant tette.*

[1] C'était une espèce de gâteaux dont il est souvent parlé dans Rabelais.

Pour le signe de miel, *faites sortir un peu la langue et appliquez-y les doigts, comme si vous vouliez lécher*.

Pour le signe de vin, *pliez le doigt et approchez-le ainsi des lèvres*.

Pour le signe d'eau, *joignez tous les doigts, et remuez les obliquement*.

Pour le signe de vinaigre, *frottez avec le doigt le gosier, parce que c'est dans le gosier qu'il se sent*.

Pour le signe de fruits, principalement les poires et les pommes, *enfermez le pouce avec les autres doigts*.

Pour le signe de cerises, *ajoutez celui de poser le doigt sous l'œil*.

Pour le signe de porreau cru, *étendez le pouce et le doigt qui lui est proche joints ensemble*.

Pour le signe d'ail ou de raifort, *étendez le doigt contre votre bouche un peu ouverte, à cause de l'odeur qui s'en exhale*.

Pour le signe de moutarde, *posez le pouce sous la jointure antérieure du petit doigt*.

Pour le signe de tasse, *pliez un peu trois doigts et tenez-les en haut*.

Pour le signe d'écuelle, *étendez la main davantage*.

Pour le signe de jatte [1], *inclinez la main concave en bas*.

[1] Voyez le Glossaire de Ducange au mot juste. « Une juste ou pinte d'étain, trois pichiers ou justes d'argent, ann. 1457, ex. reg. 187, ch. 69.

  Es vous illeuc un damoisel
  Une *Juste* sous son mantel,
  Mort est son père nouvellement
  Relevez vout son tenement.
  Sa *Juste* estoit moult bonne et chière,
  Tout estoit d'or noblement faite,
  Cil qui la tint, l'a avant traite,
  A present au Duc la tendi.
      (Le roman de *Vacce*.)

Pour le signe de fiole de verre, outre le signe de la tasse, ajoutez celui de poser deux doigts autour des yeux.

Pour le signe de chape, tenez-en le bord avec trois doigts, c'est-à-dire tenez-le avec le petit et les deux suivants.

Pour le signe de surplis, tenez-en la manche avec les mêmes doigts.

Pour le signe de pelliçon (1), étendez tous les doigts d'une main, et resserrez-les ainsi posés sur la poitrine, comme quelqu'un qui serre de la laine.

Pour le signe de chemise, tenez-en la manche.

Pour le signe de culotte, ajoutez celui de promener la main sur la cuisse de bas en haut, comme celui qui met des culottes.

Pour le signe de bottes, tenez et ajoutez le signe des culottes.

Pour le signe de couverture, faites le même signe que pour la pelisse, et ajoutez celui de promener la main sur le bras de bas en haut, comme quelqu'un qui se couvre d'une couverture.

Pour le signe d'oreiller, levez la main, et ayant courbé le bout des doigts, remuez-les comme pour voler, puis posez-les sur la mâchoire, comme on fait en dormant.

Pour le signe de cordon, promenez un doigt autour de l'autre, et ramenez de chaque côté les doigts de chaque main, comme celui qui se ceint d'un cordon.

1 Dans le conte de la Fontaine, *Argentier du roi*, année 1350, nous voyons: *un pelliçon de menu vair à grosse seuraille*. Ailleurs, un pelliçon de menu vair à manches. En 1351, pour six pièces de cendaux vermeux en graine, tant pour couvrir pliçons comme pour estoffer robes pour le roy, etc. Pour deux fourrures de menu vair, tenans chacun XIII** ventres à faire deux pliçons couvers de cendal sur le cuir, et devers le poil de toille ledit seigneur au terme de Toussaints, etc.

Pour le signe de métal, *frappez un poing avec l'autre.*

Pour le signe du couteau, *promenez la main sur le milieu de la paume.*

Pour le signe de gaine de couteau, *enfoncez le haut d'une main dans l'autre, comme si vous mettiez un couteau dans sa gaine.*

Pour le signe d'aiguille, *outre le signe du métal, simulez l'action de tenir une aiguille d'une main et du fil de l'autre, et de vouloir l'enfiler.*

Pour le signe de fil, *promenez un doigt autour de l'autre et simulez l'action d'enfiler.*

Pour le signe de stylet, *outre le signe du métal, simulez, en étendant le pouce avec l'index, quelqu'un qui écrit.*

Pour le signe de tablettes, *croisez les deux mains et disjoignez-les comme des tablettes qu'on ouvre.*

Pour le signe de peigne, *passez trois doigts dans les cheveux comme quelqu'un qui se peigne.*

Pour le signe d'ange, *faites le même signe que pour* Alleluia.

Pour le signe d'apôtre, *promenez la main droite en haut et de droite à gauche, en souvenir du* pallium *que portent les archevêques.*

Même signe pour évêque.

Pour le signe de martyr, *posez la main droite sur le cou, comme si vous vouliez couper quelque chose.*

Pour le signe de confesseur, s'il est évêque, *faites le même signe que pour l'apôtre ;* s'il est abbé, *faites le signe de la règle en prenant un cheveu.*

Pour le signe de vierge sainte, *faites le signe de la femme.*

Pour le signe d'abbé, *prenez avec deux doigts les cheveux pendants sur l'oreille.*

Pour le signe de moine, *tenez les cheveux avec la main.*

Pour le signe de clerc, *promenez le doigt autour de l'oreille.*

Pour le signe de laïque, *frottez le menton et la mâchoire.*

Pour le signe de prieur, *simulez avec le pouce et l'index l'action de sonner la petite cloche* [1].

Pour le signe de gardien d'église, *simulez avec la main l'action de sonner la cloche.*

Pour le signe de maître des novices, *passez obliquement la main dans les cheveux contre le front, ce qui est le signe de novice, et posez sous l'œil le doigt le plus près du pouce, ce qui est le sign de voir.*

Pour le signe de maître des enfants, *approchez le petit doigt des lèvres, et ajoutez le signe de voir.*

Pour le signe de camérier *simulez l'action de compter des deniers, outre le signe de chanoine.*

Pour le signe de cellérier, *simulez l'action de tenir en main une clef, et de la tourner comme si elle était dans la serrure.*

Pour le signe de jardinier, *pliez le doigt comme celui qui tire (de terre) un râteau avec la main droite.*

---

[1] Scilla, Skella, tintinnabulum, campanula, — en italien, *squilla*, d'où *squillare*, résonner. « Ibi quoddam pendebat vas fusile, mediocris scilicet ponderis; vulgaris hoc usus Scillam nominat, quod miræ sonoritatis dulcedine audientium sensus afficiebat. » Warmannus in Vita S. Pirminii, cap. 23. Ainsi, comme on le voit par cette citation, c'était une cloche de médiocre grosseur, et qui devait son nom à la douceur de ses sons. Elle était suspendue au réfectoire près du siège de l'abbé ou prieur. Aussi *s'asseoir près de Scilla* voulait-il dire s'asseoir à la table de l'abbé ou prieur. Elle était aussi chargée de réveiller les moines au dortoir. « Scillam in sublimi infirmariæ loco positam, quâ fratres, in infirmaria dormientes, excitarentur, » ait Petrus Venerabilis in Statutis cluniac. cap. 25.

Pour le signe d'aumônier, *tirez la main de l'épaule droite au côté gauche, car c'est ainsi que les pauvres ont coutume de porter la besace.*

Pour le signe d'infirmier, *posez la main contre la poitrine et ajoutez le signe de voir.*

Pour le signe de vieillard, *promenez la main droite à travers les cheveux contre l'oreille.*

Pour le signe d'enfant, *approchez le petit doigt des lèvres.*

Pour le signe de compatriote ou de consanguin, *tenez la main contre la face, et posez le doigt du milieu sur le nez, à cause du sang qui a coutume d'en sortir.*

Pour le signe de parler, *tenez la main contre la bouche et remuez-la ainsi.*

Pour le signe de se taire, *posez le doigt sur la bouche fermée.*

Pour le signe d'écouter, *tenez le doigt contre l'oreille.*

Pour le signe d'ignorer, *essuyez les lèvres avec le doigt.*

Pour le signe d'embrasser, *posez l'index sur les lèvres.*

Pour le signe de s'habiller, *prenez avec le pouce et le doigt suivant le vêtement sur la poitrine et tirez-le de bas en haut.*

Pour le signe de se déshabiller, *tirez-le en bas.*

Pour le signe de manger, *simulez avec le pouce et l'index l'action de manger.*

Pour le signe de boire, *approchez le doigt courbé des lèvres.*

Pour le signe de consentir, *levez la main modérément et remuez-la sans la renverser, mais de façon à ce que la superficie extérieure soit en haut.*

Pour le signe de nier, *posez le bout du doigt du milieu sous le pouce, et faites-le ainsi partir comme une détente.*

Pour le signe de voir, *posez sous l'œil le doigt le plus proche du pouce.*

Pour le signe de laver les pieds, *tournez successivement le dedans des deux mains, et remuez un peu ainsi le haut de la main de dessus.*

Pour le signe de bien, *posez le pouce sur une mâchoire et les autres doigts sur l'autre, et faites-les descendre sur le menton.*

Pour le signe de mal, *posez les doigts çà et là sur la face, et simulez la griffe d'un oiseau qui attire quelque chose en le déchirant.*

SINGULARITÉS. — MÉLANGES.

Que les hommes aient vu dans le soleil et la lune des divinités, qu'ils leur aient attribué un sexe différent, et que la plupart des peuples, toujours portés par leur instinct à juger d'après eux, aient fait du plus grand, du plus puissant de ces deux astres un dieu, et du plus petit, du plus faible, une déesse, nous n'y trouvons rien qui doive étonner; que d'autres peuples, infiniment moins nombreux, soient partis d'une idée contraire, et, frappés peut être de la fécondité du soleil, aient préféré en faire une mère, nous l'admettons encore. Les savants, d'ailleurs, en donnent de si bonnes raisons! Wachter, par exemple, ne dit-il pas, dans son grand *Glossaire germanique*, —

il se donne comme l'organe de plusieurs autres grammairiens, — que la beauté appartenant par excellence au genre féminin, et rien n'étant aussi beau dans la nature que le soleil, il avait bien fallu le faire féminin? L'historien Egenoff émet, quant à lui, une opinion moins galante mais aussi remarquable. « Le soleil, dit-il, ne doit pas être classé au nombre des mâles, parce qu'il ne produit rien par lui-même ; il faut qu'on lui confie des germes qu'il couve seulement et fait éclore par sa chaleur, comme fait la poule de ses œufs. » Encore une fois, nous acceptons tous ces systèmes ; mais ce que nous comprenons plus difficilement, c'est que certains peuples qui regardaient le soleil comme un dieu et la lune comme une déesse, aient attribué le genre féminin au soleil et le genre masculin à la lune. Ainsi, l'ancien idiome islandico-norwégien, dans lequel est traduit l'Edda, fait le soleil féminin et la lune masculine, et néanmoins le soleil, dans ce célèbre monument de la mythologie du Nord, est constamment nommé *Kirleitt gud*, Dieu à la belle face, et *Scinanda gud*, Dieu éclatant [1]; mais il n'y est jamais nommé *Gydia*, déesse. Constamment aussi la lune est appelée *mans*, *man* ou *men*, étymologie du mot allemand *mond*, et *man*, en islandico-norwégien, voulait dire *femme* et *fille*.

Le cas était assez embarrassant pour tenter les érudits; voici l'explication qui fut proposée à la société des antiquaires [2] :

« Il faut d'abord observer que, dans tous les monuments celtes ou germains, on ne voit jamais le soleil personnifié sous la figure d'une femme, mais bien sous celle d'un jeune homme... Ces peuples du Nord ont souvent adoré

---

[1] Voyez le *Grimins-mal*, partie de l'*Edda sœmundina*.

[2] *Recherches sur la dénomination allemande du soleil et de la lune*, par P. R. Auguis.

leur grand législateur Odin sous les traits du soleil, et les ont souvent confondus ; mais quant à la lune, on la voit quelquefois sous l'emblème d'une jeune fille, et le plus souvent sous celui d'un homme qui soutient de ses deux mains un disque sur lequel est dessiné de profil un visage humain exprimant la lune croissante.

» Il est donc raisonnable de croire que les premiers habitants de la Germanie, dans les temps les plus reculés, ont regardé le soleil comme un dieu et la lune comme une déesse... Mais d'où viennent ces emblèmes mâles de la lune ? Il est évident que c'est à quoi nous devons nous arrêter : cet homme, qui représente la lune, a quelquefois des cornes sur la tête, comme Corunus ; quelquefois un croissant qui est derrière lui, et dont les pointes dépassent sur ses épaules, et il est assez constamment vêtu d'une tunique courte et d'un bonnet particulier. Plusieurs des monuments où il se trouve portent la double inscription de *men* et de *lunus*. Ceci est un trait de lumière.

» J'ai déjà dit que *men* appartenait aux langues du Nord. Sans doute c'est la racine celtique ; mais *lunus* appartient sans contredit à une langue orientale, qui est la langue phrygienne. On trouve ce dieu *lunus*, tel que je viens de le dépeindre, sur quantité d'anciennes monnaies phrygiennes... Ouvrons Spartien (Vie de Caracalla), et nous ne douterons plus que la lune n'ait été révérée comme un dieu mâle par les Phrygiens. Il en donne même une raison assez plaisante. « C'était chez ces peuples, dit-il, une ancienne croyance, qu'en adorant la lune comme déesse, on deviendrait tout à fait soumis à sa femme, ce qu'on appelle aujourd'hui en Allemagne *être sous la pantoufle ;* » et qu'au contraire, en l'implorant comme dieu, on conserverait sans doute l'empire marital...

» Tout cela une fois admis, il est facile de voir comment

les noms de *men* et de *lunus* ont dû être attribués à la même divinité. Les Asiatiques, apportant avec eux l'idée d'un dieu, et non d'une déesse, pour présider à la lune, ont bien pu prendre le nom de *men*, qu'ils ont trouvé dans le pays, mais ont conservé l'idée première du sexe masculin de *lunus*, qu'ils ont attribué à *men*, et qui a passé dans la suite à *mond*, qui en dérive. Cela me paraît assez plausible : la lune était un dieu dans la Phrygie ; des Phrygiens peuplent l'Allemagne et y font un dieu de la lune.

» Mais d'où vient que le soleil se trouve féminin ? Par la même raison que j'ai rapportée dès le commencement. Partout où nous voyons un couple, nous supposons volontiers l'homme et la femme ; et si l'on commence par supposer la lune mâle, il s'ensuivra naturellement que le soleil deviendra femelle. »

— Sémiramis, après avoir fait la conquête du pays, fonda la ville de Van, qu'elle appela de son nom Sémiramidocerte, et elle y écrivit sur la pierre son histoire et celle de ses successeurs. Ces témoignages de sa puissance, tracés en caractères cunéiformes sur l'immense rocher qui s'étend derrière la ville et d'où s'élevait la citadelle, sont les seuls qui nous soient parvenus.

« Tout le rocher, dit M. P. de G. dans une lettre datée de Mossoul, 24 décembre 1844, et dont un fragment fut inséré dans la *Revue britannique* [1], tout le rocher est couvert de ces inscriptions cunéiformes : il y en a une qui pourrait faire plusieurs volumes à elle seule, car cette *page de pierre* n'a pas moins d'*une demi-lieue de long*, s'élevant à pic tout le long de la ville qu'elle protège contre les vents. Une de ces inscriptions est suspendue à plus

---

[1] Mars 1845. V. aussi *Curiosités des arts et de l'archéologie*.

de trois cents pieds de terre, et il y en a au moins deux cents à pic au-dessus : il est impossible d'y arriver ; on ne peut les copier qu'à la longue vue. On arrive aux autres par des escaliers taillés dans le roc, mais sans aucun appui du côté vide ; marches usées, inégales, où la pierre a éclaté, et qu'il faut descendre avec précaution pour ne pas faire un saut de deux cents pieds. Le rocher contient une espèce de palais souterrain, des pièces immenses creusées avec une patience et un art admirables, car la pierre est des plus dures. Ces magnifiques salles ont dû contenir des tombeaux des rois assyriens ; on y a découvert des restes d'urnes et d'ossements. Les sépultures furent pillées par les soldats de Gengis-Khan. La plus grande salle peut avoir trente pieds de haut et soixante de long, tout cela taillé dans le roc ; il y a un nombre infini de petites salles et quatre autres grandes salles. »

« Le seul historien arménien qui existe, Moïse de Khoresme, a écrit que ce rocher était un ouvrage de Sémiramis, et composé d'énormes pierres rapportées [1]. Le docteur français Schultz est le premier qui ait copié les inscriptions de Van ; mais son travail est plein d'inexactitudes. »

---

[1] Comme s'il était possible d'improviser un rocher d'une demi-lieue ou d'en bâtir un sans qu'on vît les jointures : Moïse de Khoresme avait écrit sans voir.

GÉOGRAPHIE.

Géographie. — Cartes. — La véritable géographie ne diffère de l'histoire que parce que l'une se règle sur le temps et l'autre sur l'espace. La Géographie n'est au fond qu'une histoire qui s'arrête pour considérer le présent. (Malte-Brun.)

— Ortelius, né à Anvers en 1527, est l'auteur du premier atlas géographique du monde connu. Cet ouvrage, qui a servi de base à tous les travaux géographiques entrepris depuis, valut à son auteur le surnom de Ptolémée moderne. Il parut à Anvers en 1570, dans le format in-folio et sous le titre de *Theatrum orbis terrarum*, et a été souvent réimprimé et traduit. On lui doit aussi le premier dictionnaire de géographie ancienne, qui mérite ce nom, à savoir, le *Thesaurus geographicus*. Son *Parergon* est en quelque sorte l'atlas du *Thesaurus geographicus*.

— Giraud le Gallois, mieux connu sous son nom latin de *Giraldus Cambrensis*, s'exprime avec franchise sur les moines dans son *Itinerarium Cambriæ*. Aussi dans les diverses copies qu'ils en ont fait faire, ont-ils eu soin de supprimer tout ce qui n'était pas honorable pour l'ordre auquel ils appartenaient. Mais comme ils se sont bien gardés de rien retrancher de ce qu'il pouvait contenir d'offensant pour les autres ordres, la postérité n'a rien perdu, et on a pu, en comparant leurs manuscrits, rétablir le texte dans son entier.

C'est dans cet ouvrage qu'on voit [1] qu'au douzième

[1] Livre second, chapitre 3.

siècle, il y avait des Castors dans le pays de Galles, mais seulement sur une rivière que l'auteur nomme Teivi : *In fluvio Teivi juxta Cilgaram.* La *Topographia Hiberniæ*, qui rapporte le même fait, dit au chapitre 21 : *In Teyvensi flumine apud Kairdigan.* Il y a en effet sur les cartes une rivière de *Tyvy* près de Cardigan ; la carte de Kitchin lui donne le nom de *Teive.*

« Nation heureuse et fortunée, et dont le sort serait doublement à envier, s'ils avaient de bons prélats et de bons pasteurs, et un seul prince qui fût bon ; — Felix gens et fortunata, utraque sorte beata, si prælatos haberent bonos et pastores, unoque gauderent principe et illo bono. »

A cette description du pays de Galles, il joignit celle de l'Irlande, où il fait mention de canards qui naissent des arbres, de poissons à dents dorées, et de monstres moitié hommes, moitié taureaux. Mais n'allez pas croire que ces absurdités aient nui le moins du monde à son succès. Est-ce que la vérité a jamais plu aux hommes ? Elles y nuisirent si peu qu'il fut obligé, à Oxford, de lire trois jours de suite, en public, sa description de l'Irlande ; le premier jour aux pauvres ; le second, aux docteurs des différentes Facultés et aux étudiants d'un certain rang ; et le troisième, aux autres étudiants, à la bourgeoisie et à la garnison [1].

CARTES ANCIENNES. — La première carte connue fut dressée par Aristagoras de Milet, environ 480 ans avant Jésus-Christ. D'autres l'imitèrent, et plusieurs des anciens philosophes transportèrent les degrés des cieux à la terre, et devinèrent qu'un degré terrestre était d'environ 69 1/2 milles, comme la 360e partie de la sphère. Ce qui n'a pas

[1] SPRENGEL, *Histoire des principales découvertes géographiques.*

empêché que la rotondité de la terre fût traitée d'hérésie.

L'édition de Ptolémée, Rome 1508, renferme les premières cartes gravées que l'on connaisse.

La première collection de cartes en Angleterre est l'*Atlas anglicanus* de Christophe Sexton, Londres 1574-9, qui obtint de la reine Elisabeth un privilége de dix ans pour imprimer des cartes.

Une des plus anciennes cartes de géographie du moyen âge, est celle de Saint-Gall au sixième siècle. Charlemagne avait, dit-on, une carte du monde gravée sur trois grandes tables d'argent, que son petit-fils Lothaire fit fondre pour pouvoir payer ses troupes[1]. Un des manuscrits cottoniens du *British Museum* contient une carte anglo-saxonne de la fin du dixième siècle [2]. Dans le douzième et le treizième siècle, les cartes se multiplièrent. Les plus anciennes avaient été calquées sur des cartes romaines ; mais à partir du onzième siècle, elles devinrent le résumé des connaissances de l'époque. Les légendes, les figures d'hommes, d'animaux et de villes qui s'y trouvent en font de vrais traités de géographie figurée. Une carte du treizième siècle du *British Museum* contient une note curieuse dans laquelle l'auteur se réfère aux quatre cartes qui étaient alors regardées en Angleterre comme ayant le plus d'autorité, à savoir :

La carte de Robert Melkeleia.

Celle de l'abbaye de Waltham,

---

[1] Ces sortes de *cartes* ou *itinéraires* gravés sur argent n'étaient pas rares dans l'antiquité ; on a retrouvé dernièrement en Italie, dans des fouilles faites aux environs d'une source d'eaux thermales, une coupe sur laquelle était figuré le tracé du chemin à suivre de ces eaux jusqu'en Espagne.

[2] V. une bonne description de cette carte curieuse : *Millien de faits*, page 1381.

Celle de la chambre du roi à Westminster,

Et celle de Mathieu Pâris.

La mappemonde conservée en Angleterre dans la cathédrale de Hereford, paraît être du commencement du treizième siècle. A la partie supérieure, est figuré le Sauveur assis, pour le jugement suprême des vivants et des morts. Au bas, dans l'angle de gauche, une peinture prise au commencement d'Ethicus et des cosmographies courantes du moyen âge, représente César-Auguste envoyant trois savants pour mesurer la terre; l'un desquels mesura le Nord et l'Ouest, l'autre l'Est, le troisième le Sud. C'est une légende fondée sur un passage de l'évangile de saint Luc. Auguste délivre aux trois savants un rescrit scellé de son sceau. Dans l'angle opposé, une figure semble représenter Richard de Haldingham et de Lafford, par les soins duquel, comme nous l'apprend une inscription en vers franco-normands, la carte fut exécutée.

Une grande partie des figures et des indications marquées sur la carte de Hereford sont prises dans les ouvrages de Sollin et d'Isidore, les deux livres populaires du moyen âge; un bon nombre d'entre elles attestent une étrange naïveté, telles que la femme de Loth changée en statue de sel, le labyrinthe de Crête, les colonnes d'Hercule, les bizarres représentations de Charybde et de Scylla.

Quatre villes célèbres figurent toujours avantageusement sur les cartes de cette époque :

1º Jérusalem, qu'une très-ancienne légende désignait comme le point central, l'ombilic du monde, et qui est indiquée dans la carte de Hereford d'une manière très-curieuse;

2º Babylone, avec sa fameuse tour, représentée ici d'une grandeur extraordinaire;

3º Rome, la capitale du monde, à laquelle est attachée ici cette légende :

Roma caput mundi tenet orbis frena rotundi.

4º Troie, ou, comme le dit la carte, *Troja civitas bellicosissima.*

A l'influence des anciens, se joignait alors celle des Arabes, et la carte de Hereford en offre également des traces. Mais la partie la plus intéressante de la géographie du moyen âge est celle qui çà et là reproduisait les résultats des recherches et des découvertes individuelles. Sur la mappemonde de Hereford, l'Asie principalement est représentée de la manière la plus confuse. On croyait alors, et on fut longtemps avant de renoncer à cette idée, que le Paradis en occupait l'extrémité la plus éloignée. Les Arabes, du reste, étaient dans la même erreur, et cette opinion, comme tant d'autres, nous était venue d'Orient.

Si nous portons les yeux vers l'autre côté de la carte, nous verrons que le moyen âge nous a laissé de mystérieuses traditions de voyages qui sembleraient indiquer au moins des tentatives d'exploration de l'Océan dans la direction de l'Amérique [1]. Saint-Brandan, d'après la légende, n'avait-il pas trouvé le Paradis après un long voyage à l'Ouest ? Tous les savants d'alors savaient que la terre est ronde ; de là, l'idée d'aller au Paradis par mer. Ne rapporte-t-on pas que l'équipage de Christophe Colomb croyait y toucher lorsqu'il approcha des côtes de l'Amérique ? Mais la superstition luttant contre la science, on craignait, en suivant cette direction, de tomber en Enfer ; car le bruit courait qu'à une certaine distance dans

---

[1] V. sur ces anciennes cartes, presque toutes Portugaises, le curieux travail de M. de Santarem relatif aux *Portulans*, etc.

l'Ouest, la mer cachait un gouffre qui menait tout droit aux régions infernales. — Pourquoi le soleil se couche-t-il si rouge? demande-t-on dans un livre d'études à l'usage des gens d'église. — Parce qu'il regarde en enfer, répond l'interlocuteur.

D'ailleurs, ce n'était pas tout que d'avoir reconnu que la terre était sphérique, il fallait encore savoir comme elle était suspendue. Selon les uns, elle était comme un œuf dans son coquetier, la partie supérieure restait seule en dehors; selon d'autres, c'était une pomme nageant dans l'eau, et ne présentant non plus que la partie supérieure. Si la carte de Hereford, comme la plupart de celles d'alors, est de forme circulaire, ce n'est pas qu'on ait voulu par là représenter un hémisphère; c'était simplement la forme de la portion considérée comme habitable. Tout autour est une ceinture d'eau, qu'on supposait occuper la partie torride ou inhabitable; au delà de cette ceinture, était une seconde partie habitable, mais qu'on n'affirmait nullement être habitée, attendu qu'on doutait fort que personne pût y pénétrer à cause de la chaleur de la mer intermédiaire, chaleur telle que les poissons mêmes n'y pouvaient vivre.

Dans quelques anciennes cartes, une partie de cette terre habitable du Sud est représentée en bas; et cette vieille tradition s'est conservée dans des cartes d'une époque beaucoup plus reculée, sous le titre de *Terra incognita australis*.

La carte de Hereford, ainsi que toutes les autres, présente l'Afrique entourée d'eau, ce qui remonte à la plus haute antiquité. Seulement, cette portion du continent n'était, dans les premières cartes, qu'une étroite bande parallèle à la Méditerranée, bande qui s'est élargie au fur et à mesure des découvertes. On doit remarquer dans la carte que nous décrivons, près de l'entrée de la mer Rouge, une île qui paraît représenter Madagascar et dont l'inscription spécifie sa distance d'un cap de l'Inde, avec cette observation que la côte était navigable jusque-là. Des indications semblables de distances sont échelonnées d'île en île jusqu'au voisinage de celle de Canarie, qui porte elle-même l'inscription suivante :

Insula Canaria abundat magnis canibus [1].

Entre autres cartes curieuses antérieures à l'expédition de Colomb et ses guides probables, citons le *Portulan* de Pietro Viscouti (1318) conservé à Vienne, une carte espagnole de 1346 possédée par notre bibliothèque impériale ; celle de 1334 qui se trouvait à Venise et qui, acquise depuis par M. Walcknaer, atteignit un si haut prix à sa vente ; celle de Giroldi (1426) ; enfin celle de Parelo qui date de 1455 et que M. Andrea publia à Naples, cette même année. On y trouve indiqué le nom de l'île, *Antilla*, plus de trente ans avant la découverte de Colomb.

CARTES CURIEUSES. — Au nombre des cartes curieuses, on peut citer celle qu'a dressée le major Sleeman et qui indique les *bèles* ou stations de meurtres adoptées par les Thugs dans le royaume d'Oude. Sur un parcours de 1,406 milles que forment les routes que ces étrangleurs investissaient entre les principales villes, on compte 274 de ces *bèles*, c'est-à-dire une de ces stations par 5 milles 1/2 ; et l'on eût obtenu le même résultat, disent le major Sleeman et le capitaine Paton, adjoint au résident de Lucknow, si l'on eût appliqué à l'Inde entière ce même calcul. Quelques-uns de ces bèles pris au hasard donnent

---

[1] *Notice* de M. Thomas Wright, *British archæological association*, 18 mars 1846.

GÉOGRAPHIE.

entre eux les distances suivantes : de Lucknow à Cawn-pour, 52 milles, 13 *béles* ; de Lucknow à Allahabad, 137 milles, 22 *béles* ; de Lucknow à la frontière de Zownpour, 120 milles, 38 *béles*.

La terre ferme, dans les deux hémisphères, offre une superficie de près de trente-huit millions de milles carrés ; l'ancien monde, c'est-à-dire l'Europe, l'Asie et l'Afrique, n'en contient pas moins de vingt-quatre millions, l'Amérique onze millions, l'Australie et ses îles trois millions à peine. L'Afrique est trois fois, et l'Asie plus de douze fois plus grande que l'Europe. Par suite du nombre des mers intérieures que contient celle-ci, le développement de ses côtes maritimes, plus considérable relativement à sa superficie que celui d'aucune autre partie du monde, est d'environ 17,000 milles depuis le détroit de Waygatz, dans la mer Polaire, jusqu'au détroit de Caffa, et celles d'Afrique ont 16,000 milles d'étendue. Les deux Amériques offrent une ligne de côtes de 31,000 milles. Le rapport du nombre des milles linéaires des côtes maritimes à celui des milles carrés de surface est de 1 à 164 pour l'Europe, 359 pour l'Amérique, 376 pour l'Asie, 530 pour l'Afrique [1].

DE LA TERRE.—Les mots survivent longtemps aux idées qu'ils représentent : témoin les termes de longitude et de latitude. Ces termes avaient un sens pour les anciens, qui croyaient la terre plus étendue de l'est à l'ouest que du sud au nord ; mais aujourd'hui ils ne sont plus qu'un démenti continuel donné par la routine à la science.

Homère pensait, sa description du bouclier d'Achille le prouve, que l'Océan formait une ceinture à la terre. Venu quatre siècles plus tard, Hérodote ne peut s'empêcher de

---

[1] *Physical geography*, par MARY SOMERVILLE, 2 vol. in-8°, Londres, 1848.

rire de cette idée; mais sa moquerie va plus loin, elle s'applique à ceux qui prétendent que la terre est ronde comme si elle avait été travaillée au tour, et que l'Asie est égale à l'Europe. Or, sur cent parties de la terre :

L'Asie continentale en occupe. . . .	33
L'Afrique.	21
L'Amérique du Nord.	16
L'Amérique du Sud.	15
La Nouvelle Hollande.	8
L'Europe.	7
	100

Si la sphère des connaissances positives d'Homère en géographie ne dépasse pas 450 kilomètres ou environ 100 lieues de rayon, le cercle des connaissances positives d'Hérodote ne va pas à plus de 1,500 kilomètres, et celui des notions moins positives à plus de trois mille. Pour un esprit si railleur, c'est rester bien loin de la vérité qui, par la bouche de la science moderne, fixe à 40,000 kilomètres la circonférence de la terre, bien loin même de Possidonius qui la croyait de 180,000 stades, c'est-à-dire de 30,000 kilomètres.

Sur un total de 34,427,000 milles géométriques carrés,

L'Asie en contient . . .	12,118,000
L'Amérique.	11,000,000
L'Afrique.	8,516,000
L'Europe.	2,793,000

Sur un total de 716,700,000 habitants,
L'Asie en contient 590,000,000 c'est-à-dire 1 pour 25 acres

GÉOGRAPHIE.

L'Europe. . . . 227,700,000   1   10
L'Afrique. . . . 60,000,000   1   115
L'Amérique. . . 59,000,000   1   250

Voici maintenant la dimension relative en milles géographiques carrés de trente des plus grands Etats :

Russie (européenne et asiatique). 5,912,000
Angleterre (Europe, colonies et dépendances). 4,457,598
Chine. 4,070,000
Brésil et dépendances. 2,513,000
Etats-Unis et dépendances. 2,300,000
Mexique. 1,242,000
Empire Ottoman. 1,000,000
Colombie. 828,000
Buenos-Ayres, etc. 683,000
Portugal et colonies. 630,000
Pérou. 573,000
Perse. 550,000
Danemark et colonies. 541,000
Bolivie. 500,000
Annam (en Asie). 270,000
Pays-Bas et colonies. 252,000
Espagne et colonies. 224,400
Suède et Norwége. 223,000
Tripoli. 208,000
Autriche. 194,500
France et colonies. 188,000
Japon. 180,000
Boukharie. 175,000
Caboul. 172,000
Khiva. 145,000
Birman. 140,000

Maroc.. 130,000
Chili. 129,000
Siam. 124,000
Abyssinie. 120,000

COURBURE DE LA TERRE. — Pour faire comprendre que la terre est ronde, on a imaginé un tableau gradué des distances auxquelles l'œil placé à telle ou telle hauteur peut apercevoir un objet sur la mer, lorsqu'elle est calme. Avant de passer à l'examen de ce tableau, constatons que si l'œil était placé au niveau de la surface de la mer, la courbure de la terre est telle qu'il ne distinguerait pas une planche qui flotterait dessus, à une distance de plus de cinquante toises.

Haut. de l'œil.		Dist. à laquelle on voit.	Haut. de l'œil.		Dist. à laquelle on voit.
pieds.	pouces.	toises.	pieds.	pouces.	toises.
1	»	1,030	18	6	4,500
2	»	1,500	19	4	4,600
3	3	1,900	20	2	4,700
4	7	2,100	21	1	4,800
5	5	2,400	22	»	4,900
6	2	2,600	22	11	5,000
7	2	2,800	33	»	6,000
8	3	3,000	40	»	6,603
9	4	3,200	50	»	7,382
10	7	3,400	60	»	8,087
11	2	3,500	70	»	8,735
12	6	3,700	80	»	9,338
13	2	3,800	90	»	9,904
14	8	4,000	100	»	10,440
15	4	4,100	150	»	12,786
16	2	4,200	747	»	28,035
17	8	4,400	2,988	»	57,069

GÉOGRAPHIE.

Ces deux derniers chiffres équivalent à dire qu'un homme qui serait au bord de la mer et à un peu moins d'un quart de lieue au-dessus de son niveau, apercevrait un objet à près d'un degré terrestre ou vingt-cinq lieues de distance.

A ce premier tableau nous en joindrons un second qui servira à expliquer un autre effet produit par la courbure de la terre, à savoir la diminution progressive des degrés de longitude, soit au nord, soit au sud, à partir de l'équateur jusqu'aux pôles, c'est-à-dire de 25 lieues à zéro. Ce premier degré de 25 lieues, nous le diviserons en 1,000 parties; lesquelles ainsi que les lieues diminueront à mesure que nous nous éloignerons de l'équateur.

Degrés.	Parties.	Lieues.	Toises.	Degrés.	Parties.	Lieues.	Toises.
Au 1er	1,000	25	»	Au 50e	643	16	159
5	996	24	2,065	55	574	14	774
10	985	24	1,415	60	500	12	1,141
15	966	24	338	65	423	10	1,290
20	940	23	1,125	70	342	8	1,256
25	906	22	1,501	75	259	6	1,072
30	866	21	1,484	80	174	4	779
35	819	20	1,092	85	87	2	403
40	766	19	345	87	52	1	704
45	707	17	1,546	90	»	»	»

MÉRIDIENS COMPARÉS.—Il n'entre en aucune façon dans notre plan de faire ici un cours de géographie, à plus forte raison d'astronomie; mais nous ne croyons pas nous en écarter en présentant au lecteur, encore sous forme de tableau, un relevé des différences qui existent entre les méridiens de divers pays. Nous prendrons, comme de raison, Paris pour point de départ. Ainsi, lorsqu'il est midi à Paris, voici quelle heure il est dans les lieux suivants :

	h.	m.	s.
A Dijon............	midi	10	44
Besançon.........	»	14	44
Vesoul...........	»	15	12
Rome............	»	40	30
Malte............	»	48	32
Vienne (Autriche)...	»	56	12
Varsovie..........	1	12	»
Athènes..........	1	27	9
Constantinople......	1	46	10
Pétersbourg.......	1	51	56
Au Caire...........	1	57	32
Jérusalem.........	2	12	36
Bagdad...........	2	52	8
Ispahan..........	3	20	48
Ormus...........	3	38	»
Surate...........	4	39	52
Goa.............	4	42	40
Agra (Mogol)......	5	3	36
Siam............	6	33	»
Batavia..........	6	57	48
Pék'n...........	7	36	20
Méaco...........	8	56	36
Aux îles de Jéso.......	9	1	12
l'île de Paraxos....	9	4	20
l'île de Saint-Pierre septentrion......	11	43	20
Aux îles des Amis......	minuit	»	»
Santa-Fé, matin...	4	48	»
Au Mexique.........	4	56	»
Panama..........	6	37	48
Lima............	6	42	44
Philadelphie.......	6	49	40

A Potosi	7	24	»
Québec	7	8	»
A la Martinique (au fort)	7	46	12
Cayenne	8	21	47
Olinde	9	23	12
Aux îles Açores	10	2	20
L'île de Fer	10	18	40
Aux Canaries	10	47	24
Lisbonne	11	14	13
Madrid	11	55	52
Dublin	11	25	24
Edimbourg	11	37	58
Bordeaux	11	48	24
Londres	11	50	17
Rouen	11	55	»
Calais	11	58	4
Versailles	11	59	12

Nous n'avons pas cru qu'il fût utile de compliquer ce tableau en en présentant l'inverse, c'est-à-dire l'heure qu'il est à Paris, lorsqu'il est midi dans chacun des endroits susdits. Quelle que soit l'heure, la proportion entre les lieux reste toujours la même.

CLIMATS DE L'EUROPE. — Les détails intéressants que nous donnons ici sur les climats de l'Europe sont tirés de la *Revue britannique*[1] qui, elle-même, comme son titre l'indique, les avait empruntés à la presse d'Angleterre.

En Europe, la température moyenne décroît, en règle générale, à mesure qu'on s'avance du midi au nord. Ainsi, la température moyenne annuelle est :

---

[1] Janvier 1847, p. 256 et suivantes.

A Naples...... de	63 degrés	5 minutes [1].
Rome.......	60 —	44 —
Paris.......	51 —	44 —
Vienne.....	50 —	5 —
Londres.....	50 —	» —
Varsovie....	48 —	6 —
Upsal.......	44 —	9 —
Moscou.....	40 —	1 —
Pétersbourg.	38 —	8 —

La chaleur moyenne de l'été dans les parties méridionales de l'Europe est de 70 à 75 degrés, tandis que le froid moyen de l'hiver est de 17 degrés à Pétersbourg. La température moyenne de la Grande-Bretagne est d'environ 48 degrés et demi.

A mesure que la température s'abaisse en avançant vers le nord, la quantité de pluie diminue aussi [2]. A l'équateur, il tombe annuellement 93 pouces d'eau; en Italie, 45; dans le nord de l'Allemagne, 22 pouces et demi; et à Saint-Pétersbourg, 17 pouces seulement; mais la plus grande quantité de pluie tombe sur les côtes occidentales de l'Europe, par la raison que les vents du sud et de l'ouest, ayant une température élevée dans leur passage au-dessus de l'Atlantique, absorbent une plus grande quantité d'humidité. Cette humidité, ils la déposent en entrant en contact avec la terre et les froids courants septentrionaux, qui balayent le nord et le nord-ouest de l'Europe. De là vient que la quantité de pluie diminue en avançant

---

[1] Thermomètre de Farenheit, dont le 63o équivaut à 17o 22 centigrades.

[2] On mesure les quantités de pluie avec un instrument nommé *ombromètre*; le plus parfait jusqu'à présent est dû à M. Horner de Zurich. V. KŒNITZ, *Traité de météorologie*, t. I, p. 413.

GÉOGRAPHIE.

des côtes à l'intérieur du continent, et qu'elle atteint son minimum dans les contrées nord-est. Les chaînes des hautes montagnes dont les sommets sont taillés à pic ont pour effet de précipiter la chute de la pluie. On peut citer pour exemple la Norwège, où les montagnes sont très-élevées et situées sur la côte occidentale; la grande chaîne alpestre, au centre de l'Europe; et les districts montagneux de la Grande-Bretagne, où il tombe beaucoup plus de pluie que dans la plaine. Le même effet n'a pas lieu sur les plateaux élevés. Ainsi, bien que la quantité de pluie annuelle soit considérable sur les côtes occidentales de l'Espagne et du Portugal, il n'en tombe que 10 pouces sur le plateau des Castilles.

Une circonstance digne d'observation, c'est que les pays où il tombe la plus grande quantité de pluie annuelle sont ceux qui comptent le moins de jours pluvieux [1].

Le nombre des jours pluvieux augmente en avançant vers le nord. Il est par an:

A Gibraltar.................	68
Dans le midi de la France.........	76
Dans la péninsule italique.........	89
Dans les plaines de la Lombardie...	96
En Hongrie...................	112
Sur la côte orientale de l'Irlande...	208
Dans les Pays-Bas..............	170
En Angleterre................ ⎫	
En France (le Midi excepté)..... ⎬	155
Dans le nord de l'Allemagne...... ⎭	

[1] On le comprendra quand on saura que dans la presqu'île de l'Inde, la quantité d'eau tombée pendant une seule saison est très-supérieure à celle qui tombe chez nous pendant toute une année. Elle s'élève de 190 à 350 centimètres.

Au contraire, dans le nord-est de l'Europe et en Sibérie, il s'écoule des mois entiers sans qu'il tombe une goutte de pluie, sans qu'un nuage obscurcisse le ciel clair et serein.

Sous le rapport des saisons pluvieuses on peut diviser l'Europe en trois régions :

1º La région des pluies d'hiver, comprenant une partie des contrées méridionales de l'Europe, depuis les côtes sud-ouest du Portugal, longeant la Méditerranée, la Sicile, l'Italie méridionale, la Grèce et l'Archipel grec;

2º La région des pluies d'automne, comprenant la Laponie, une partie de la Suède, la Norwège, la Grande-Bretagne, le midi de la France, le Portugal, l'Espagne, les régions alpestres et des Apennins et la Hongrie;

3º La région des pluies d'été, contenant la partie intérieure et centrale du continent, le nord de la France, une partie de la Suède, l'Allemagne, la Prusse, la Pologne et la Russie.

Le lieu de l'Europe où il tombe la plus grande quantité de pluie est probablement Coïmbre, dans la vallée du Mondégo, en Portugal. Cette ville est située sur le penchant occidental d'une montagne de 7.500 pieds de hauteur, remarquable par son sommet dentelé. Les observations météorologiques qu'on y a faites, n'embrassent que deux années, et on révoque en doute leur exactitude. La quantité annuelle de pluie y a été évaluée à 225 pouces; mais certaines réductions la font descendre au chiffre plus probable de 135 pouces.

Dans le Chili central, il ne tombe aucune pluie pendant neuf mois de l'année; dans le Chili méridional, il n'en tombe qu'une fois tous les deux ou trois ans. Les Andes péruviennes sont séparées de la mer Pacifique par un désert de sable large d'environ soixante-neuf milles, où il ne tombe jamais une goutte de pluie.

« Des courants d'air chaud se font sentir parfois sur la crête des Andes, étrange phénomène dans des régions glacées! On n'en a point encore trouvé l'explication. Ces courants soufflent, en général, deux heures après le coucher du soleil ; leur action est locale et circonscrite; ils n'ont pas plus de quelques toises de largeur, et ressemblent aux bouffées d'air également chaud qu'on respire dans les Alpes. On observe un autre phénomène curieux dans les Andes du Chili, à Mendoza ; c'est une singulière clarté répandue sur les montagnes, une sorte de lueur rougeâtre impossible à décrire, qui disparaît pendant les pluies d'hiver et qui ne s'aperçoit pas les jours de soleil. Le docteur Pœppig l'attribue à la sécheresse de l'air, et s'est confirmé dans cette opinion en remarquant plus tard une lueur semblable sur la côte du Pérou. La même observation a été faite en Egypte[1]. »

Le nombre des jours où il tombe de la neige en Europe augmente à mesure qu'on avance du midi au nord. Ainsi, chaque hiver, en moyenne, le chiffre des jours de neige est :

A Palerme............. de 2 et demi.
Rome.............. 1 —
Florence............ 1 un tiers.
Nice.............. moins de un demi.
Venise............. 5 et demi.
Milan............. 10 —
Paris.............. 12 —

[1] *Physical geography*, par Mary Somerville, p. 157-158, 2 vol. in-8°, Londres, 1848.

A Carlsruhe............ 26 —
Copenhague......... 30 —
Saint-Pétersbourg.... 171 —

Dans cette dernière ville, la première neige commence à tomber en octobre, et la dernière tombe vers le milieu d'avril. Dans les vallées du midi de l'Europe, où la température de l'hiver varie de 47 à 52°, il ne peut tomber que rarement de la neige et elle ne dure guère. Dans la plaine de Rome il neige très-rarement, bien que les sommets des montagnes voisines, qui ont une élévation de 2 à 3,000 pieds soient fréquemment blanchies par la neige. Sur la chaîne des Apennins, la neige est encore plus abondante et elle dure plus longtemps. Il neige quelquefois à Lisbonne, tandis que sur la côte des Algarves ce phénomène est inconnu. A Gibraltar la neige est très-rare et on n'y voit jamais de glace plus épaisse qu'un dollar espagnol. A Malte, il ne tombe jamais de neige. Cependant vers la fin de l'hiver et au commencement du printemps la plupart des localités du midi de l'Europe sont assaillies par un vent de nord-est froid et sec extrêmement désagréable et très-pénible à supporter, surtout pour les valétudinaires.

Dans quelques pays il tombe de la *neige rouge*, phénomène sérieusement étudié par MM. Wollaston, de Candolle, Thenard et Bauër. Les expériences de ce dernier l'ont amené à reconnaître que le principe colorant venait d'une substance végétale tenue en suspension dans l'eau dont s'était formée la neige.

DES FLEUVES ET DES MONTAGNES. — Voltaire raconte que dans son enfance il a vu soutenir des thèses où l'on prouvait que les fleuves et toutes les fontaines venaient de la mer. C'était le sentiment de toute l'antiquité. Ces fleuves

GÉOGRAPHIE.

passaient dans de grandes cavernes, et de là se distribuaient dans toutes les parties du monde.

Lorsque Aristée va pleurer la perte de ses abeilles chez Cyrène, sa mère, déesse de la petite rivière Enipée en Thessalie, la rivière se sépare d'abord et forme deux montagnes d'eau à droite et à gauche pour le recevoir, selon l'ancien usage; après quoi il voit ces belles et longues grottes par lesquelles passent tous les fleuves de la terre.

> At illum,
> Curvata in montis faciem circumstetit unda,
> Adcepitque sinu vasto, misitque sub amnem.
> Jamque domum mirans genitricis, et humida regna,
> Speluncisque lacus clausos, lucosque sonantes,
> Ibat, et, ingenti motu stupefactus aquarum,
> Omnia sub magna labentia flumina terra
> Spectabat diversa locis, Phasimque, Lycumque,
> Et caput, unde altus primum se erumpit Enipeus;
> Unde pater Tiberinus; et unde Aniena fluenta,
> Saxosumque sonant Hypanis, Mysusque Caïcus,
> Et gemina auratus taurino cornua vultu
> Eridanus : quo non alius per pinguia culta
> In mare purpureum violentior effluit amnis [1].

> L'onde respectueuse,
> A ces mots suspendant sa course impétueuse,
> S'ouvre, et se repliant en deux monts de cristal,
> Le porte mollement au fond de son canal.
> Le jeune dieu descend, il s'étonne, il admire
> Le palais de sa mère et son liquide empire :
> Il écoute le bruit des flots retentissants,
> Contemple le berceau de cent fleuves naissants,
> Qui, sortant en grondant de leur grotte profonde,

---

[1] VIRGILE, *Géorgiques*, livre IV.

Promènent en cent lieux leur source vagabonde ;
De là partent le Phase et le vaste Lycus,
Le père des moissons, le riche Caïcus,
L'Énipée orgueilleux d'orner la Thessalie,
Le Tibre encor plus fier de baigner l'Italie,
L'Hypanis se brisant sur des rochers affreux,
Et l'Anio paisible, et l'Éridan fougueux,
Qui, roulant à travers des campagnes fécondes,
Court dans les vastes mers ensevelir ses ondes [1].

Cette étrange physique, le Tasse l'accepte aveuglément. Lorsque Ubalde et le Danois vont à la recherche de Renaud qui s'oublie dans les bras d'Armide, un vieillard leur apparaît au bord des flots qui baignent les murs d'Ascalon, et il leur fait la même proposition que fait Cyrène à son fils Aristée :

Disse ; e che lor dia loco l'acqua impose :
Et ella tosto si ritira, e cede :
E quinci, e quindi di montagna in guisa
Curvata pende, e'n mezzo appar divisa.
  Ei presigli per man, ne le più interne
Profondità sotto quel rio lor mena.
Debile, e incerta luce ivi si scerne,
Qual tra boschi di Cintia ancor non piena :
Ma pur gravide d'acque ampie caverne
Veggiono ; onde tra noi sorge ogni vena.
La qual zampilli in fonte, o in fiume vago
Discorra, o stagni, o si dilati in lago.
  E veder ponno, onde il Pò nasca, et onde

---

[1] Cette traduction de l'abbé Delille suffit à notre objet ; mais nous ne pouvons nous empêcher, en passant, de faire observer combien elle est plate et longue.

Idaspe, Gange, Eufrate, Istro derivi :
Onde esca pria la Tana : e non asconde
Gli occulti suoi principi il Nilo quivi [1].

Il dit, et il ordonne aux flots de se diviser : soudain l'onde obéit et des deux côtés s'élève une montagne humide.

Le vieillard prend les deux guerriers par la main, et les conduit sous le lit du fleuve, dans une grotte profonde : là ne pénètre qu'une lumière pâle et tremblante : cependant, à cette faible lueur, ils voient d'immenses réservoirs, d'où sortent les eaux qui jaillissent en fontaines, qui forment les fleuves, les étangs et les lacs.

Ils y découvrent les canaux secrets par lesquels filtrent les ondes de l'Eridan, du Gange, de l'Euphrate ; les sources du Tanaïs, et les veines inconnues qui portent au Nil ses liquides trésors [2]. »

Voltaire, cet infatigable ennemi des préjugés, signale encore au sujet des fleuves une autre erreur assez facile à constater pourtant, c'est qu'ils coulent pour la plupart vers l'occident. En avançant ce fait, « on a plus consulté, dit-il, l'esprit systématique que la nature. . Les fleuves coulent en tous sens selon la disposition des terrains.

« Le Guadalquivir va droit au sud depuis Villanueva jusqu'à San-Lucar ; la Guadiana de même juqu'à Badajoz. Toutes les rivières dans le golfe de Venise, excepté le Pô, se jettent dans la mer vers le midi. C'est la direction du Rhône de Lyon à son embouchure. Celle de la Seine est au nord nord-ouest. Le Rhin, depuis Bâle court droit au septentrion. La Meuse de même depuis sa source jusqu'aux terres inondées. L'Escaut de même. »

---

[1] Tasso, il Goffredo, canto decimo quarto, st. 36-8.
[2] Traduction de Lebrun, si cela peut s'appeler une trdauction.

Et le Danube, pour ne citer que des fleuves d'Europ[e] est le seul fleuve qui coule, à ce que dit M. Victor Hugo de l'occident à l'orient.

Ce système au sujet du cours des fleuves, on l'appli[-]quait à la direction des grandes chaînes de montagnes, o[n] voulait qu'elles s'étendissent aussi d'orient en occiden[t.] Pour le réfuter, il ne fallait que consulter la carte. « Dé[-] barquez, disait Voltaire, au cap de Bonne-Espérance[,] vous trouverez une chaîne de montagnes qui règne d[u] midi au nord jusqu'au Monomotapa. Peu de gens se so[nt] donné le plaisir de voir ce pays et de voyager sous la l[i-]gne en Afrique. Mais, Calpé et Abyla regardent directe[-]ment le nord et le midi. De Gibraltar au fleuve de la Gua[-]diana, en tirant droit au nord, ce sont des montagne[s] continues. La Nouvelle-Castille et la Vieille en sont cou[-]vertes, toutes les directions sont du sud au nord, comm[e] celle des montagnes de toute l'Amérique. »

Et les Alpes, sans aller chercher si loin ! Disons don[c] avec le grand redresseur d'erreurs, pourquoi chercher [à] se tromper, pour avoir le plaisir de faire des systèmes [et] de tromper quelques ignorants ?

C'est une opinion accréditée depuis longtemps à Mar[-]seille, que de cette ville on peut voir le mont Cani[-]gou qui est à 500 kilomètres dans les Pyrénées. Le ba[-]ron Zach, auteur de la *Correspondance astronomique*[,] raconte que, comme la chose n'était pas mathématique[-]ment impossible, puisqu'à cette distance la courbure de [la] terre n'est point suffisante pour cacher un sommet d[e] 2,785 mètres, il voulut vérifier le fait. La difficulté éta[it] de déterminer les circonstances propices à cette expérience[.] Voici comme il y parvint :

« Tous les voyageurs qui ont monté sur le Canigou a[s-]surent que l'air y est très-sec et très-pur, et que son som[-] met est généralement au-dessus des brouillards et des nuages. Comme le climat du midi de la France est presque toujours beau et serein, et que néanmoins il est fort rare de voir cette montagne, j'ai pensé que la cause en devait être toute autre que l'obscurité, les vapeurs et l'opacité de l'air. Cette réflexion m'a conduit à l'idée que peut-être la montagne ne se montrait bien que lorsque le soleil se couchait derrière elle, et qu'alors elle se projetait, pour ainsi dire, en silhouette sur le fond doré du ciel crépusculaire. Il fallait donc calculer à quelle époque le soleil vu de Marseille se coucherait précisément derrière le Canigou. Le résultat me montra que ce phénomène devait avoir lieu vers le commencement du mois de février, et vers la fin du mois de novembre.

» L'an 1818, j'étais à Marseille; le jour du 8 février fut remarquablement beau et serein. Je me transportai dans l'après-midi, avec mes instruments, sur la montagne de Notre-Dame-de-la-Garde. Plusieurs savants et des amateurs m'accompagnèrent pour être témoins de l'expérience.

» Après avoir pointé ma lunette sur le point de l'horizon où devait se trouver le Canigou, nous ne vîmes rien d'abord. Le soleil donnait droit dans la lunette, et devait par conséquent empêcher toute vision distincte des objets terrestres, soit avec des instruments d'optique, soit à la vue simple. Ce n'était qu'après le coucher du soleil que le spectacle devait avoir lieu.

» Cet astre s'approchant de l'horizon, nous attendîmes avec impatience son coucher. A peine le dernier rayon avait-il disparu, que, comme par un coup de baguette, nous vîmes, pour ainsi dire, tomber à l'instant le rideau, et une chaîne de montagnes noires comme jais, avec deux pics élevés, vinrent au point nommé frapper nos regards avec tant d'évidence et de clarté, que plusieurs spectateurs eurent peine à croire que ce fussent les Pyrénées. On les aurait prises pour des montagnes du voisinage, tant elles paraissaient distinctes et proches de nous ; tandis que nos spectateurs s'émerveillaient, faisaient leurs réflexions et étaient occupés à tracer le dessin des contours et des pics de ces montagnes, je me dépêchai d'observer ces pics ; et balayant l'horizon avec ma lunette, je découvris au nord le sommet du Ventoux, près de Carpentras, lorsque la nuit tombante mit fin à mes observations. »

— Dans l'Inde se trouve une montagne sonnante. Le lieutenant Wellsted, qui constata ce phénomène en 1837, le décrit ainsi dans une lettre qu'il écrivait du Sinaï le 26 septembre et qui fut aussitôt insérée dans le journal de la Société asiatique du Bengale : « Vous m'avez exprimé le désir d'avoir quelques renseignements précis sur le Djibbel Narcono ou montagne sonnante, qui a été le sujet de tant de discussions et de tant de doutes en Europe. Je l'ai visitée dans mon voyage ici, elle est située sur le côté de la mer à environ 8 milles de Tor. Une pente solide du plus fin sable s'étend sur le côté de la mer, de sa base au sommet (600 pieds), faisant un angle de 40 degrés environ avec l'horizon. Elle est cerclée ou plutôt demi-cerclée par une ceinture de rochers de grès s'élevant comme des créneaux pointus et ne présentant qu'une très-petite surface propre à renvoyer un écho. Elle est encore remarquable en ce que, quoiqu'il se trouve en cet endroit beaucoup de collines de la même forme, elle seule produit ce qu'on appelle le rugissement ou le son de la montagne sonnante. Nous descendîmes de nos chameaux et nous restâmes en bas, pendant qu'un Bédouin la gravissait ; mais nous ne pûmes entendre le son que quand il fut arrivé à une hauteur considérable. Ce son roule en bas, et il commence par un accord assez semblable aux notes faibles d'une harpe éolienne, ou à celui que l'on produit avec le doigt mouillé sur un verre. Il augmente de force, à mesure que le sable roule jusqu'à la base, et il devient aussi fort que le tonnerre; de sorte qu'il faisait trembler le rocher sur lequel nous étions assis et que nos chameaux (animaux qui comme on sait ne s'effraient pas facilement) étaient épouvantés et se sauvèrent au loin. J'ai donc été convaincu, ainsi que le capitaine M.... et tous mes compagnons. »

DÉCOUVERTES. — Les chroniques du pays de Galles, dit Eyriès, rapportent qu'en l'an 1170 il y eut une guerre civile pour la succession au trône, et qu'un bâtard enleva l'héritage aux enfants légitimes du prince. Alors Madoc, son fils légitime, quitta sa patrie avec une petite flotte. Après quelques semaines de navigation vers l'ouest, il découvrit une terre où il trouva toutes sortes de choses nécessaires à la vie, et de l'or. L'air y était frais et pur. Les habitants différaient totalement des Européens. Après un assez long séjour, Madoc y laissa 120 hommes et revint heureusement dans son pays, où il équipa une flotte de dix vaisseaux, montés par un nombreux équipage, et chargés de toutes sortes de provisions. Il retourna dans le pays qu'il avait découvert, promettant de revenir ou de donner de ses nouvelles; mais, depuis, l'on n'en entendit plus parler. Ceux qui adoptent ce récit croient que Madoc avait abordé sur les côtes de la Virginie ou de la Caroline, et citent à l'appui de leur opinion l'histoire d'un Gallois qui, voyageant dans l'intérieur de l'Amérique septentrionale, rencontra, entre l'Ohio et la mer, une peuplade indienne qui parlait la langue galloise.

Au XVe siècle, plusieurs savants prétendirent que Martin Behaim, navigateur bohémien, avait vu, en 1460, l'Amérique et le détroit de Magellan, ce qui aurait fourni à Colomb l'idée de son voyage au Nouveau-Monde; mais,

M. Murr, en mettant sous les yeux du public la description et la copie réduite du *globe terrestre* de Behaim, a prouvé que cette découverte était imaginaire, ce navigateur ayant placé l'île de *Cipangu*, nom que Marc Polo donne au Japon, à la véritable place où se trouve l'Amérique.

Ce qui est incontestable, c'est un voyage des Scandinaves en Amérique au xe siècle sous la conduite de Biarne Heriulfson, et leur incursion dans une grande partie du nouveau continent après laquelle ils revinrent au Groenland ou *Finland* qu'ils colonisèrent [1].

Voici ce que racontent les traditions savamment recueillies dans des mémoires récents [2].

« L'an 1001, l'Islandais Biorn, cherchant son père au Groenland, est poussé par une tempête fort loin au sud-ouest; il aperçoit un pays plat tout couvert de bois, et revient par le nord-est au lieu de destination. Son récit enflamma l'ambition de Léif, fils de cet Eric Randa qui avait fondé les établissements du Groenland. Un vaisseau est équipé, Léif et Biorn partent ensemble; ils arrivent sur la côte que ce dernier avait vue. Une île couverte de rochers se présente; elle est nommée *Helleland*. Une terre basse, sablonneuse, couverte de bois, reçoit le nom de *Markland*. Deux jours après, ils rencontrent une côte, au nord de laquelle s'étendait une île; ils remontent une rivière... Etant parvenus à un lac, d'où la rivière sortait, nos voyageurs résolurent d'y passer l'hiver : dans le jour le plus court, ils virent le soleil rester huit heures sur l'horizon; ce qui suppose que cette contrée devait être à peu

---

[1] V. le *mémoire* publié à ce sujet par le suédois M. Rafn et traduit par M. X. Marmier.

[2] *Groenlandia antiqua*, 25, 44, 105.

près par les 49 degrés de latitude. Un Allemand, qui était du voyage, y trouva des raisins sauvages, il en expliqua l'usage aux navigateurs scandinaves, qui en prirent occasion de nommer le pays *Vinland*, c'est-à-dire pays du vin. Les parents de Léif firent plusieurs voyages au Vinland......

» Révoquer en doute la véracité de rapports aussi simples et aussi vraisemblables, ce serait outrer le scepticisme ; mais, si on les admet, il est impossible de chercher Vinland autre part que sur les côtes de l'Amérique septentrionale. Cette partie du monde avait donc été découverte par des Européens, cinq siècles avant Christophe Colomb ; et cette découverte, la première qui soit historiquement prouvée, ne lui fut peut-être pas inconnue.

» Car, sans reparler ici du voyage douteux, attribué à Madoc-ap-Owen vers l'an 1170, nous possédons les documents authentiques des navigations exécutées dans le quatorzième siècle par les deux Zeni, nobles Vénitiens qui, entrés en 1380 au service d'un prince des îles Féroer et Shetland, visitèrent de nouveau les contrées découvertes par les Scandinaves, ou du moins en recueillirent une description qui, à travers beaucoup d'obscurités, confirme les relations islandaises, et qui a dû être connue de Colomb. »

— L'*Australasie* ou plutôt *Australie*, qui forme aujourd'hui la cinquième partie de la terre, comprend le continent de la Nouvelle-Hollande, la terre de Van-Diémen ou *Tasmanie*, la Nouvelle-Guinée, la Nouvelle-Bretagne, la Nouvelle-Zélande, etc., découvertes la plupart dans l'espace de deux siècles. De Menzès reconnut la Nouvelle-Guinée en 1526; Mendona, les îles de Salomon en 1567. La Nouvelle-Hollande fut d'abord visitée à l'île de Hartegh, en 1616, par un vaisseau hollandais; et plus tard explorée par d'autres bâtiments de cette nation. Le Hollandais Tasman découvrit la terre de Van-Diémen et la Nouvelle-Zélande en 1643 [1]; Dampierre, la Nouvelle-Bretagne et la Nouvelle-Irlande en 1699 ; Roggewein, l'Archipel qui porte son nom, et qui comprend les îles Penryn, Beaumann, etc., en 1722; Wallis, les îles de la Société, en 1765 ; Cook, la Nouvelle-Calédonie en 1774, et les îles Sandwich, en 1778; Wilson, les îles Pelew en 1797 ; Turnbull, l'île de Phillips [2], l'île de Holt et une autre ; Freycinet, l'île de Bonaparte, celle de Decrès et la terre de Napoléon. Botany-Bay et Port-Jackson furent découvertes par Cook et colonisées en 1787.

La population indigène de l'Australasie, quoiqu'elle soit égale en surface à l'Europe ne s'élève point, selon toutes probabilités, à 100,000 âmes.

Les habitants de la terre de Van-Diémen, lorsqu'elle fut découverte, connaissaient l'art de faire du feu avec deux

---

[1] Ainsi appelée du nom de sir Richard Philipps, l'auteur du *Million of facts* qui n'a guère fourni que son titre au *Million de faits français*, mais qui, s'il pèche sous le rapport du plan et s'il manque de méthode, est écrit dans un esprit très-libéral, tout à fait dégagé des préjugés auxquels les Anglais même les plus éclairés semblent se soumettre par calcul, et abonde en détails curieux dont le lecteur nous saura gré d'avoir fait notre profit.

[2] Tasman visita et reconnut tous ces parages : « Il paraît, dit Dumont d'Urville, que c'est à la suite de ces reconnaissances que cette grande terre reçut définitivement le nom de Nouvelle-Hollande, et qu'avant lui on l'avait généralement indiquée sous le nom de grande *terre du Sud ou terres Australes*. Le nom de Nouvelle-Hollande a longtemps prévalu parmi les géographes ; mais il doit faire place à celui d'*Australie* plus rationnel et plus vrai, que les Anglais, établis sur ce territoire, ont adopté avec raison et maintenu. »

cailloux, art inconnu dans la Nouvelle-Hollande et dans plusieurs autres îles de l'Australasie.

Il vient d'être fait au nord du cap de Bonne-Espérance une des plus grandes découvertes géographiques des temps modernes. La nouvelle qui en a été donnée par le journal anglais le *Daily-News*, est d'une date encore trop récente, — janvier 1850, — pour ne pas obtenir une place dans un recueil de faits intéressants et peu connus. M. Moffat a eu le bonheur de trouver, après un voyage de 556 milles anglais, le grand lac intérieur, dont l'existence problématique a depuis si longtemps tourmenté la curiosité de tous les voyageurs. M. Moffat appelle ce lac Nama ou Ngama. Deux grandes rivières s'y déversent; à en juger par la douceur et la limpidité des eaux, ces courants viennent du nord et doivent surtout leur origine aux neiges des montagnes. Les tribus qui habitent ce pays ressemblent aux Beckuanes, mais elles ont un teint plus basané; des arbres creusés leur servent de canots, dans lesquels on les voit préparer leur nourriture, dormir comme dans des maisons et naviguer avec beaucoup d'adresse. Elles sont très-douces de caractère, et ne vivent que de poisson, quoiqu'on y trouve en abondance beaucoup de bêtes à cornes. Pour ce qui est de la position géographique du lac qui ouvre une si large perspective de prospérité à cette partie de l'Afrique, les dernières observations du soleil donnent 19 degrés 7 minutes.

Depuis que nous avons transcrit ces détails, de nouveaux renseignements sont venus confirmer les premiers, et nous croyons devoir également en donner connaissance au lecteur.

La découverte d'un grand lac d'eau douce occupant le centre du continent africain paraît aujourd'hui certaine. Cette mer intérieure est située à 19 degrés de latitude sud, et a 560 milles nord-nord-ouest de Kolobeng.

Le révérend Robert Livingston, longtemps missionnaire chez les Bechouanas, avait quitté Kolobeng, chef-lieu de la tribu des Bakouains, accompagné de M. Oswell, employé dans l'administration civile de Madras, et M. Murray, de Lintrose. Après un voyage assez fatigant, pendant lequel il n'a rencontré d'obstacles que les animaux sauvages de ces contrées, et les difficultés d'un sol vierge et sans routes praticables et frayées, il a vu s'étendre devant lui une immense nappe d'eau semblable au lac Ontario et au lac Champlain, en Amérique.

Les détails de l'expédition des trois voyageurs anglais ne sont pas encore connus; ce qui est certain, c'est qu'ils sont arrivés, tout en chassant, au bord de cette mer intérieure dont les dimensions exactes ne sont pas encore déterminées. Ainsi le centre de l'Afrique, comme celui de l'Amérique et celui de l'Europe, sans doute aussi comme le centre de l'Australie, est occupé par un ou plusieurs bassins qui servent de réservoirs aux eaux douces provenant des sources souterraines ou découlant des grandes chaînes de montagnes; il y a pour chaque continent un grand système de lacs ou de mers intérieures : en Europe, les lacs Léman, de Constance, Majeur, etc.; en Amérique, sur une échelle beaucoup plus vaste, les lacs Champlain, Ontario, Michigan, etc. Selon les conjectures des plus récents voyageurs, le bassin central de l'Australie présenterait un phénomène équivalent.

Cette découverte, qui paraît authentique, est destinée à produire une grande sensation dans le monde des géographes, qui jusqu'ici possédaient peu de renseignements sur la partie sud de l'Afrique. On parle de richesses minéralogiques curieuses à exploiter, et de forêts magnifiques peuplées d'arbres jusqu'ici inconnus à l'Europe, sous lesquels coulent des rivières également ignorées, qui vont se perdre dans le lac. D'autres explorations subsidiaires et également heureuses ont eu lieu dans le sud de l'Afrique. M. Oswell a suivi jusqu'à une assez grande distance au nord-ouest le cours du fleuve Oury, dont on ne connaissait jusqu'ici qu'une très-faible partie. Accompagné d'un Anglais, il a découvert une autre rivière, le Molokoué, qui se déverse dans l'Oury.

Les rivières sont, dit-on, ombragées par de beaux arbres; leur lit n'est jamais à sec; même dans les temps les plus chauds. Les tribus qui en habitent les bords sont pacifiques; et il paraît que les chasseurs trouvent de grandes ressources dans ces contrées peuplées de quadrupèdes gigantesques, dont quelques-uns sont totalement ignorés de la science européenne.

Le lieutenant Christopher, dans ses explorations sur la côte nord-est d'Afrique, de Keleva à Hafan, a découvert une rivière importante qu'il a nommée Haines, en l'honneur du résident politique anglais à Aden. Cette rivière prend sa source au pied du revers méridional du grand plateau d'Abyssinie, et après un détour à travers les plaines, s'approche à dix milles environ de la mer, dans la latitude de 1° 40' Nord et la longitude 44° 55' Est, à un endroit appelé Galwen, d'où elle court parallèlement à la côte vers Barawa (distance de quarante-cinq milles), et là enfin, traçant une ligne divergente dans les terres, elle se perd dans un lac sans écoulement visible. Entre la rivière et la mer s'élève une chaîne de collines sablonneuses de deux cents pieds de hauteur, à travers lesquelles il paraîtrait que la plus grande partie de l'eau atteint la mer par infiltration. Sur les bords de la rivière, le sol est riche et bien cultivé par une race hospitalière, qui occupe d'anciens établissements ayant appartenu autrefois au Portugal [1].

[1] *Revue britannique*, février 1844.

En opérant la reconnaissance du district de Teotilan, dans le but de déterminer le tracé le plus favorable pour le percement d'une route, l'ingénieur Rafael Villa Gomez a découvert les ruines d'une grande cité (*poblacion*). Elle n'avait encore été explorée qu'en partie à la date du 30 novembre 1843 ; mais les restes de plus de cent maisons avaient déjà été observés, et, au dire des guides, les édifices principaux, se trouvaient plus avant. On appelle ces ruines dans le pays « les palais de Mitla. » Elles présentent un caractère d'architecture qui ne ressemble en rien aux styles connus de l'art ancien ou moderne ; et cependant elles ne manquent ni de cette symétrie de plans, ni de cette grâce de proportions, ni de cette richesse de détails, qui constituent la beauté de l'ensemble. La ville ruinée doit avoir été construite par une race antérieure aux Mexicains ; mais cette race est-elle celle dont les sauvages offrent le type dégénéré, ou appartenait-elle à une espèce plus ancienne et aujourd'hui effacée ? c'est une question qui est laissée à la sagacité des antiquaires [1].

MODIFICATIONS GÉOGRAPHIQUES. — « On a estimé à environ sept ou huit milles, dit mistress Somerville dans la *Géographie physique*, l'épaisseur des couches fossilifères jusqu'à la fin de la formation tertiaire. Le temps nécessaire à leur accumulation a dû être immense. Toutes les rivières charrient du limon, du sable et du gravier à la mer. Le Gange dépose plus de 700,000 pieds cubes de limon par heure, la rivière Jaune en Chine 2,600,000, et le Mississipi plus encore. Cependant l'hydrographe italien, Manfredi, a calculé que si l'on répartissait le sédiment de toutes les rivières du globe sur le lit de l'Océan, il faudrait mille années pour l'exhausser d'un pied. D'après ce même calcul 3,960,000 années suffiraient à peine pour l'élever d'un

[1] *Journal de Baltimore.*

hauteur égale à l'épaisseur des couches fossilifères, c'est-à-dire de sept milles et demi, abstraction faite du creusement des côtes par la mer. Mais si au lieu du lit de l'Océan, il s'agissait du globe entier, la durée de l'opération serait presque quadruple, en admettant même, ce qui n'est pas, que les dépôts d'alluvions soient uniformes sous le double rapport du temps et de l'espace. »

— « Il n'est guère possible d'évaluer la quantité de glace contenue dans les Alpes ; on dit néanmoins qu'indépendamment des glaciers des Grisons, il existe dans la chaîne alpestre 1,300 milles carrés de glace de quatre-vingts à six cents pieds de profondeur. Certains glaciers sont stationnaires depuis un temps immémorial ; d'autres occupent aujourd'hui des terrains où l'on récoltait autrefois du blé, ou qui étaient couverts de forêts... Dans les Alpes, les glaciers se meuvent à raison de douze à vingt-cinq pieds par an, et, comme pour les rivières, le mouvement est plus rapide au centre..... Par l'étude des *moraines* et des *stries* [1] que leur passage a laissées sur les rochers, M. Agassiz a acquis la certitude que la vallée de Chamouny fut occupée jadis par un glacier qui s'était mû vers le col de Balme. Une *moraine* située à 2,000 pieds au-dessus du Rhône, à Saint-Maurice, montre qu'à une époque reculée, la Suisse était couverte de glaciers à une hauteur de 2,155 pieds au-dessus du lac de Genève [2]. »

— Le sable acquiert parfois au désert un tel degré de finesse de grain et de mobilité que le baron Wrede y enfonça une sonde à la profondeur de 360 pieds sans atteindre le fond.

---

[1] Les *Moraines* sont des *blocs erratiques* entraînés par le mouvement des glaciers. Les *tries* sont les sillons immenses qu'ils se sont tracés au passage.

[2] *Physical geography*, par mistress Somerville, p. 51-52.

— « La vallée du Jourdain est l'exemple le plus frappant de l'affaissement de la terre au-dessous de la surface générale du globe. Le creux qui s'étend du golfe d'Accabah, sur la mer Rouge, à la bifurcation du Liban, est d[e] 625 pieds plus bas que le niveau de la Méditerranée dan[s] la mer de Galilée ; les eaux croupissantes de la mer Mort[e] offrent un affaissement de 1,230 pieds. Cette particularit[é] de la vallée du Jourdain n'avait point échappé aux Romains, qui lui donnèrent le nom de Cœlé-Syrie ou Syri[e] creuse. Les petits lacs amers de l'isthme de Suez son[t] des cavités de même nature, ainsi que les lacs de natro[n] dans le désert de Libye, au sud du Delta du Nil [1]. »

L'aspect du sol de la Grèce n'est évidemment plus c[e] qu'il était dans l'antiquité ; sans avoir changé de position[,] les rivières et les montagnes ont subi des modification[s] sensibles. Ainsi, pour ne parler que des rivières, le Céphis[e] n'est plus qu'un ruisseau qui ne suffit pas même à arrose[r] les jardins de la plaine de l'Attique, cependant il fut u[n] temps où il était assez profond pour opposer une barrière à l'invasion de Xerxès. L'armée perse, ne pouvant l[e] traverser, fut obligée de camper sur ses bords. L'Ilissu[s] est tout à fait à sec, et jadis ses eaux avaient douze à qua[]torze pieds de profondeur. Voyez les arcs-boutants d[u] pont superbe qui rattachait le bord athénien du fleuve a[u] Stadium encore existant. L'arche avait cinquante pied[s] de diamètre. A Sparte, on voit encore, à-travers les pierre[s] qui forment les quais de l'Eurotas, les anneaux de fer don[t] on se servait autrefois pour amarrer les galères. L'eau d[e] cette rivière atteint à peine un homme aux genoux [2].

[1] *Physical geography*, par Mistress Somerville, p. 107, 109.
[2] Autrefois au contraire, l'Eurotas avait plus de profondeur qu[e] de superficie. Les Grecs modernes l'appellent *l'Iri* jusqu'à sa jonc[]

Enfin l'Inachus, qui était navigable jusqu'à Argos, n'est plus qu'un lit de torrent desséché, excepté pendant la saison pluviale [1].

Les révolutions volcaniques dont l'Asie Mineure a été récemment le théâtre ont eu pour effet de miner en divers endroits la surface du sol. Un grand nombre de rivières ou de ruisseaux disparaissent subitement dans des canaux souterrains, et vont reparaître à une distance de plusieurs milles. Quelques lacs présentent des phénomènes encore plus frappants. Nul cours d'eau visible ne se jette dans le lac d'Egirdir, et il en sort une rivière abondante. Le lac Soghla est encore plus extraordinaire, à certaines époques, les eaux qui le forment s'échappent tout à coup par les fentes des rochers et laissent son lit à sec.

« Il se vide, dit M. Hamilton, tous les dix ou tous les quinze ans, et son lit reste à sec pendant quatre, cinq ou six ans; les eaux s'échappent par diverses fentes des rochers qui ne se trouvent pas dans le lit du lac, mais près de Boghaz; quand le lit du lac est tout à fait sec, on y sème du blé et on y récolte d'abondantes moissons... Le lac de Soghla est alimenté par une rivière qui sort du lac de Bay Sheher. Quand il se vide, cette rivière coule le long de sa rive occidentale, au pied des montagnes, et elle va se perdre dans les fentes des rochers où ont déjà disparu les eaux du lac. Après un certain temps, ces ouvertures se bouchent peu à peu; les eaux, n'y trouvant plus une issue suffisante, inondent d'abord la plaine; puis lorsqu'elles ont atteint une certaine hauteur dans le Sogla Ghieul, elles disparaissent dans le ravin situé entre Eski

ion avec la Tiase, il prend ensuite le nom de Vasilipotamos. Il peut avoir devant Sparte la largeur de la Marne au-dessus de Charenton.

[1] *Strong*, pag. 167, 169.

Serai et Kara Euran, et se perdent dans la plaine de Koniyeh. C'est sans doute un phénomène fort curieux et très-intéressant, qui explique d'ailleurs les contradictions apparentes de plusieurs écrivains au sujet de la largeur et de la longueur du lac, et des diverses localités qui ont été placées sur le Palus Trogites, dont le lac Soghla est incontestablement le représentant moderne. »

Mais un phénomène encore plus extraordinaire, c'est celui qu'offre un ruisseau de la Céphalonie, qui, à l'opposé de tous les autres cours d'eau, sort de la mer au lieu de s'y jeter.

« Après avoir coulé par un court espace dans une espèce de canal, il disparaît sous des débris de rochers. Il se trouve situé à l'extrémité septentrionale de la langue de terre qui forme la côte orientale du havre d'Argastoli; jamais il n'a diminué de volume, ni cessé de couler, et n'est pas encore parvenu à remplir la cavité souterraine dans laquelle il se perd. Un propriétaire de l'île a vainement fait pratiquer une large ouverture dans ces rochers, afin de suivre son cours mystérieux ; après être arrivé à une profondeur de trois mètres, il découvrit que les eaux s'engouffraient dans des fentes naturelles à trois ou quatre mètres au-dessous de la surface de la mer, dont elles n'étaient séparées que par une étroite muraille de pierre [1].

L'existence de ce phénomène a donné lieu à la construction d'un moulin placé près du gouffre, sur les bords de la mer, dont l'eau, après avoir mis la machine en mouvement, se jette dans le gouffre et y disparaît. M. Condoguri, natif de Céphalonie, a donné en 1838, connaissance de tous ces faits à l'Académie des sciences.

— Découverte par Christophe Colomb, à son second

[1] *Edinburgh Review. Revue britannique*, novembre 1843.

voyage, le 3 mai 1494, au matin, la Jamaïque était devenue par la suite le rendez-vous de tous les pirates du Nouveau-Monde, et le dépôt de leurs rapines, lorsque le 7 juin 1692, à midi, tandis que la population de Port-Royal admirait le butin dont les boucaniers avaient encombré le rivage, voilà que les montagnes voisines poussent un affreux mugissement, et que la mer, comme irritée de tout ce brigandage, inonde les quais de vingt pieds d'eau. Comme d'intelligence avec elle, à ce signal, la terre ouvre ses flancs et engloutit avec les édifices de cette ville opulente, trois mille de ses habitants, ne laissant debout que le fort et deux cents maisons. Sans une frégate, *le Swan*, qui, entraînée par l'inondation, naviguа avec de grands dangers au-dessus de toutes ces ruines, le nombre des victimes eût été bien autrement considérable.

Port-Royal, au reste, ne fut pas seul à éprouver les effets de ce tremblement de terre; l'île entière ressentit une secousse tellement violente, que le cours des rivières, la forme des montagnes et des vallées en furent remarquablement modifiés. Quand la mer est calme et limpide, on distingue encore à présent au fond de ses eaux, des ruines qui, mieux que tous les récits, donnent une idée de la gravité de ce désastre.

La ville de Kingston, aujourd'hui la plus considérable, fut bâtie l'année suivante pour servir de refuge aux habitants sans asile et au commerce ruiné de Port-Royal. Elle a été érigée en cité en 1802.

— La Barbarie abonde en mines de sel ; ses lacs et ses sources sont salés, ce qui porte à croire que le désert du Sahara était jadis le bassin d'une grande mer intérieure qui donnait dans la Méditerranée, au golfe de Syrtis.

— Au nombre des phénomènes bizarres qui méritent une

place dans ce recueil, nous ne pouvons omettre ces excroissances subites et éphémères qui apparaissent à la surface du globe.

La petite île de Gounong-Api, dans la mer Pacifique, contient un volcan d'une activité extrême, et la pression de bas en haut du feu sous-marin est tellement forte dans cette partie de l'Océan, qu'une masse de basalte noir, assez considérable pour combler une baie de 260 pieds de profondeur, fut soulevée en une nuit, et si paisiblement que les habitants de la côte ne surent ce qui se passait que lorsque l'effet fut à peu près produit [1].

Au commencement du xix⁰ siècle, on vit sortir de la même mer deux îles nouvelles, l'une de cinq milles de circonférence, l'autre de 5.000 pieds de hauteur, dans une partie si profonde de l'Océan, qu'on n'en put atteindre le fond avec une sonde de 1,200 pieds. De l'autre côté de la mer Pacifique, la chaîne entière des Andes et les îles adjacentes de Juan Fernandez et des Galopados offrent une vaste surface volcanique dont l'exhaussement continue.

Par opposition à ce mouvement de soulèvement il faut remarquer celui d'abaissement graduel qui s'opère dans une partie du Groenland. Observé en 1777 par Aretander, il a été étudié de nouveau et trouvé plus sensible par le docteur Pingel [2].

PERCEMENT DE L'ISTHME DE PANAMA. — Dès l'année 1520, Fernand Cortez, selon M. de Humbold, proposait à Charles-Quint de couper l'isthme qui sépare les deux Océans et indiquait le détroit de Téhuantépec comme le

---

[1] *Physical geography.*
[2] V. *Société geolog. de Londres*, 7 novembre 1835.

secret du détroit. On voit que cette idée date de oin. Dieu sait si jamais elle se réalisera !

On a souvent agité cette grave question depuis lors, et l'on a reconnu que la communication d'une mer à l'autre peut s'établir plus particulièrement sur les cinq points suivants, en allant du nord au sud : l'isthme de Téhuantépec, l'isthme de Nicaragua, l'isthme de Panama, l'isthme de Darien et le canal de la Raspadura. Ce projet a éveillé la sollicitude des Etats-Unis. En 1835, le président Jackson a envoyé le colonel Biddle étudier la question sur place; mais il paraît probable que le colonel en sera pour ses études, non pas seulement à cause de la difficulté de dépenser deux cents millions sur un terrain qui appartient à autrui, mais parce qu'il est sorti, de cette difficulté même, un autre projet plus aisé à exécuter et plus favorable au développement de la puissance américaine.

Il s'agit d'un chemin de fer qui partirait du lac Michigan, et s'étendrait, en suivant à peu près la quarante-deuxième parallèle, jusqu'à l'océan Pacifique; ou dont le point de départ, selon d'autres, serait un endroit plus au sud sur le Mississipi, tel que Memphis, et aboutirait à Monterey ou à San-Francisco, sur la côte de la Californie.

Du port de mer servant de point d'arrivée au chemin de fer, rayonnera presque tout le commerce de l'océan Pacifique. De là, effectivement, on sera à environ quinze cents lieues des ports de l'empire chinois. Un officier distingué de la marine des Etats-Unis, M. Mauny, a dressé le tableau comparatif suivant, des distances des principaux points du grand Océan aux ports de la Californie, et de l'autre à ceux de l'Angleterre.

Tableau des distances par mer.

	En Angleterre.	En Californie
Du golfe Persique........ milles	11.300	10.400
De Bombay................ —	11.500	9.800
— Calcutta................ —	12.200	9.500
— Singapore............... —	12.500	7.400
— Canton.................. —	13.700	6.100
— Chang-Hai.............. —	14.400	5.400
— Peddo.................. —	15.200	4.500
— la Nouvelle-Guinée..... —	14.000	6.000
— la pointe nord ouest de la Nouvelle-Hollande... —	11.800	7.800
— — nord-est —	13.500	6.900
— la Nouvelle-Zélande... —	13.500	5.600

Ainsi on ira, au moyen de bateaux à vapeur, en quelque jours de navigation aux îles Sandwich et à la plupart de archipels du grand Océan, en quelques semaines à l Chine et dans l'Inde. Et à l'autre extrémité du chemin, o sera sur l'océan Atlantique, à quelques semaines à pein de navigation de l'Europe et de l'Afrique.

D'après des calculs rigoureux, on ira de Canton à San Francisco en quinze jours; en cinq jours on traversera l continent américain, c'est-à-dire que le voyage de Canto à New-York se fera en vingt jours et celui de Canton Londres en trente-deux. C'est à peu près la moitié d temps que met actuellement la malle par la Méditerrané et l'isthme de Suez [1].

GÉOGRAPHIE POLITIQUE. — En 983, une colonie danois se forma sur la côte orientale du Groënland Elle se compo sait au XIVe siècle de douze paroisses, cent quatre-vingt-di villages et deux couvents. Mais en 1406, le dix-septième évê

[1] J. M. (*American Papers*, 1848).

que qui s'y rendit trouva la côte fermée par la glace et inaccessible. Depuis cette époque il ne paraît pas que la colonie ait eu aucun rapport avec le reste du monde, quoiqu'on ait fait beaucoup de tentatives pour arriver jusqu'à elle.

En 1822, près du cap Nord, dans le lieu le plus sauvage et le plus affreux de l'univers, vivait parfaitement content de son sort un négociant avec une femme et des enfants fort bien élevés. Ils demeuraient dans l'île de Mageroe, habitée par des Lapons, des rennes et des renards, lesquels — nous parlons des renards — étaient remarquables par leur intelligence.

Laissant aux Anglais leurs tyranniques maisons de travail pour les pauvres, les Hollandais ont adopté le système chinois, et ont fondé une colonie de familles indigentes. Sept acres de terre sont alloués à chacune, et 5,825 francs sont dépensés en maison et frais d'établissement. Cette colonie est administrée dans un esprit libéral, et chaque famille, après avoir pourvu à sa subsistance, a encore de 200 à 250 francs de profit par année.

— *Staten Island*, dans les Etats-Unis, a dix-huit milles de longueur sur sept de largeur. Cette charmante île, dont l'air est très-sain, et qui s'élève si gracieusement sur les eaux, fut vendue en 1657 aux colons hollandais par les Indiens, pour dix chemises, trente paires de bas, dix fusils, trente lingots de plomb à faire des balles, trente livres de poudre, douze vestes, trente chaudières, trente haches, vingt pioches et une boite de couteaux et d'alènes.

Si cette colonie ne coûta pas cher aux Hollandais, en voici une autre que les Anglais achetèrent pour quelques tonneaux de rhum.

En 1808, époque à laquelle l'Espagne ne pouvait rien refuser à ses alliés les Anglais, ceux-ci obtinrent le droit de bâtir quelques cabanes sur la rivière Balize et de couper des bois de teinture dans les forêts de Yucatan. Cette concession n'était que pour vingt ans.

En 1828, l'Angleterre, sommée d'évacuer le poste qu'elle occupait, refuse d'exécuter la convention.

Peu de temps après, le gouvernement britannique s'empara contre tout droit de l'île de Roatan, en avant du golfe de Honduras, île dépendante de Guatémala.

Ce n'est pas tout. L'Angleterre convoitait la possession de la côte de Honduras. Les officiers d'un bâtiment de guerre y descendirent et débarquèrent avec eux plusieurs tonnes de rhum. A grand renfort de toasts, ils firent faire à un pauvre chef de sauvages indiens de la tribu des Mosquitos un testament par lequel ce roi léguait en toute souveraineté ses prétendus Etats à la reine d'Angleterre.

Cette invention burlesque eut un plein succès.

Le testateur est mort en 1841, et les Anglais ont pris possession de leur héritage au milieu de l'ivresse de leurs nouveaux sujets. Le marché s'exécuta comme il avait été conclu entre deux tonneaux de rhum [1].

Amérique du Nord. — La variété des langues parlées sur le versant occidental des Montagnes Rocheuses est presque infinie, car on rencontre à peine deux tribus qui se comprennent parfaitement. Toutes ces langues ont pourtant un caractère commun; elles sont très-gutturales; et en fait, les phrases paraissent souvent n'être qu'un assemblage méthodique de grognements et de croassements [2] : les mœurs répondent au langage.

—Les sauvages qui peuplent le bassin de la Colombia, et ceux des autres fleuves qui descendent du versant occidental des Montagnes Rocheuses, sont beaucoup plus in-

---

[1] *Revue britannique*, janvier 1845.
[2] *Blackwood's Edinburgh Magazine*, 1847.

sociables et plus cruels que les habitants des bassins orientaux, et la tribu des Ballabollas l'emporte à cet égard sur toutes les autres tribus, comme aussi sa soumission aux volontés de ses chefs nous semble de nature à décourager l'émulation du plus fanatique partisan de la royauté dans cette Europe abâtardie par la civilisation.

« Les chefs, dit sir George Simpson[1], ont un pouvoir immense ; ils forcent leurs sujets à exécuter leurs ordres, si abominables qu'ils soient, et à supporter les plus atroces douleurs, la mort même, sans autre motif que la satisfaction de leurs féroces caprices. Dernièrement, le chef actuel, qui se sentait dangereusement malade, ordonna de fusiller un de ses sujets, et ce remède héroïque lui rendit sur-le-champ, à ce qu'il prétendit, la santé et les forces qu'il avait perdues. D'autres fois, ils appellent la religion à leur aide, et commettent, sous prétexte de démence, les plus horribles cruautés. Ils vont dans les bois, broutant l'herbe comme Nabuchodonosor, ou ils rôdent çà et là, rongeant quelque membre d'homme mort. Puis, cédant à l'entraînement de leurs caprices, ils se ruent au milieu de leurs sujets, enlevant à belles dents des bouchées de chair des bras et des jambes de ceux qu'ils rencontrent et les avalent gloutonnement. Les infortunées victimes ne font jamais de résistance ; seulement, dès qu'un Ballabolla aperçoit son souverain, il prend ses jambes à son cou, de peur d'être mangé tout vivant. Un de ces cannibales couronnés se donnait récemment cette auguste distraction à la porte du fort ; il venait d'enlever d'un coup de dent un large beefsteak du bras d'un de ses sujets ; et le pauvre diable

---

[1] *Narrative of an Overland Journey round the World by sir George Simpson, governor in chief of the Hudson's bay Company's territoires in North America.*

eut l'irrévérence de ne pas retenir un cri perçant que lui arracha la souffrance. A ce cri, le chien de M. Ross, sans respect pour les droits de la royauté ballabollienne, prit hautement le parti de la victime, et happant le chef à la jambe, comme pour le punir de sa stupide barbarie et mettre fin à cet infâme divertissement royal, il ne lâcha prise que sur l'ordre de son maître. Néron, c'était le nom de cet honnête chien, ne fut pas tué par les Ballabollas, comme l'avait craint M. Ross ; loin de lui en garder rancune, ils conçurent pour lui une profonde vénération, car ils se dirent qu'il avait éprouvé le même besoin et cédé à la même inspiration que leur chef.

Californie. — Nous trouvons dans le même voyage, les détails suivants qui, curieux pour eux-mêmes en tous temps, le deviennent encore plus aujourd'hui, que tout ce qui concerne la Californie excite un intérêt si vif et si général.

« La fertilité de la Californie est sans bornes ; elle produit tout ce qu'il est possible de désirer. La vallée de Zulares, par exemple, pourrait, à elle seule, nourrir plusieurs millions d'habitants. Ses lacs et ses fleuves sont remplis des meilleurs poissons. Toutes les espèces d'arbres connues croissent dans ses forêts, et certains arbres y atteignent des proportions telles, que l'esprit se refuse à en croire les témoignages les plus irrécusables. L'un d'eux entre autres, avait cent dix-huit pieds de circonférence, lorsque Humboldt le mesura ; et cependant, comparé à celui dont le gouverneur de la Nouvelle-Archangel, M. Etholine, a parlé à sir George Simpson lors de son séjour à Sitka, ce bel arbre n'était qu'une simple badine d'amateur. D'après les vérifications faites par M. Etholine lui-même, cet arbre vraiment phénoménal avait deux cent cinquante-deux pieds de circonférence et soixante-quinze pieds de hauteur, de telle sorte que, s'il eût été taillé en cône, il aurait contenu environ vingt-deux mille tonneaux de bois et d'écorce. En outre, cette vallée renferme d'immenses troupeaux de chevaux sauvages, qui errent par bandes de plusieurs milliers. »

Iles Falkland — La chambre des Communes d'Angleterre a fait imprimer une suite de documents sur les îles Falkland, auxquels nous empruntons les renseignements suivants.

Le groupe des îles Falkland, ou îles Malouines, se compose de deux îles principales, l'île Falkland *(West Falkland)* et l'île Soledad *(East Falkland)*, et d'environ deux cents autres petites îles semées tout autour.

Améric Vespuce vit le premier les îles Falkland, en 1502. Le capitaine anglais Davis et sir Richard Hawkins y abordèrent, l'un en 1592, l'autre deux ans après. En 1689, l'amiral anglais Strong s'engagea dans le détroit qui sépare les deux îles principales, et lui donna le nom de son protecteur, lord Falkland, nom qui passa bientôt à tout l'archipel. Durant la guerre de la succession d'Espagne, de 1701 à 1707, des navires français de Saint-Malo nommèrent les mêmes îles, *îles Malouines*. Le nom d'*îles de l'Assomption* leur fut donné vers 1708, par d'autres navigateurs de Saint-Malo; mais il fut bientôt oublié. En janvier 1765, le commodore Byron prit possession des îles Falkland au nom de George III.

Les Français furent les premiers à s'établir aux îles Malouines. Dès 1764, Bougainville avait formé sur l'île Soledad la colonie de Port-Louis, qui, trois ans après, fut vendue à l'Espagne pour la somme de 600,000 livres. Peu de temps après, la Grande-Bretagne, qui elle-même avait fondé, en 1766, l'établissement de *Fort-George* sur l'île Falkland, alors nommée *Hawkin's Maiden-Land*, réclama de l'Espagne la souveraineté exclusive des îles Falkland, alléguant qu'elles avaient été découvertes par des Anglais. Il s'ensuivit une rupture avec l'Espagne, qui détruisit en 1770 la petite colonie de Fort-George, mais qui, après bien des débats, finit par admettre les réclamations de la Grande-Bretagne.

C'est en 1840 qu'ont été jetés les premiers fondements du nouvel établissement que l'Angleterre a formé aux îles Falkland. C'est surtout comme point de relâche et de ravitaillement, que l'Angleterre en paraît apprécier l'utilité.

Chine. — La surface de la Chine proprement dite est d'environ 1,298,000 milles carrés, ce qui représente les trois cinquièmes de l'empire de Russie, ou les deux cinquièmes de l'Australie. Sa population actuelle est de 367,000,000 d'individus, et c'est ce chiffre qui nous paraît incompréhensible. Cependant, si on le compare avec l'espace occupé, il n'est pas aussi énorme qu'il le semble au premier abord. C'est à peu près deux acres et un tiers de terrain par individu, — un peu plus que la moyenne en Angleterre et dans le pays de Galles, qui est d'environ deux acres par personne. Il est vrai que, dans quelques provinces de l'empire, les états de population donnent une moyenne de plus de 700 individus par mille carré ; mais, d'après le dernier recensement, le comté de Lancaster comptait environ 800 individus par mille carré, pour ne pas parler du Middlesex, qui donne une moyenne de 5,000, ni du Surrey, qui en a 700 par mille carré. Il est à remarquer aussi que ces parties populeuses de la Chine sont sur les côtes, que les Européens ont pu y pénétrer, et qu'il est constant qu'elles sont très-fertiles et abondamment pourvues de toutes les ressources nécessaires pour nourrir leur population.

Les états chinois des terres sujettes à l'impôt et livrées à la culture du riz donnent près d'un demi-acre de ces terres par individu; et l'on assure que, dans les provinces méridionales et bien arrosées, il n'est pas rare du tout de faire, dans une année et sur un même champ, deux récoltes de riz, une de blé et une de légumes. Or, toute la surface arable de l'Angleterre et du pays de Galles n'excède pas 10,500,000 acres, ce qui donne un peu plus d'un demi-acre par tête; et l'Angleterre a en outre à nourrir environ 1,800,000 têtes de bétail et de chevaux et 8,000,000 de moutons et de porcs. Les Chinois ont peu de chevaux, ce sont des hommes qui font chez eux la plupart des travaux de fatigue; ils ont peu de bétail, ils font servir leurs chiens mêmes à leur nourriture, et ne donnent à leurs porcs que les rebuts qui ne peuvent être appliqués plus directement à l'alimentation des hommes.

Il est souvent d'une grande importance de bien tenir compte de la géographie dans l'appréciation, nous ne disons pas seulement des faits, mais des caractères historiques. En voici un exemple dont la forme légère ne diminue en rien l'autorité, et dont on ne peut pas dire que la rime y nuise à la raison; car rarement une raillerie plus fine a été mise au service d'une idée plus juste. Il est presque inutile d'ajouter qu'il s'agit de Voltaire.

> J'entends ici des pédants à rabats,
> Tristes censeurs des plaisirs qu'ils n'ont pas,
> Qui, me citant Denys d'Halicarnasse,
> Dion, Plutarque, et même un peu d'Horace,
> Vont criaillant qu'un certain Curius,
> Cincinnatus, et des consuls en *us*,
> Bêchaient la terre au milieu des alarmes,
> Qu'ils maniaient la charrue et les armes;

Et que les blés tenaient à grand honneur
D'êtres semés par la main d'un vainqueur.
C'est fort bien dit ; mes maîtres, je veux croire
Des vieux Romains la chimérique histoire.
Mais, dites-moi, si les Dieux par hasard
Faisaient combattre Auteuil et Vaugirard,
Faudrait-il pas, au retour de la guerre,
Que le vainqueur vînt labourer sa terre ?
L'auguste Rome, avec tout son orgueil,
Rome jadis était ce qu'est Auteuil.
Quand ces enfants de Mars et de Sylvie,
Pour quelque pré signalant leur furie,
De leur village allaient au champ de Mars,
Ils arboraient du foin pour étendards,
Leur Jupiter, au temps du bon roi Tulle,
Était de bois ; il fut d'or sous Lucullre.
N'allez donc pas, avec simplicité,
Nommer vertu ce qui fut pauvreté.

Prusse. — Le *Grand-Electeur*, Frédéric-Guillaume, s'était assuré en 1660, par le traité d'Oliva, la souveraineté de la Prusse. Il avait deux millions de sujets, une armée de vingt-sept mille hommes et un revenu de 1,533,795 écus : Frédéric Ier se couronna lui-même roi de Prusse en 1701, et ajouta à son royaume les comtés de Mecklembourg et Hohenstein et la principauté de Neufchâtel.

Son successeur Frédéric-Guillaume Ier rendit la Prusse maîtresse d'une des embouchures de l'Oder, et ouvrit à son commerce la mer Baltique en acquérant en 1720, pour deux millions, la Poméranie intérieure jusqu'aux bords de la Péene, ainsi que la forteresse de Stetin, et les iles d'Usedom et de Wollin. Il laissa en mourant deux millions quatre cent mille sujets, une armée de soixante-seize mille hommes et un revenu de 30,000.000 de livres tournois.

Frédéric II acquit par les armes la Silésie, dont la population, qui était de onze à douze cent mille hommes. monta sous son règne à deux millions soixante-cinq mille et pacifiquement l'Ost-Frise, la Prusse occidentale et le district de Netze. Ses Etats à sa mort comptaient dix mille lieues carrées, cinq millions huit cent trente mille sujets ; son revenu était de 120,000,000 de livres tournois, et son armée de deux cent seize mille hommes.

Les second et troisième démembrements de la Pologne agrandirent la Prusse de deux provinces, qui furent appelées Prusse méridionale et Prusse orientale nouvelle. C'étaient environ deux millions trois cent mille âmes de plus. Les principautés d'Anspach et de Bayreuth, dont il hérita, valurent à Frédéric-Guillaume II quatre cent vingt mille hommes de plus.

Frédéric-Guillaume III, en échange du duché de Clèves et de ses dépendances, obtint les évêchés de Paderborn, de Hildesheim, de Munster (en partie) les territoires d'Erfort et d'Eisfeld, six abbayes, trois petites villes impériales; c'est-à-dire 609 lieues carrées au lieu de 131, cinq cent treize mille habitants au lieu de cent-trente-trois mille.

En 1805, la monarchie prussienne comprenait 15,516 lieues carrées, et une population de 9,640,000 âmes.

L'extrait suivant est tiré d'un article qui a paru dans la *Revue Britannique*, du mois d'avril 1847, sous le titre de *Statistique de la Prusse*. Ces sortes de résumés, qui sont le produit d'une foule de longues et laborieuses recherches, renferment des renseignements à la fois curieux et utiles, et en reproduisant celui-ci, nous avons l'espoir d'épargner beaucoup de temps et de peine à plus d'un de nos lecteurs.

« La Prusse est partagée en deux par des territoires étrangers. La partie orientale, où la capitale est située, comprend les quatre cinquièmes de toute la superficie du royaume. L'autre cinquième forme la partie occidentale. La première de ces deux grandes divisions a une étendue de frontières de 2,500 milles, dont 1,890 milles sont une frontière de terre, le reste une frontière maritime. Au nord, à l'est, au sud, ces frontières sont bien dessinées. C'est, au nord, la Baltique pour 408 milles ; à l'orient, le territoire russe pour environ 704 milles, et la république de Cracovie, aujourd'hui incorporée à l'Autriche, pour 12 milles environ ; au sud, l'Autriche pour 552 milles et la Saxe pour 140. La frontière occidentale, au contraire, longue de 706 milles, est extrêmement irrégulière et compliquée. Elle sépare la Prusse d'un grand nombre de petits États de la confédération germanique, dont plusieurs sont enclavés et quelques-uns complétement enveloppés dans le territoire prussien. Réciproquement certaines parties de ce territoire sont isolées de la masse et entourées par les petits États voisins. Les frontières de la division occidentale ont une étendue d'environ 1,044 milles, dont 91 seulement longent des territoires non Germaniques, 56 la Belgique et 65 la France. La frontière occidentale de cette deuxième grande division de la Prusse a une étendue de 279 milles, et pour confins le Luxembourg et le Limbourg ; la frontière septentrionale (176 milles), le royaume de Hanovre ; la frontière méridionale (160 milles), la Bavière, la Hesse et une portion détachée du duché d'Oldenbourg ; la frontière orientale, enfin, qui n'est pas moins embrouillée que la frontière occidentale de l'autre division, et dont l'étendue est de 558 milles, ne confine pas avec moins de huit États de la Confédération germanique. Le plus court chemin, en droite ligne, entre les deux portions disjointes de

GÉOGRAPHIE.

a Prusse, est d'environ 30 milles. Les territoires étrangers qui les séparent sont principalement le Hanovre, le duché de Brunswick, la Hesse électorale et les principautés de Lippe. Avec une superficie de 78,790 milles carrés, la Prusse a 5,344 milles de frontières. Mais sur les 15/20 de cette étendue, elle touche à des États qui font partie comme elle de la Confédération germanique ; sur 4/20, elle a la Russie pour voisine ; sur 1/40, la France et la Belgique ; le reste est une côte maritime.

80 sur 100 des habitants de la Prusse sont Allemands ; mais non pas de pure descendance germanique, car la population a été fortement croisée par la race française dans les provinces occidentales ; et les provinces orientales elles-mêmes ont été colonisées à diverses époques par des masses d'émigrants hollandais et français. Toutefois, les descendants de ces colons sont complétement germanisés. A la fin de 1843, la population totale du royaume était évaluée à 15,750,000 âmes. Les trois millions et demi d'habitants qui n'appartiennent pas à la race germanique, sont les Slaves résidant en Prusse, en Poméranie, dans la province de Posen et en Silésie ; environ 75,000 âmes, près de la France et de la Belgique, qui parlent un patois français ; un petit nombre de juifs et de Bohémiens. Dans le duché de Posen, les deux tiers de la population sont slaves. Les Slaves de cette province seulement forment 1/18 de la population totale du royaume, et les Slaves de toutes les provinces 1/15 environ. En 1840, la densité moyenne de la population en Prusse était de 180,000 habitants par mille carré ; en Poméranie, environ 119 ; dans la province Rhénane, 343 ; dans le Brandebourg, 165. Sur les 1,857,000 habitants du Brandeboug, le gouvernement de Potsdam, dans lequel est situé Berlin, en contient seul 1,087,200.

Les 14,907,091 habitants de la Prusse, en 1840, se divisaient ainsi sous le rapport des cultes :

Protestants	9,084,481
Catholiques romains	5,612,556
Membres de l'église grecque	1,257
Memnonites	14,474
Juifs	194,525

Sans compter les Bohémiens.

Russie. — La Russie était si peu connue en 1553 que des vaisseaux anglais découvrirent le port d'Archangel. Mais notre siècle peut-il rire de l'ignorance du seizième, quand nous voyons un voyageur moderne, un Écossais, prétendre que les paysans russes sont de telles brutes, qu'il les battait souvent, pour s'assurer qu'ils étaient animés.

Si la moitié du sol russe était productive, et Cochrane la représente telle, elle pourrait nourrir dix fois autant d'hommes qu'en contient la terre.

La part de la Russie dans le partage de la Pologne a été de 220,000 milles carrés. Avant ce partage, la population de la Pologne était de 4,088,209 âmes, dont 3,471,282 catholiques, et 584,263 juifs. Il y avait 2,369 prêtres, 1,783 moines et 354 religieuses ; 62 synagogues ; 2 mosquées et 43 chapelles protestantes.

Il résulte d'un rapport du ministre de l'intérieur en Russie, que la totalité des sujets russes appartenant aux confessions étrangères s'élevait en 1849 à 8,785,719 individus des deux sexes; 4,911,459 individus appartenant aux cultes chrétiens, et les 3,874,260 restant étaient mahométans, israélites ou idolâtres. Le nombre des catholiques romains était de 2,760,764, avec 2,264 églises ; celui des catholiques arméniens de 20,000, avec 44 églises; celui des Arméniens grégoriens de 554,521, avec 1,017 églises ou chapelles. Le culte protestant comptait 1,752,299 individus avec 900 églises. Le nombre des Mahométans était de 2,286,983, et celui de leurs mosquées de 6,084. Le culte de Lama comptait 245,209 adeptes et 293 maisons de prières, et le nombre des autres idolâtres était de 155,343.

En général, les peuples ne changent pas continuellement de capitale. On ne pourrait guère citer que les Russes qui soient dans ce cas. Ils en sont à leur cinquième. Ils ont eu :

1° *Novgorod-Véliki*, ou Novgorod-la-Grande, située entre Pétersbourg et Moscou, à 57 lieues de l'une et à 112 de l'autre, et dont la population s'éleva à 400,000 habitants ; celle-là même, dont on disait : Qui peut résister à Dieu et à Novgorod la Grande ;

2° *Kiev*, située dans la Russie méridionale aux bords du Dniéper, ville dont la richesse était telle que les Grecs l'appelaient la Capoue du nord, et que l'incendie de 1124 y détruisit, dit-on, 600 églises. Comme Constantinople, elle avait une porte d'or.

3° *Vladimir*, pauvre ville de 5,000 ames aujourd'hui, située à 40 lieues à l'est de Moscou, qui enleva à Kiev, au douzième siècle, son titre de métropole pour se le voir arracher à son tour, 170 ans après ;

4° *Moscou*, qui succéda à Vladimir et dont nous ne parlerons pas comme étant trop connue ;

5° *Pétersbourg*, où la politique de Pierre le Grand transporta le siége de l'empire et dont nous ne dirons rien par la même raison.

On a dit que le Turc avait l'air de n'être que campé en Europe : ne pourrait-on pas dire aussi justement que le Russe a l'air de n'être que campé en Russie ? Ne ressemble-t-il pas à ces gens d'humeur inquiète qui changent sans cesse d'appartement? Et malgré tout le faste qu'il y étale, ne paraît-il pas déjà dégoûté du dernier qu'il a choisi, et n'était-il pas tout disposé à déménager une sixième fois, si la France et l'Angleterre eussent bien voulu le lui permettre? Au fait, ses logements ont toujours été au nord, il était naturel qu'il en désirât un au midi, et l'Angleterre aurait dû comprendre ce désir, elle qui attache du prix au comfort. Quant aux Turcs, puisqu'ils n'ont pas fait de bail, ils devraient aussi ne pas faire difficulté de déloger. Nous ne croyons pas cependant que nous ayons à inscrire bientôt comme sixième capitale de la Russie, Constantinople, et ajoutons que nous ne le désirons pas.

Voici maintenant quels ont été les progrès de la population russe depuis Pierre 1er jusqu'à Alexandre :

A l'avénement de Pierre Ier	en 1689	15,006,000
— de Catherine	1762	25,000,000
A la mort de Catherine	1796	53,000,000
— d'Alexandre	1825	58,000,000
— de Nicolas	1855	

Avec une population si mal logée et si mal nourrie que l'est la grande majorité du peuple russe, cet accroissement rapide ne saurait être attribué aux mêmes lois naturelles qui agissent sur les contrées tempérées de l'Europe. Le mot de l'énigme est dans les acquisitions de territoire qu'a faites la Russie pendant cette période d'années; ainsi :

Les acquisitions de la Russie sur la Suède, sont plus considérables que ce qui reste de ce royaume.

Les acquisitions sur la Pologne équivalent presqu'à tout l'empire d'Autriche.

Les acquisitions sur la Turquie d'Europe, sont plus étendues que tous les États de la Prusse, à l'exclusion des Provinces-Rhénanes.

Les acquisitions sur la Turquie d'Asie égalent presque en étendue l'ensemble des petits États d'Allemagne.

Les acquisitions en Perse égalent en étendue l'Angleterre.

Les acquisitions en Tartarie ne sont pas inférieures à l'espace que couvrent la Turquie d'Europe, la Grèce, l'Italie et l'Espagne.

Les acquisitions que la Russie a faites dans les soixante-quatre dernières années égalent en étendue et en importance tout l'empire qu'elle avait en Europe il y a soixante-quatre ans.

La frontière russe s'est avancée

Vers Berlin, Dresde, Munich, Vienne et
   Paris de.................................. 700 milles.
Vers Constantinople................... 500
Vers Stockholm....................... 630
Vers Teheran......................... 1,000 (1).

De cette contrée, de ce monde, dont on parle tant, passons à un pays dont jusqu'ici on n'a guère parlé.

KORDOFAN. — Le Kordofan ne figure pas sur les cartes modernes, nous croyons donc que les détails que nous allons extraire d'un article du *Foreign Review* n'en paraîtront que plus intéressants.

Le Kordofan est situé entre le Gennaar et le Darfour, du 12 au 15ᵉ degré de latitude. Il a pour ville capitale Lobeid, qui occupe le point central de la province et qui

---

¹ *Revue britannique*, octobre 1845.

se trouve sous le 30ᵉ degré de longitude orientale. Le Kordofan est borné, au nord, par le désert de Dongola, et à l'ouest par le Darfour; au sud il n'a point de limites bien précises; il s'allonge ou se resserre, suivant le nombre plus ou moins grand de tribus nomades qui se décident à payer tribut et à reconnaître l'autorité du vice-roi d'Egypte. Le Bahr-el-Abiad ou Nil-Blanc coupe le Kordofan dans sa partie orientale; mais le fait est que les pâturages qui bordent le cours de ce fleuve sont occupés par des troupeaux du Sennaar, et que les habitants du Kordofan ne cherchent en aucune manière à s'approprier les riches prairies, sur lesquelles ils pourraient cependant avoir des droits, à l'exception de cette portion de territoire que le Nil-Blanc en détache. Cette province forme un tout complet : elle n'est divisée par aucun fleuve, par aucune chaîne de montagnes; elle présente, dans toute son étendue, une suite d'oasis qui, pendant la saison pluvieuse, sont couvertes de la plus riche végétation, mais qui pendant huit mois de l'année, c'est-à-dire pendant la saison des chaleurs et de la sécheresse, offrent l'aspect de la stérilité et de la désolation. Pendant cette dernière période, le thermomètre s'élève quelquefois et à l'ombre jusqu'à 40 degrés Réaumur.

Pendant la saison des pluies, le climat exerce une influence extrêmement pernicieuse, non-seulement pour les étrangers, mais même pour les indigènes. C'est à peine si on trouve une habitation où les fièvres ne sévissent pas. Aussitôt que la saison sèche commence, les fièvres disparaissent; mais alors le contraste des chaleurs brûlantes du jour et de la froide humidité de la nuit cause des maladies qui amènent souvent une mort presque immédiate.

Cette contrée était d'abord tributaire du Sennaar, elle ut conquise par le sultan de Darfour, et sous ces deux dominations étrangères les habitants paraissent avoir été relativement heureux. Mais depuis que le Kordofan est tombé sous le joug du pacha d'Egypte, le pays a perdu son air de prospérité, et l'on trouve des villages, des villes entièrement vides et solitaires, les habitants ayant cherché un refuge sur le territoire de Darfour [1].

Paris. — Dans l'obligation où nous sommes de borner le choix de nos curiosités, il est tout naturel que nous le portions de préférence sur notre pays. N'est-ce pas ce que nous avons le plus besoin de connaître, et souvent ce que nous connaissons le moins?

A une époque où l'on attachait beaucoup d'importance à l'ancienneté de la généalogie, on devait nécessairement avoir autant d'amour-propre pour son pays que pour soi-même, et ce fut une lutte entre les anciens chroniqueurs à qui doterait les Parisiens de la plus antique origine. Les plus généreux ont été jusqu'à faire remonter notre arbre généalogique au déluge, ou peu s'en faut, car ils le reportent à Samothès, fils de Japhet.

D'autres, dont la modération a eu plus de succès, se contentent d'attribuer la fondation de Paris à un fils d'Hector, Francus, qui, ayant survécu à la prise de Troie, vint réfugier dans les Gaules dont il obtint la couronne, et où après avoir bâti Troyes en Champagne, il vint construire Paris, auquel il donna le nom de l'auteur de ce siége funeste, du ravisseur d'Hélène, qui était son oncle.

Selon M. Dulaure, nous aurions pour pères une réunion d'étrangers, chassés aussi de la Belgique par la guerre, et émigrés sur les bords de la Seine et sur la frontière des Sennones, ce qui lui valut le nom de Parisiens qui, en Gaule, voulait dire habitants des frontières.

---

[1] *Revue britannique*, février 1844.

Quoi qu'il en soit, ce n'est que dans les commentaires de César que commence leur histoire positive, et, jusqu'à preuve du contraire, les Romains peuvent se vanter d'être plus nobles que nous de sept siècles, car ce fut cinquante-quatre ans avant l'ère chrétienne que nos ancêtres qui occupaient l'île de la Cité et qu'ils nommaient Lutèce ou Leucotèce, furent conquis par Labienus, lieutenant de César.

PARIS SOUS LES ROMAINS. — Le *Magasin pittoresque* en a donné un plan que nous aurions voulu pouvoir reproduire; mais dont la nature de notre ouvrage ne nous permet de donner que la description abrégée.

Jusqu'au cinquième siècle la Cité n'eut pas d'autre enceinte que la Seine; elle ne fut entourée de murs qu'à la fin de la domination romaine. Elle était traversée du sud au nord par une grande rue qui reliait deux ponts, appelés le Grand-Pont et le Petit-Pont, le premier placé à l'endroit où se trouve aujourd'hui le Pont-au Change; le second à l'endroit où est celui qui a conservé son nom.

Jusqu'au quatrième siècle, toute la partie comprise entre la rive droite de la Seine et les hauteurs de Charonne, de Ménilmontant, de Montmartre, de Clichy et de Chaillot, n'était qu'un désert couvert de bois et de marais. Ce fut à dater de cette époque, que les Romains commencèrent à y construire.

Une voie qui partait du Pont-au-Change fut dirigée jusqu'au marché des Innocents. Là elle se divisait en deux branches dont une gagnait Clichy par la rue Montmartre, et de là le bourg de l'Estrée, près Saint-Denis, puis Pierre-Laie et Pontoise, et l'autre prenait la direction de Saint-Denis, de Pierrefitte, etc. Une troisième suivait celle de la rue Saint-Antoine.

Au midi le faubourg Lucotitius était traversé aussi par

deux artères principales. La plus grande, partant du Petit-Pont, montait la rue Saint-Jacques et se dirigeait par Issy sur Orléans. L'autre, sortie de la première, à l'endroit où la rue Galande débouche dans celle Saint-Jacques, arrivait rue Mouffetard par la rue de la Montagne-Sainte-Geneviève.

Lutèce n'était pas métropole, et dépendait de la province Lyonnaise. C'est à Julien que Paris doit son nom et son titre de Cité. C'est en 588 qu'il tomba au pouvoir des Francs.

« Entre les boulevards et la rivière, depuis le terrain où est à présent l'arsenal jusqu'à Montmartre, représentons-nous donc les restes d'un bois marécageux; de petits champs, des cultures[1], des haies, des fossés, et quatre ou cinq bourgs [2] plus ou moins éloignés les uns des autres; quelques rues bien boueuses [3] autour du grand Châtelet et de la Grève; un grand pont pour arriver dans une petite île qui n'était habitée, dit Legendre, que par des prêtres, quelques marchands et des ouvriers; un autre pont pour en sortir du côté du midi, et au delà de ce pont et du petit Châtelet, trois ou quatre cents maisons éparses çà et là sur le bord de la rivière et dans les vignes qui

---

[1] Les rues Culture-Sainte-Catherine et Culture-Saint-Gervais (on prononçait coulture), s'appellent ainsi de ce mot qui signifiait des endroits propres à être cultivés.

[2] Le bourg Thiboust, les bourgs l'Abbé et Beaubourg, et l'ancien et le nouveau bourg de Saint-Germain-de-l'Auxerrois; ils furent en partie renfermés dans l'enceinte que fit faire Philippe-Auguste, et qui fut achevée en 1215. Les rues de ces bourgs en ont toujours conservé les noms. Le commissaire de la Marre convient qu'ils étaient séparés de Paris et de ses faubourgs par des prés, des marais et des terres labourées; on peut juger par là de l'étendue des faubourgs.

[3] Paris ne commença à être pavé qu'en 1184.

couvraient les environs de la montagne de Sainte-Geneviève : tel était Paris sous nos premiers rois de la troisième race [1].

PREMIÈRE ENCEINTE DE PARIS. — La Cité qui n'avait pas eu d'abord d'autre enceinte que les eaux de la Seine, finit, selon toute apparence, par en avoir une de pierre, comme les autres cités de la Gaule, vers la fin de la domination romaine.

Sous Childebert, vers le milieu du sixième siècle, Paris avait une enceinte de murs, une porte, une tour. Cette tour, Dulaure ne pense point qu'elle fît partie du mur d'enceinte ; c'était une sorte de forteresse, située à l'extrémité occidentale de l'île.

En 885, les invasions des Normands obligèrent à de nouvelles fortifications. Aucune construction ne défendait les faubourgs du midi et du nord ; mais les deux ponts en bois étaient protégés par des tours en bois aussi, mais posées sur des massifs de maçonnerie.

« Cité de Paris ! dit Abbon dans son poëme sur le siége de Paris [2], tu es heureuse d'être placée dans une île : un fleuve te serre doucement dans ses bras, et circule à l'entour de tes murailles ; à ta droite comme à ta gauche, des ponts qui s'étendent jusqu'aux rives opposées sont fermés par des portes, et protégés par des tours élevées, tant du côté de la Cité qu'au delà des deux bras de la rivière. »

Paris eut beaucoup à souffrir sous la seconde race. Charlemagne par sa gloire même, ses descendants par leur incapacité, les Normands par leurs ravages contribuèrent à

---

[1] *Essai historique sur Paris*, de Saint-Foix, pages 18 et 19.

[2] Abbonis, *Monachi Sancti-Germani à pratis, poemata de Bello parisiacæ urbis*, lib. 1, vers. 15.

sa décadence. Elle n'était plus une capitale, le siège de la royauté : un écrivain de cette époque l'appelle la plus petite ville de la Gaule, *magnitudine cæteris urbibus inferiorem* [1].

DEUXIÈME ENCEINTE DE PARIS. — Louis VI, dit *le Gros*, eut le premier, à ce qu'il paraît, l'idée de clore de murs les faubourgs du nord et du midi, pour résister aux agressions des seigneurs ses vassaux. Voici, selon Dulaure, le tracé de cette seconde enceinte.

Au nord, le mur devait partir de la rive droite de la Seine, dans le voisinage de l'église de Saint-Germain-l'Auxerrois. Le nom de cette rue indique qu'il a dû y exister longtemps des fortifications.

Le mur devait suivre cette rue dans toute sa longueur, celles de Béthisi, des Deux-Boules, les rue et place du Chevalier-du-Guet, la rue Perrin-Gosselin et aboutir à la rue Saint-Denis. Là était une porte de ville, située au nord, en face et à peu de distance du grand Châtelet.

De cette porte qui devait être au point de jonction des rues d'Avignon et de Saint-Denis, le mur suivait la rue d'Avignon, celle des Ecrivains, enserrait l'église de Saint-Jacques-de-la-Boucherie, et atteignait la rue des Arcis, où se trouvait une autre porte de ville, par laquelle on passait pour aller à Saint-Merri, et nommée la porte ou l'archet de Saint-Merri.

De là, le mur aboutissait, par les rues Jean-Pain-Mollet et Jean-l'Epine, à la place de Grève, et de cette place au bord de la Seine où se terminait, du côté du nord, la seconde enceinte.

Cette seconde enceinte finissait donc en 1141 à la place de Grève ; mais plus tard, à une époque inconnue, le mur

---

[1] Michaelle Syncelle, *Valesii notitia Galliarum*, page 459.

fut prolongé jusqu'au bourg du Monceau Saint-Gervais qu'il entoura.

Ce ne fut que vingt ans plus tard que la partie méridionale de Paris fut à son tour close d'une muraille. Cette clôture commençait au Petit-Pont renfermait la place Maubert, et finissait au bord de la rivière, vis-à-vis de l'endroit où est aujourd'hui la rue de Bièvre, ainsi appelée de la petite rivière de ce nom, laquelle venait alors se jeter dans la Seine auprès de la place Maubert. Dans la suite, on en changea le cours.

Troisième enceinte de Paris. (Partie septentrionale.) — Le tracé du troisième mur d'enceinte, dû à Philippe-Auguste et commencé en 1190, fut achevé en 1211. Il commençait sur la rive droite de la Seine, à quelques pas au-dessus de l'extrémité septentrionale du pont des Arts, où s'élevait une grosse tour ronde qui, pendant plusieurs siècles, a gardé le nom significatif de *Tour qui fait le coin*, et traversait le terrain qui forme aujourd'hui les rues Saint-Honoré (précédemment de la Charronnerie), Coquillière, des Deux-Ecus, Montmartre, Montorgueil, Saint-Denis, Bourg-l'Abbé, Saint-Martin, Sainte-Anne; elle renfermait le bourg de Saint-Germain-l'Auxerrois, une partie du Bourg-l'Abbé, le Beau-Bourg et le Bourg-Thiboust. Cette enceinte traversait l'endroit où nous voyons à présent la caserne de l'Ave-Maria, et finissait au pont Marie.

Du côté du midi, elle commençait au pont de la Tournelle, passait derrière Sainte-Geneviève, l'église Saint-Jacques, et se terminait au bord de la rivière, près du palais des Beaux-Arts. Cette muraille était flanquée d'espace en espace de fortes tours. Des quatre principales : la tour de *Nesle*, la tour de *Bois* ou du *Grand-Prévost*, la *Tournelle* et la tour de *Barbeau;* les deux premières gardaient le bas de la rivière ; les deux autres en défendaient le haut.

QUATRIÈME ENCEINTE DE PARIS. — Le commerce que faisait Paris avec les villes du nord amena de nouveaux accroissements qui s'étendirent plus au septentrion qu'au midi. On avait construit, pour faciliter le commerce, des maisons qui formèrent des faubourgs. Pour les garantir des excursions des Anglais, on les entoura de fossés et de murailles. C'est à peu près au règne de Charles V qu'il faut rapporter cette quatrième clôture. Elle fut commencée vers 1367, et ne fut achevée qu'en 1383, sous Charles VI. L'ancienne muraille fut reculée jusqu'au terrain de l'arsenal ; elle continuait le long des portes Saint-Antoine et Saint-Denis, longeait la rue de Bourbon-Villeneuve, traversait les rues du Petit-Carreau et Montmartre, la place des Victoires, le jardin du Palais Royal, la rue Saint-Honoré, près de l'ancien hospice des Quinze-Vingts, et allait finir au bord de la rivière, au bout de la rue Saint-Nicaise. Du côté du midi, on creusa des fossés au pied des murs de l'ancienne clôture, et les faubourgs qui étaient au delà furent ruinés, afin d'empêcher les ennemis de s'enrichir de leurs dépouilles.

François Ier fit abattre et rebâtir le Louvre avec plus de régularité. Par ses soins, un grand nombre de nouvelles rues facilitèrent la communication entre la ville et les faubourgs. Corrozet, qui vivait de son temps, commence ainsi, dans sa *Fleur des antiquités de Paris*, la description de la capitale :

> Cette ville est de onze portes
> Avec gros murs, qui n'est pas peu de chose ;
> Profonds fossés tout à l'entour s'étendent,
> Où maintes eaux de toutes parts se rendent.

> Lequel enclos sept lieues lors contient,
> Comme le bruyct tout comman le maintient;
> Puis, après, sont cinq grands ponts,
> Par-dessus l'eau, etc., etc.

CINQUIÈME ENCEINTE DE PARIS. — Charles IX renferma dans l'enceinte de nouvelles murailles le château des Tuileries, que Catherine de Médicis avait fait élever. Il posa la première pierre aux fondements de la *Porte Neuve*, appelée *Porte de la Conférence* sous Henri IV.

Celui-ci fit faire de grands changements au quartier Saint-Antoine, et achever le Pont-Neuf. Son projet d'embellir le Marais fut en partie exécuté sous Louis XIII.

SIXIÈME ENCEINTE DE PARIS. — Par lettres patentes du 26 avril 1672, Louis XIV ordonna que de nouvelles bornes seraient plantées à l'extrémité des faubourgs, et, pour en fixer les limites, il défendit de bâtir au delà. La clôture de l'Université fut démolie; on joignit la ville aux faubourgs. Le pont au Change, celui de la Tournelle et le pont Rouge (depuis pont Royal ou pont des Tuileries), qui n'étaient que de bois, furent construits en pierre. Sur l'emplacement des petites portes Saint-Denis et Saint-Martin, les arcs de triomphe actuels furent élevés. L'hôtel des Invalides, l'Observatoire, le Louvre, des pompes, des quais bordés de maisons, des places, et plusieurs autres édifices publics et particuliers, furent construits, avancés ou achevés sous ce règne.

SEPTIÈME ENCEINTE DE PARIS. — Forcé, par les derniers accroissements dont nous venons de parler, d'établir de nouvelles limites, Louis XV rendit une déclaration dont voici le précis :

« La ville de Paris doit être bornée à ce qui est renfermé d'arbres depuis l'Arsenal jusqu'à la porte Saint-Honoré, et de là, en suivant le fossé, jusqu'à la rivière; et de l'autre côté de la rivière, en suivant l'alignement des remparts désigné dans un plan, depuis la rivière jusqu'à la rue de Vaugirard; et de là, en suivant le rempart, jusqu'à la rue d'Enfer où il finit; de là en allant le long de la rue de la Bourbe, à côté du monastère de Port-Royal (ledit monastère étant hors de l'enceinte); et de là, allant aboutir à la rue Saint-Jacques, et en partie, par une rue qui est attenante des Capucins, allant gagner le boulevard qui est derrière le Val-de-Grâce; et dudit boulevard, en suivant la rue des Bourguignons, et en prenant à gauche au bas de ladite rue, suivant la rue de l'Oursine jusqu'à la rue Mouffetard; et de cette rue, entrant dans la vieille rue Saint-Jacques, autrement dite la rue Censière; et suivant cette dernière dans toute sa longueur jusqu'à la rue Saint-Victor, autrement nommée la rue du *Jardin-Royal*; et de là, côtoyant le Jardin-Royal jusqu'au boulevard qui aboutit à la rivière. »

HUITIÈME ENCEINTE DE PARIS. — Malgré cette déclaration, en 1762, Camus de Pont-Carré étant prévôt pour la seconde fois, un nouveau boulevard fut établi au couchant et au midi. Il s'étendit autour de la partie de la ville, située sur la rive gauche de la Seine, commençant à la barrière de Grenelle, au quinconce des Invalides, et se terminant à la barrière des Gobelins.

Afin que les faubourgs ne s'étendissent pas davantage, Louis XV défendit, par une déclaration du 16 mai 1765, de construire aucun bâtiment, sous quelque prétexte que ce fût, au delà des maisons qui terminaient alors chaque rue des faubourgs, du côté de la campagne. Par la même ordonnance, il fut aussi défendu d'ouvrir de nouvelles rues dans les faubourgs.

NEUVIÈME ENCEINTE DE PARIS. — Sous ce règne, on commença de construire le quartier de la Chaussée-d'Antin, et la ferme générale fit élever l'enceinte actuelle et la plupart des édifices qui ornent les barrières.

Nous devons faire ici une observation : c'est que les tracés que nous avons donnés ne sont authentiques qu'à partir de la troisième enceinte ; ceux des deux premières offrent beaucoup d'incertitude, vu l'obscurité des temps.

Une foule d'embellissements ont été faits à la capitale sous le règne de Napoléon. Pendant ces quelques années de guerres incessantes elle a acquis plus de splendeur qu'autrefois en un demi-siècle de paix ; mais son enceinte n'a pas été élargie ; Napoléon s'est borné à achever la construction des murs. L'enceinte continue, construite à grands frais sous Louis-Philippe, ne peut pas être considérée comme un agrandissement de Paris; mais pendant son règne, comme pendant la Restauration, de nouveaux quartiers se sont élevés, et le nombre des habitations et des habitants s'est prodigieusement accru.

Expériences. — Géographie conjecturale et imaginaire. — Il n'est pas de traité de géographie qui ne donne des détails suffisants sur l'étendue de notre globe, sur le nombre de lieues cubes dont sa masse se compose, sur les proportions relatives de la place qu'occupent la terre et l'eau; mais la façon originale dont R. Turner s'y est pris pour constater ce dernier point, mérite une mention dans un ouvrage tel que le nôtre. Voici ce qu'il raconte à ce sujet dans ses *Eléments de Cosmographie* [1] : ayant rassemblé tous les fuseaux en papier sur lesquels la terre est représentée dans son ensemble, et qui servent à couvrir un globe terrestre, il en découpa séparément les parties

---

[1] *Edit. franc.*, Paris, an XI, in-12, page 49.

qui figuraient la terre, et celles qui figuraient la mer. Puis les ayant pesées l'une après l'autre, il trouva que le poids de la terre était de 567 grains, et celui de la mer de 1,125, c'est-à-dire dans la proportion d'à peu près un à trois. Et, en effet, les calculs auxquels on s'est livré par d'autres procédés s'accordent à établir que la mer occupe environ les deux tiers de la surface du globe.

La mer a fourni à M. Halley le sujet d'une autre sorte d'expériences. Il a voulu se rendre compte de ce que sur une surface d'un degré ou de 25 lieues carrées il s'en évaporait par jour de tonneaux d'eau, et le résultat de ses calculs a été qu'à 2,000 livres le tonneau, elle en perdait 53,000,000. Si donc la Méditerranée a une surface de 160 degrés carrés, la déperdition par jour d'été doit être pour le moins de 5,280,000,000 de tonneaux, ou 10,560,000,000,000 livres d'eau. Or, quels sont ses revenus pour subvenir à une pareille dépense? Elle a neuf principaux tributaires, l'Èbre, l'Aude, le Rhône, le Tibre, le Pô, le Danube, le Dnieper, ou Borysthène, le Don ou Tanaïs et le Nil. Or les expériences qui ont été faites sur la Tamise donnent lieu de croire à M. Halley que, l'un dans l'autre ces fleuves versent chacun dans la Méditerranée 203,000,000 de tonneaux par jour, ce qui ne s'élève encore pour les neuf qu'à un chiffre de 1,827,000,000, c'est-à-dire qu'à un peu plus du tiers de son évaporation. Il faut donc croire que c'est sur le ciel qu'elle compte pour combler le déficit.

—Si la route du Nord était praticable, la distance pour aller en Chine serait réduite de moitié, c'est-à-dire de 7,000 milles à 8,000.

La mer du pôle antarctique n'a pas été explorée au delà de 71° 11, où elle présentait des plaines de glace impénétrables. Il paraît qu'il n'y a pas, comme on l'avait supposé, de continent méridional, mais simplement quelques îles stériles.

A la suite d'un voyage mystérieux [1], où il a recueilli les détails topographiques les plus exacts sur le ciel, l'enfer, les autres mondes et leurs habitants, Swedenborg nous apprend que les Hollandais occupent la partie méridionale du ciel; les Suédois demeurent vers le nord; ceux des Anglais dont la conduite a été guidée par la foi et la charité, en habitent le centre, parce qu'ils connaissent mieux la Bible, attendu qu'ils ont ici bas une entière liberté de penser, de parler et d'écrire.

Il y a dans l'autre monde des villes semblables à Londres: les Anglais s'y rendent naturellement après leur mort. Les villes hollandaises ont une structure singulière; les habitants en sont très-défiants : si un espion y entre, c'est lui qui est espionné.

Les Juifs ont pour gouverneurs des Juifs convertis au christianisme, et attentifs à punir ceux qui parlent mal de Jésus-Christ. Ils font le commerce de prières précieuses. Les Quakers sont relégués dans un désert. Les frères Moraves, rivaux du Swedenborgianisme, sont très-mal vus dans le ciel; ils doivent s'arrêter tout près de l'entrée, si tant est qu'ils entrent; car, « ils ont la charité en horreur, regardent l'Ancien Testament comme inutile, méprisent le nouveau, n'ont égard qu'à quelques textes de saint Paul, et embrassent même à l'égard de la nature divine de Jésus-Christ, l'hérésie d'Arius. »

C'est au centre de l'Afrique, qu'une tradition orale de Swedenborg place la nouvelle Jérusalem [2].

---

[1] Voyez l'ouvrage intitulé *Merveilles du ciel, de l'enfer, des terres planétaires et astrales, d'après le témoignage de mes yeux et de mes oreilles.*

[2] *Voyage en Suède*, 1808, 1809, par TOMAS HARRINGTON.

C'était un peuple de la Sarmatie européenne qu'on croyait avoir le pouvoir de se métamorphoser en loups, une fois tous les ans, et de reprendre leur première forme. Les Scythes ont beau dire, observe naïvement Herodote[1], ils ne me feront pas croire de pareils contes; ce n'est pas qu'ils ne les soutiennent, et même avec serment. Cette croyance est l'origine de celle de tous les pays peuplés par les invasions venues du Nord, au sujet du *loup-garou*.

Aulu-Gelle[2], sur le témoignage de plusieurs auteurs grecs anciens[3], *d'une autorité respectable*, dit-il, rapporte ce qui suit : « Vers les mêmes contrées (le pôle septentrional), on trouve des hommes qui n'ont qu'un œil au milieu du front; ils se nomment Arimaspes. Dans cette même région, il existe une autre race d'hommes d'une vitesse singulière; la plante de leurs pieds s'étend derrière la jambe, et non pas en avant comme chez tous les autres hommes. La Scythie albanaise, disent encore les mêmes auteurs, produit des êtres dont les cheveux blanchissent dès la plus tendre enfance, et dont les yeux distinguent mieux les objets la nuit que le jour. Il passe pour très-certain que les Sauromates, qui habitent bien au delà du Borysthène, ne prennent de nourriture que tous les trois jours... Dans les montagnes de l'Inde, on voit errer des hommes qui ont des têtes de chien, qui aboient et se nourrissent des oiseaux et des bêtes fauves qu'ils attrapent à la chasse. L'extrémité des terres orientales offre d'autres prodiges non moins étonnants : quelques peuples appelés Monocoles, n'ont qu'une jambe dont ils se servent en sau-

---

[1] *Hérodote*, liv. IV, c. 105.
[2] *Noct. att*, lib. IX, c. 4.
[3] Aristée de Proconèse, Ctésias, Onésicrite, Polystephanes et Hegésias, dont plusieurs ne sont pas parvenus jusqu'à nous.

tant avec une rapidité singulière ; d'autres, sans tête, ont des yeux dans les épaules. Mais ce qui est bien autrement merveilleux, c'est, rapportent les mêmes auteurs, qu'aux extrémités de l'Inde, on trouve une nation dont les hommes sont couverts de plumes comme les oiseaux; ils ne prennent aucun aliment grossier, et l'esprit des fleurs qu'ils respirent est leur seule nourriture. Ils ont pour voisins les Pygmées, dont le plus grand n'a pas plus de 27 pouces. »

SINGULARITÉS GÉOGRAPHIQUES. — Après avoir fait faire au lecteur un cours de géographie imaginaire, nous lui demanderons maintenant de nous suivre dans certains lieux où la réalité n'est guère moins étrange que la fiction.

Si nous lui disions, par exemple, qu'il existe en Europe depuis plus de quinze siècles, une république fondée par un maçon, où le suffrage universel est en vigueur, et s'applique à tout, non pas seulement aux pouvoirs législatif et exécutif, mais à la justice, mais à l'enseignement, mais à la médecine, qui a su maintenir son indépendance à la barbe de ses voisins couronnés; se faire respecter du Saint-Siége, et même de Bonaparte victorieux, le lecteur nous répondrait sans doute que cette république n'existe que dans le cerveau de l'audacieux auteur des *Confessions d'un Révolutionnaire*. Si, persistant dans notre allégation, nous ajoutons que cette république a si peu de plaideurs qu'un seul juge suffit à tous les procès, si peu de malades qu'un seul docteur suffit à toutes les cures, si peu de frais d'administration que le budget est de cinquante mille francs, si peu d'ennemis au dedans et au dehors que l'armée est de quarante hommes, le lecteur serait tenté de supposer que nous continuons le chapitre précédent. Et cependant son étonnement et son incrédulité cesseront bien vite quand nous aurons nommé la république de Saint-Marin.

Au surplus nous en pouvons citer encore une autre. Elle n'eut point comme celle de Saint-Marin un maçon pour fondateur, elle en eut un encore plus étrange, car elle fut fondée par un empereur. Toutes les fonctions y sont gratuites, même le service militaire, dont nul n'est exempt, mais qui est rare et pendant lequel on ne reçoit ni argent ni vivres. Contrairement à ce que nous voyons se passer ailleurs et même chez nous, tout chef de famille est tenu d'avoir un fusil de calibre et une provision de poudre et de balles. Chaque paroisse a une école primaire gratuite. Les procès relatifs aux successions y sont inconnus. Les crimes et même les délits y sont très-rares. On y cite encore avec effroi une condamnation à mort qui eut lieu au dix-septième siècle. On n'y honore que l'agriculture. Les commerçants et les voyageurs sont exclus des fonctions publiques. Cette république est celle de l'Andorre. Pour rendre ce qui précède vraisemblable il faut ajouter qu'à elles deux, la république de Saint-Marin et celle d'Andorre ne formeraient pas une population de 500 habitants.

Auprès de ces Républiques minuscules de fondation déjà fort ancienne, n'en oublions pas deux autres d'un établissement plus moderne, mais non moins prospère, celle de Pitcairn d'abord, dont un journal parlait ainsi il y a deux ans, à propos du premier signe de vie qu'elle eut donné à l'Europe.

« L'île Pitcairn, qui vient d'envoyer un de ses habitants en Angleterre, est une très-petite terre fort élevée, dépourvue de sources, et sur laquelle vit une population dont la romanesque histoire a excité un vif intérêt, il y a près de cinquante ans. A cette époque, l'équipage d'un bâtiment de la marine militaire anglaise, le *Bounty*, ayant fait une longue, et, à ce qu'il paraît, fort agréable relâche à Taïti, se révolta en mer, quelques jours après son départ de ce lieu enchanté, contre son commandant, le capitaine Bligh, et, l'ayant abandonné dans un canot, au milieu de l'Océan, avec ses officiers, retourna à Taïti pour s'établir dans l'île. C'est ainsi du moins que le fait a été raconté dans le temps. Alors il n'existait pas, comme aujourd'hui, de service postal, et il fallut plus d'un an pour que le capitaine Bligh, heureusement recueilli par un navire de commerce, pût faire savoir au gouvernement anglais ce qui était arrivé. Deux frégates furent immédiatement expédiées à la recherche des révoltés et avec l'ordre de tirer une vengeance exemplaire de leur crime.

» Arrivés à Taïti, les bâtiments de guerre n'ayant pu obtenir des naturels l'extradition des matelots alors établis parmi eux, eurent à livrer plusieurs combats à la suite desquels les Taïtiens vinrent leur déclarer que tous les coupables ayant péri les armes à la main, l'Angleterre devait se considérer comme suffisamment vengée. Les frégates levèrent l'ancre en effet. Tous les révoltés cependant n'avaient pas péri ; neuf d'entre eux, réfugiés dans les montagnes de l'intérieur de l'île, avaient échappé au massacre de leurs camarades ; mais, craignant le retour des bâtiments anglais, ils se décidèrent à aller se réfugier avec les Indiennes qu'ils avaient épousées et les enfants qu'ils en avaient eus, dans quelqu'une des petites îles désertes qui sont au sud de Taïti, et que les bâtiments de guerre ou du commerce ne fréquentent pour ainsi dire jamais. Ils espéraient y trouver un asile plus sûr qu'à Taïti contre la vengeance de l'Angleterre qui les poursuivait.

» C'est ainsi qu'ils allèrent planter leurs tentes dans l'île Pitcairn, à quatre cents lieues environ dans le sud de Taïti. Leur calcul était juste, car ce fut seulement une dizaine d'années plus tard qu'ils furent découverts par un bâtiment anglais. Comme on le pense bien, on ne songea plus alors à les inquiéter ; loin de là : on les transporta, eux, leurs femmes et leurs enfants, ils étaient alors plus de trente, à Taïti où ils désiraient retourner. Mais ils avaient compté, comme on dit, sans leurs hôtes. Le Taïti qu'ils allaient revoir n'était plus le paradis terrestre de leurs souvenirs ; les missionnaires anglais s'y étaient établis, la guerre religieuse décimait la population, et tout était en effet si changé, qu'à peine débarqués, les colons de Pitcairn se firent réintégrer dans le petit et tranquille royaume qu'ils avaient fondé. Depuis, ils ont toujours vécu en paix, recevant de temps à autre quelques rares visites, mais ne permettant pas aux étrangers, accueillis d'ailleurs toujours hospitalièrement, de s'établir parmi eux.

» Aujourd'hui leur nombre s'est multiplié par les naissances : ils sont plus d'une centaine, et il paraîtrait, d'après ce que nous racontent les journaux anglais, que, trouvant maintenant leur île trop petite, ils demandent au gouvernement de la Reine de leur permettre d'aller fonder une colonie nouvelle sur l'île Norfolk, autre petite île située entre la Nouvelle-Galles du Sud et la Nouvelle-Calédonie, qui n'a pas plus de cinq ou six lieues de tour, qui est beaucoup plus fertile que Pitcairn, dont elle est éloignée de plus de six cents lieues, qui a servi pendant un temps de lieu de déportation pour les convicts récidivistes de Botany-Bay, mais qui est purgée aujourd'hui de ces redoutables habitants.

» Cette histoire du *Bounty* et de ses matelots a beaucoup occupé dans son temps l'attention publique, elle a fourni le sujet d'un assez grand nombre de romans, et du poëme de lord Byron qui a pour titre : *Christian and his companions* (Christian et ses compagnons). »

L'autre établissement républicain, plus moderne encore, très-florissant aussi et non moins inconnu, dont il nous reste à parler, se trouve sur la côte d'Afrique. Un des rares voyageurs qui l'ait visité s'explique ainsi sur sa constitution, sur ses habitants, et sur la sollicitude que devrait témoigner la France pour cette terre française, en Afrique.

« La colonie de Libéria, qui s'étend ou doit s'étendre, sous peu, du cap Monte au cap de Pâture (ces deux caps compris), déclara son indépendance le 24 août 1847. Le chef-lieu de la république, qui va nommer un président avant la fin de l'année, sera la ville de Monrovia, au cap Mesurado, fondée en 1821 par des hommes de couleur chassés de l'Amérique. Cette fondation était faite sous le patronage d'une société de la ville de Washington, je crois. Balbi contient quelques renseignements à ce sujet.

» Après bien des luttes et des traverses, cette colonie finit par s'asseoir assez solidement sur plusieurs points : Monrovia, Grand-Bassa, Middle-Bassa, etc. Le véritable fondateur de Monrovia s'appelait Ashmun, ministre protestant, homme supérieur, je dirai presque héros. Il est mort depuis longtemps déjà. En janvier 1847, la société fondatrice a prévenu la colonie qu'elle était assez forte pour se gouverner elle-même, et que, en conséquence, elle eût à prendre ses mesures pour arriver le plus tôt possible à ce résultat.

» Depuis le 5 juillet, elle est détachée de tout protectorat, et elle a élaboré son acte d'indépendance et des droits, qui sera proclamé le 24 août et signifié aux divers gouvernements. Le pavillon de la colonie est, comme le pavillon américain, composé de bandes blanches et rouges alternes horizontales, si ce n'est qu'il n'en contient que vingt-cinq. Le yacht est bleu, percé d'une étoile blanche unique. Les Anglais, toujours à l'affût de ces changements, afin d'en tirer tout le parti possible, ont renoncé à tout droit d'établissement sur le territoire de la colonie. Ils travaillent toujours en dessous, sans rien dire, pour tâcher de faire un traité de commerce avec la nouvelle république, que le commodore a chargé son commandant particulier de la côte des Graines de reconnaître, sous quelque forme qu'elle apparût au jour.

» Nous, comme de juste et d'habitude, nous ignorions tous ces changements. Cependant, c'est une chose grave; la traite disparaît sur tous les points occupés par les sujets de la république de Libéria, qui compte acheter New-Lestre, lieu des foyers principaux, et le conquérir au besoin par les armes, si les chefs de villages ne veulent pas vendre. D'autre part nous avons sur cette côte des Graines quelques points achetés par le commandant Bouet, points qui, certes, nous seront demandés par la république nouvelle, dans le territoire de laquelle ils sont enclavés. Je vous donne ces renseignements comme certains: je viens de les recueillir moi-même sur les lieux.

» Il serait du devoir et de la dignité de la France, très-aimée à Monrovia, de venir en aide de ses lumières et de sa prépondérance à cet établissement chrétien sur la côte occidentale d'Afrique, établissement destiné, selon les probabilités, à un avenir solide et brillant. Je ne parle pas des avantages commerciaux qu'en retirerait la France, dont les produits manufacturiers et autres sont préférés aux objets anglais, et marchent de pair avec les objets venant des villes anséatiques. »

Après avoir montré ces républiques dignes de Lilliput, il nous faut citer un fief plus étonnant encore comme exiguïté de dimension, car il n'avait que quatre pieds de long sur deux de large. Si petit qu'il fût, ce fief était un asile; un homme poursuivi par la justice ne pouvait en être arraché, s'il avait eu le bonheur ou plutôt l'adresse de s'y réfugier. Si Saint-Marin est à deux mille pieds au-dessus du niveau de la mer, ce fief n'était qu'à quatre ou cinq pouces au-dessus du pavé. C'était un grès situé sur la place de Péronne en Picardie. Lorsque le roi entrait dans cette ville, le tenancier de ce fief devait ferrer d'argent sur ce grès le cheval du roi, et le présenter au roi. Ses priviléges, en retour, ne laissaient pas que d'être considérables. Il avait la desserte et la vaisselle du roi après le repas d'entrée; une redevance sur la bière qui se buvait dans la ville, et un droit sur les baraques qui s'établissaient à la foire. Il lui était permis de choisir dans les boutiques d'instruments tranchants une pièce qu'on nommait le premier taillant, c'est-à-dire le meilleur couteau ou rasoir chez les couteliers, la meilleure hache chez les taillandiers. Les autres marchands lui payaient une redevance en argent.

Quand on vient de parler de ces petites puissances républicaines ou féodales, citer un royaume, ce sera bien peu piquant, et un royaume fondé par un roi! — Il est vrai que ce n'était pas à son profit, ce qui rend la chose moins ordinaire. Ce fondateur désintéressé fut le roi Clotaire ou Clother qui ayant, l'an 540, tué de son auguste main, en pleine cathédrale, le seigneur Gautier ou Waltier, érigea, pour réparer sa faute, la seigneurie dudit Gautier en royaume. Telle est, du moins, l'origine présumée de cette royauté bizarre. Mais hélas! on a bien raison de dire que les rois s'en vont; car, tandis que les républiques dont nous avons parlé plus haut se maintiennent et prospèrent, ce royaume qui avait le droit de battre monnaie, n'est plus qu'une misérable sous-préfecture de la Seine-Inférieure, et celui qui écrit ces lignes a vu, de ses yeux vu, un des membres de cette royale famille appréhendé au corps un soir, fort injustement il est vrai, et traîné au corps de garde de la rue Grange-Batelière. Ce royaume ne périra pas du moins dans le souvenir des hommes. La chanson de Béranger lui garantit l'immortalité. Il n'est pas besoin d'en dire davantage pour le moment.

Au nombre des singularités qu'offre la géographie, ne pourrait-on pas citer les Hébrides, dans lesquelles, sur 300 îles, dont 86 habitées, on ne rencontre pas un seul arbre?

Les frontières, en particulier, présentent des rapprochements assez bizarres pour mériter une mention.

« Entre Semlin et Belgrade, les deux villes frontières, dit le spirituel auteur d'*Eothen*, M. Kinlake, la distance n'est pas de la portée du canon, et néanmoins leurs habitants n'ont entre eux aucun rapport. Les Hongrois au nord de la Save, les Turcs et les Serbes au midi, sont tout aussi éloignés que si cinquante vastes provinces occupaient l'intervalle qui les sépare. De tous ces hommes qui s'agitent autour de moi, dans les rues de Semlin, il n'y en avait peut-être pas un seul qui eût jamais vu de près la race étrangère, établie au-dessous des murailles de ce château en face. »

La constitution toute particulière du village hindou, constitution extrêmement curieuse, qui a été de tout temps la base de l'élément intégrant de la société indienne et qui a persisté sous toutes les dominations afghane, mogole et anglaise, est un phénomène si extraordinaire qu'il est indispensable de nous y arrêter un instant.

Sous toutes les dominations, disons-nous, et sous toutes les civilisations primitives, hindoue, musulmane ou chrétienne, le village hindou a continué d'exister avec la même constitution immuable, aussi compacte aujourd'hui que dans les premiers âges. Ce village est une certaine étendue de terrain labourable ou en friche. Quelquefois ce terrain est divisé en propriétés individuelles, alors nous retrouvons à peu près la commune française. Mais le plus souvent il n'en est pas ainsi : les terres demeurent en commun, et chaque année elles sont partagées par les habitants entre eux, chacun recevant pour le cultiver un lot en proportion de son capital et de ses moyens de travail. Chacun de ces villages forme une sorte de petit Etat administratif et se gouverne par lui-même sous l'organisation suivante : 1º le *patel*, chef ou maire, ou bourgmestre du village (généralement héréditaire) a la surintendance générale des affaires de la communauté ; il arrange les querelles, veille au maintien du bon ordre, touche les revenus communs, et en fait la répartition ; 2º le *kurnoum* ou *moutsuddi* tient registre des frais de culture et de tout ce qui s'y rapporte ; 3º le *talari* fait la recherche des crimes et délits ; c'est l'agent de police ; il escorte et protége les personnes qui voyagent d'un village à l'autre ; 4º le *toti* a la garde et la mesure des moissons ; le gardien des limites donne tous les témoignages en ce qui les concerne ; 6º le commissaire des eaux et des étangs distribue l'irrigation suivant les besoins de l'agriculture ; 7º le brahme remplit les cérémonies du culte ; 8º l'astronome annonce les époques favorables ou défavorables pour les semailles ; 9º le maître d'école enseigne aux enfants à lire et à écrire. Viennent encore le forgeron et le charpentier, qui confectionnent les instruments d'agriculteur et bâtissent les cabanes ; et enfin le potier, le barbier, le porteur d'eau, le gardeur de bétail, le médecin, la danseuse, le musicien et le poëte.

Sous cette hiérarchie administrative le village tout entier est soumis à une sorte de communauté de biens et de travaux qui permet à chacun de profiter en quelque manière de l'assistance de tous les autres. Les uns vont au marché, les autres s'occupent de la culture, de la moisson, etc., et chacun a ainsi son rôle et ses occupations particulières qui profitent à tous. C'est sous cette forme de gouvernement que les habitants de la campagne ont vécu de temps immémorial. Les bornes de ces villages ont été rarement altérées ; les villages eux-mêmes ont été quelquefois désolés par la guerre, la famine et le choléra : mais ils ont gardé leurs noms pendant des siècles ; les mêmes familles ont continué d'y conserver leur résidence et d'y avoir leurs intérêts. Les habitants ne se mettent point en peine des renversements ou des brisements de l'empire ; tant que le village demeure entier, ils ne s'inquiètent point à quel souverain il appartient ; quel que soit son souverain, l'économie intérieure du village n'en demeure pas moins invariable. Quoi qu'il arrive, le patel demeure toujours le chef des habitants ; il est à l'abri des révolutions politiques dans ses fonctions de juge, de magistrat, de collecteur des revenus de la commune ; si quelque pouvoir voulait y toucher, il y aurait émigration générale et le village retournerait au domaine du désert jusqu'à ce qu'un nouveau gouvernement remît les choses sur l'ancien pied. Fouillez les archives du temps, sous toutes les dominations reparaîtra toujours *cette petite république*, le village indien, fondation immuable des monarchies chancelantes et éphémères de l'Orient. Sur cette base, tous les despotismes se sont successivement élevés et écroulés, sans ébranler, sans même ébrécher l'humble édifice.

Pour en revenir au chapitre des impôts, nous avons dit que le zemindar qui voulait se contenter de son gain légitime trouvait une grande facilité pour l'exercice de sa perception dans la constitution du village hindou. Effectivement, d'accord avec l'administration municipale, il imposait le village en bloc suivant la quantité des terres cultivées qui en dépendaient ; les chefs se chargeaient ensuite de répartir cet impôt dans la commune. On attendait généralement le moment de la moisson : toute la récolte était alors réunie, et, l'impôt dû par le village étant d'abord prélevé, les habitants se partageaient le reste en proportion de la quantité de terre que chacun avait défrichée.

Si au contraire, dans l'espoir de réaliser un plus grand bénéfice, le zémindar enlevait la terre *au village, à la commune*, pour la sous-louer peut-être beaucoup plus cher aux paysans individuellement, la perception se compliquait singulièrement. Il s'établissait dès lors une lutte perpétuelle entre le zémindar et le rayot cultivateur. Le zémindar mettant en œuvre tout son crédit, tous ses moyens de persuasion et, en dernière analyse, ses moyens de coercition sur le rayot, pour se faire payer ; et le rayot, toute sa ruse et toute son adresse pour échapper à cette nécessité. Le résultat final était rarement profitable au zémindar, que cette lutte entraînait toujours à des dépenses, et ruinait complètement l'agriculteur qui, ayant loué la terre à l'enchère au-dessus de sa valeur, ne trouvait aucune sorte de compensation pour son travail et ses frais de culture.

Dans cette revue que nous faisons des objets invraisemblables que la réalité nous offre, après avoir montré des républiques de quelques mille âmes subsistant au milieu de royaumes, c'est-à-dire de leurs ennemis naturels, et survivant à de puissants empires fiers de l'immensité de leur territoire et de leur population ; un royaume changé en une médiocre sous-préfecture ; une organisation communiste, cette utopie européenne réalisée de temps immémorial et résistant à ce qu'il y a au monde de plus irrésistible, à la triple action du sabre, de la religion et de la

GÉOGRAPHIE.

civilisation ; après avoir montré un fief de quatre pieds sur deux, il nous reste à présenter des châteaux, non pas de cartes, mais de verre, que disons-nous des châteaux ? des forteresses de verre.

Est-ce un avertissement donné par la nature aux hommes d'Etat, que ce qui a l'air le plus solide est souvent ce qui l'est le moins, en politique comme en physique.

Quand nous parlons de ces châteaux de verre et de leur solidité, nous ne prétendons pas dire qu'ils existent autrement qu'à l'état de ruines; mais n'est-ce pas déjà beaucoup ? Il y a tant d'édifices de granit et d'autres matériaux solides, dont les ruines elles-mêmes ont disparu.

C'est en Ecosse que ces curieuses constructions ont été découvertes, il n'y a pas encore un siècle. En 1828, M. de la Pilaye en a signalé une en France, dans la ville de Sainte-Suzanne, et cette ruine a des rapports tels avec celles d'Ecosse, que décrire les unes, ce sera faire connaître l'autre.

Ces forts se rencontrent dans les Highlands. Voici ce que dit là-dessus, en substance, l'ingénieur minéralogiste, John Williams, qui étudia en détails ce curieux spécimen de l'architecture des barbares [1].

Tous ceux qu'il a vus sont situés sur le sommet d'une éminence. Tous ont une plate-forme de plus ou moins d'étendue, et cette plate-forme était entourée d'un mur qui, autant qu'on en peut juger d'après les ruines, devait être très-élevé et très-fort. Ce mur était de verre, ou plutôt vitrifié par l'action du feu qui avait mis en fusion compacte presque toute la pierre, encore le peu qui en avait

---

[1] *Annual register*, 1773.

échappé à cette action, était-il enveloppé de matière vitrifiée.

Quoique ces hauteurs fortifiées aient une plate-forme à leur sommet, néanmoins l'accès en est toujours difficile, à l'exception d'un endroit, qui partout est défendu par des travaux additionnels, quelques-uns pourtant, dont la figure est un long ovale, sont accessibles aux deux extrémités; mais alors l'état des ruines prouve que ces deux extrémités étaient vigoureusement fortifiées.

Ces forts sont situés :

1° Sur la montagne de Knockfarril, au sud de la vallée de Strathpeffar, à deux milles ouest de Dingwall dans le Ross-Shire. Cette montagne a neuf cents pieds (anglais) de hauteur au-dessus de la vallée. La plate-forme que le mur enferme est d'environ cent vingt pas de long sur quarante de large; à chaque bout, et en avant du mur, s'élevaient des ouvrages détachés qui devaient être très-forts. Les fouilles que fit M. Williams, lui présentèrent de grandes difficultés. Quoique évidemment la muraille se fût brisée en tombant, les fragments en étaient encore si grands et si solides, et la vitrification si entière, qu'il avait toutes les peines du monde à se faire jour au travers. Cependant à force de leviers et de bras, ils parvinrent à faire rouler du haut de la montagne de gros fragments, qui se brisaient contre les rochers, et finissaient par pleuvoir en éclats sur la vallée.

Au nord, les ruines du mur n'avaient pas moins de douze pieds; qu'avait-il donc de hauteur, lorsqu'il était debout? Un fait assez extraordinaire, quoique évident, c'est que toute la muraille s'était renversée en dehors.

Ce fort, comme tous les autres de son espèce, avait sur le milieu de la plate-forme deux puits où, lorsqu'on les rouvrit, on ne tarda pas à trouver de l'eau.

Le nom complet de cette montagne fortifiée est Knock-farril-Naphian, c'est-à-dire l'habitation de Fingal sur Knockfarril. La tradition est que cet endroit était occupé par des géants, et que le chef de ces géants était Ree Phian M'Coul, ou le roi Fingal, fils de Coul.

Il existe une autre de ces forteresses sur la montagne de Craig-Phadrick, immédiatement au-dessus de la maison de Muirtoun, à deux milles ouest d'Inverness. Une particularité de cette forteresse, c'est que sa plate-forme est entourée d'un double mur vitrifié. Quant aux trois murs qui défendent l'entrée à l'est, cela est plus ordinaire, l'habitude étant d'avoir plusieurs ouvrages pour protéger l'entrée.

A environ douze ou quatorze milles d'Inverness, se trouvent deux autres de ces hauteurs fortifiées, l'une Castle Finlay, à deux milles nord-est, et l'autre Dun-Evan, à deux milles sud-ouest du château de Calder, dans le Shire de Nairn.

On voit une petite ruine fortifiée à trois milles de Fort-Augustus, que M. Williams croit s'appeler Tor-Dun-Castle; et une autre beaucoup plus considérable, à l'ouest de Gleneves, dans Lochaber, à environ trois milles sud de la garnison de Fort-Williams.

Ces forteresses sont au nord des Highlands; il en est une au sud, à Finaven, à un petit mille ouest d'Aberlemny, à un demi-mille nord de la grand'route, à mi-chemin entre Brechin et Forfar, dans le comté d'Angus.

Une des raisons pour lesquelles ces ruines n'ont pas été découvertes, c'est probablement qu'elles sont presque ensevelies sous la bruyère et sous l'herbe, et qu'à première vue on les prendrait pour des constructions de terre.

Reste à se rendre compte de la manière dont on construisait ces murs.

« Ces masses vitrifiées, dit M. de la Pilaie, se composent d'une agglomération de pierres irrégulières et inégales, liées par une pâte vitreuse, noire comme le jais, tantôt pure, tantôt remplie de graviers. Le ciment a une cassure brillante, anguleuse, lisse et assez unie. Il est toujours celluleux; et les grandes concavités qu'il présente sont colorées en violet assez terne. Le grès domine parmi les pierres qu'il assemble, et comme celui-ci ne s'est pas vitrifié, il se détache en sablon blanc quand la roche a peu de finesse.

» Si nous examinons la composition interne de cette masse, nous reconnaîtrons qu'on jetait pêle-mêle dans la matière en fusion toutes les pierres qu'on rencontrait, quelles qu'elles fussent; car l'inégalité de leurs proportions, l'irrégularité de leurs formes l'indiquent manifestement; et comme si le ciment vitreux ne se fût introduit entre elles qu'avec peine par l'effet du refroidissement, l'on rencontre des vides où il forme des espèces de stalactites qui nous annoncent que la matière avait alors peu de fluidité. Les faces externes du bloc m'ont paru aussi moins altérées par l'action du feu que les parties internes. Lorsque les fragments de cette masse restent exposés aux injures du temps, ils deviennent ternes et prennent exactement l'aspect et la couleur des produits volcaniques. »

M. de la Pilaie en conclut que cette masse a été composée sur les lieux, dans une fosse de terre à bords élevés au-dessus du sol, jusqu'au degré de hauteur qu'on désirait lui faire atteindre, et que si toute la ville de Sainte-Suzanne eût été entourée de semblables murs, on aurait dû former une double chaussée en terre pour y déposer les matières vitrifiables, et jeter dessus les pierres réfractaires et, sur celles-ci, les morceaux de bois destinés à entretenir et continuer la fusion.

Dans la Mayenne, comme en Ecosse, le pays concourait de la manière la plus efficace à cette entreprise. Les chaînes des Coëvrons, aujourd'hui d'une nudité générale, étaient couvertes de forêts, comme l'indique l'étymologie du mot *coët,* bois, et *vron* ou *bron,* mamelle, mamelon, appliqué aux élévations ou montagnes. En outre, la vaste forêt de la Charnie, qui occupait une grande partie du bas-fond qui s'étend sur la rive gauche de l'Erve, venait confiner sans doute aux approches du monticule de Sainte-Suzanne.

Au reste, ce mode de construction qui nous paraît si singulier, tient à l'enfance même de la société. Un incendie, un bûcher ont suffi pour en suggérer l'idée à nos ancêtres; et ils auront d'autant plus volontiers adopté le résultat d'une découverte due au hasard, que, réduits sans doute à n'avoir encore cimenté leurs murailles qu'avec de la boue, un climat humide, tel que celui de l'Ecosse, ou tel que cette partie montagneuse limitrophe du vaste bassin de la Loire, leur ôtait, par ses pluies fréquentes, tout espoir de rien édifier de solide et de durable. Quant aux constructions cimentées avec de la chaux, il faut convenir que ce mode suppose plus d'observations, plus de combinaisons et d'adresse que le moyen d'une pareille vitrification. Ce sont là certainement les causes qui auront donné lieu à construire ainsi les forteresses.

Lorsque, au commencement du quatorzième siècle, les Mexicains furent vaincus par les peuples de Colhuan et de Tepanecan, il ne leur resta que leur ville et le lac sur lequel elle est située, et, la nécessité leur donnant de l'industrie, ils imaginèrent de se créer sur l'eau des terrains factices. Ils se firent donc des radeaux avec des saules et des racines aquatiques, ils en comblèrent les vides avec de légères broussailles; puis ils les couvrirent de terre noire. Plantés en maïs, en légumes, en poivre, ces champs artificiels flottaient sur le lac, et servaient à l'alimentation des habitants de la ville.

Plus tard, lorsque les Mexicains rentrèrent en possession de leur territoire, un bon nombre de ces champs utiles devinrent d'agréables jardins, ornés de fleurs, d'arbres, de pavillons, voguant sur les eaux à l'aide du vent et de la rame. Le reste sert de potagers, et leurs propriétaires, nommés *Chinampa*, fournissent en partie la ville de légumes [1].

Ce serait commettre un étrange oubli que de ne pas citer dans un recueil de curiosités géographiques l'Islande, cette île de glace et de feu, dont 4,000 milles carrés seulement sont habitables. Figurez-vous sur une mer de feu deux chaînes parallèles de Jokuls ou montagnes de glace.

« L'espace longitudinal compris entre les deux plateaux montagneux est une vallée profonde, de cent milles de largeur, qui s'étend de la mer à la mer, et dont le sous-sol de trachyte, couvert de lave, de sable et de cendres, est semé de petits cônes volcaniques. C'est un désert effrayant dont les indigènes n'approchent qu'en tremblant, un théâtre de luttes perpétuelles, entre le feu et la glace. On n'y trouve ni une goutte d'eau ni une pointe d'herbe. Pas un être vivant, pas un oiseau, pas même un insecte ! La surface présente une masse confuse de laves crevassées, de rochers amoncelés sur des rochers; çà et là des glaciers complètent ce spectacle de désolation. Les extrémités de la vallée sont plus particulièrement en butte à l'action continuelle des feux souterrains. A l'extrémité sud qui se déroule et s'aplanit en avançant vers la mer, on

---

[1] *Histoire d'Anahuac*, par don Clavigero.

rencontre beaucoup de volcans. L'Hécla est le plus connu par son isolement, sa proximité de la côte et ses terribles éruptions. Le cône est divisé en trois pics par des fissures pleines de neige ; l'une d'elles coupe la montagne de la cime à la base. On l'attribue à la grande éruption de 1300. De 1004 à 1766, on a compté vingt-trois grandes éruptions, dont l'une a duré six jours, répandant la dévastation sur un territoire alors habité par une colonie florissante ; aujourd'hui couvert de laves, de scories et de cendres. L'éruption du Skaptar, qui éclata le 8 mai 1783 et dura jusqu'au mois d'août, est l'une des plus redoutables dont on ait gardé le souvenir. Le soleil, pendant plusieurs jours, fut masqué par d'épais nuages de vapeur qui s'étendirent jusqu'en Angleterre et en Hollande, et la quantité de matières volcaniques vomies par le cratère fut estimée à 150 ou 180 millions de pieds cubes. Plusieurs rivières entrèrent en ébullition, d'autres furent entièrement taries ; la vapeur condensée retombait en neige et en torrents de pluie ; la contrée fut ravagée. Il s'ensuivit famine et maladie ; et, dans l'espace de deux ans, il mourut 1.300 hommes et 150,000 moutons et chevaux. Cette scène d'épouvante fut couronnée par un tremblement de terre. Avant l'éruption, un étrange adoucissement de la température annonça l'approche du feu volcanique vers la surface du sol. On avait déjà observé les mêmes signes précurseurs pour les éruptions de l'Hécla [1]. »

— Le tremblement de terre de Lisbonne, dont le centre d'action était immédiatement au-dessous de la ville, secoua un arc de 700,000 milles carrés, égal à un douzième de la circonférence du globe [2].

[1] *Physical geography*, p. 193-94.
[2] Il se fit sentir jusqu'en Calabre, c'est-à-dire sur toute l'étendue du littoral méditerranéen ; une fontaine thermale près de

DES MERS. — Le grand Océan Pacifique a plus d'étendue à lui seul que toute la terre habitable. Il occupe une surface de 50,000,000 de milles carrés, et de 70,000,000, si l'on y comprend l'Océan Indien. Du Pérou à l'Afrique, sa largeur est de 16,000 milles. Entre les tropiques, sa profondeur est telle, qu'en maint endroit une sonde de cinq milles de longueur n'a pas suffi pour atteindre le fond.

L'Océan Atlantique, qui paraît s'étendre d'un pôle à l'autre, a 5,000 milles de large, et occupe une superficie de 25,000,000 de milles carrés. Voici quelques-unes de ses profondeurs :

27° 26' 3" de latitude et 17° 27' de longitude	14,550 pieds.
A l'ouest du cap de Bonne-Espérance, 450 milles	16,062 »
(Plus que la hauteur du Mont-Blanc.)	
15° 3' 5" de latitude et 23° 15' de longitude ouest	27,600 »
(La hauteur de l'Hymalaya, et encore la sonde n'a pas atteint le fond.)	

« L'Océan Germanique dont le lit s'élève rapidement par les alluvions et les détritus de la terre n'a dans une grande partie de son lit qu'une profondeur de 93 pieds, et même, près de la côte escarpée de Norwége, il n'a que 5,460 pieds. A la profondeur d'un mille et un quart, la pression de la mer est égale à 2,809 livres sur chaque

---

Naples se tarit le jour même que cette horrible secousse bouleversa le Portugal. La date de ce cataclysme est 1755 ; or, n'est-il pas singulier que l'année 1855, son anniversaire séculaire, ait commencé par un tremblement de terre qui s'est fait fortement sentir au centre de ce même littoral, à Nice, qui a failli en être détruit. Ce fait était bon à consigner, pourquoi ne l'a-t-on pas fait avant nous ?

pouce de surface. La couleur de l'eau, lorsqu'elle est pure, est d'un beau bleu clair. Elle devient verte en se mêlant à certaines matières végétales, et d'un jaune-brunâtre quand elle tire son reflet des mousses marines. C'est vers le 22° de latitude nord et le 17° de latitude sud que la salure des eaux de la mer est la plus forte ; elle diminue vers l'équateur, et vers les pôles elle est moindre encore, ce qui est dû à la fonte des glaces. Dans le détroit de Gibraltar, l'eau est quatre fois plus salée à la profondeur de 970 brasses qu'à la surface.

» La superficie centrale de la mer Pacifique et de l'Atlantique est mue par la grande marée océanique que produit l'action combinée du soleil et de la lune. De cette masse qui oscille continuellement, des marées partielles divergent dans toutes les directions, et pénètrent dans les mers intérieures, les baies et les embouchures de fleuves, avec une rapidité dépendant de la forme de la côte, de la profondeur du canal ou de la nature de son lit. Sur quelques points de la côte de la Grande-Bretagne, les marées s'élèvent à 50 et 60 pieds. Dans le canal de Bristol et le golfe de Saint-Malo, elles montent à 47 pieds, d'après le capitaine Beechey, et dans la baie de Fundy, à 60, tandis qu'à Sainte-Hélène elles ne dépassent jamais 3 pieds, et sont à peine sensibles au milieu des archipels de la mer Pacifique, situés sous les tropiques. Sous l'équateur, la marée suit la lune à raison de 1,000 milles par heure. Dans le canal de Turnry, à Cayenne, la mer s'élève à 40 pieds en cinq minutes ; son reflux n'est pas moins rapide. Les plus hautes vagues qu'on rencontre au Cap de Bonne-Espérance, le fameux cap des Tempêtes, n'ont pas plus de 40 pieds de leur base à leur sommet. Par les plus grands vents, la mer est probablement calme à la profondeur de 200 ou 300 pieds.

» Tandis que le caractère général des fleuves est de porter à la mer un volume d'eau toujours croissant, il est des cas où les fleuves et les ruisseaux s'absorbent dans le sol, et s'y perdent avant de parvenir à l'Océan. On connaît la fameuse perte du Rhône qui disparait pour se remontrer plus loin ; il existe dans le Derbyshire des ruisseaux qui s'éclipsent aussi momentanément, et reparaissent à une certaine distance. Lorsque l'Arve, qui se jette dans le Rhône, est enflé par une crue considérable, il refoule les eaux du fleuve dans le lac de Genève, et il arriva une fois que ce courant rétrograde fit tourner les roues des moulins en sens inverse [1]. »

« On a des exemples de rivières subitement arrêtées dans leur cours, et dont le lit est demeuré à sec. Le 26 novembre 1838, l'eau manqua si complétement dans la Clyde, le Nith et le Teviot, que les moulins furent arrêtés pendant huit heures dans la partie inférieure du cours de ces rivières. Un phénomène, si rare du reste, était dû à la coïncidence d'un grand vent et d'un grand froid, qui avait gelé l'eau près des sources. C'est précisément le contraire qui arrive dans les rivières de Sibérie, coulant du sud au nord, et dont le parcours est de plusieurs centaines de milles. Le dégel s'opère à la partie supérieure quand l'inférieure est encore gelée, et l'eau ne trouvant point d'issue inonde le pays [2]. »

« Les marées de l'Océan remontent souvent les fleuves à une distance très-grande et à une hauteur qui dépasse de beaucoup le niveau de la mer. Dans le fleuve des Amazones, la marée se fait sentir à 576 milles de l'embouchure, et dans l'Orénoque à 255 [3]. »

---

[1] *North British review.*
[2] *Physical geography*, p. 271.
[3] *North British review*

Ceylan, l'une des plus grandes îles du globe, est située à l'extrémité méridionale de la presqu'île de l'Hindoustan. Sa superficie est d'à peu près sept cents lieues carrées. Elle est si belle, que plusieurs écrivains y ont placé le paradis terrestre. L'étymologie de son nom n'est pas connue. Elle a porté jadis ceux de Lanka, Laka-Diva, Linghala et Tamprabarni. Elle est désignée par les géographes arabes sous ceux de Serendib, Selendid, Seilan. A en croire quelques auteurs, Ceylan serait la Taprobane des Romains.

Deux races se partageaient anciennement, avec quelques autres peuplades moins importantes, la possession de cette île fortunée ; l'une, la race chingulaise, habitant les côtes et les plaines; l'autre la race candienne, occupant les montagnes de l'intérieur ; la première toujours prête à accepter le joug des envahisseurs, autant que la seconde était obstinée à le repousser.

« Prenez une pêche, ce que vous appelez la chair de ce fruit, la substance que vous mangez, enveloppe un noyau central, gros d'ordinaire comme une belle fraise. A Ceylan, le district intérieur, correspondant au noyau de la pêche, constituait un petit royaume lilliputien, resté entièrement indépendant, durant plusieurs siècles, de l'enveloppe qui l'entourait de toutes parts, la chair de la pêche. Ce noyau s'appelle Candie, et ses habitants, faciles à distinguer par leur caractère et leur origine, portent le nom de Candiens. A l'agilité et à la cruauté du tigre ils joignent la souplesse et la perfidie du serpent, même au moment où ils se tapissent pour l'élancer d'un dernier bond sur leur proie. Les habitants de l'enveloppe du noyau, les Chingulais, ne sont ni plus honnêtes ni moins lâches que les Candiens; mais autant leur lâcheté est douce, inerte et passive, autant celle des Candiens est féroce, agressive, implacable [1]. »

Nous nous empressons de prévenir le lecteur que cette citation est tirée du *Blackwood's gentleman Magazine*, n° CCCXXXVI, novembre 1845; des invectives de cette violence contre un peuple opprimé ne pouvaient être écrites que dans la langue de ses oppresseurs. Aussi quelle audace à une nation de revendiquer son indépendance! et quelle ingénieuse assimilation de la lâcheté féroce, agressive, implacable, à la lâcheté douce, inerte et passive! Si la comparaison de l'île de Ceylan à un fruit est ingénieuse, il faut avouer que l'indignation de l'écrivain anglais ne l'est pas moins.

Pour donner une idée exacte du port de Malte, les ciceroni maltais emploient une figure très-juste. Ils comparent le grand port à une main étendue et dont les doigts sont écartés. L'espace vide entre les doigts représente la terre, et la main elle-même représente assez bien la surface du grand port. Le pouce qui figure le chenal ou entrée, est dirigé vers le nord, et les doigts vers l'est. Pour continuer la figure, l'annulaire représenterait le port des galères; à sa naissance et sur l'espace qui le sépare du petit doigt serait le château Saint-Ange; à son extrémité le Borgo; au bout du médius Victoriosa, et en avant la Cottonera. L'espace entre l'annulaire et le médius est occupé par l'île de la Sangle, aujourd'hui l'Isola. Parallèlement au pouce s'étend la langue de terre sur laquelle est bâtie la ville de la Valette; à son extrémité nord est le château Saint-Elme, et son flanc gauche ou occidental est baigné par les eaux du port Marsa Musetto.

---

[1] *Revue britannique*, janvier 1844. (*Excursions, adventures and Field-Sports in Ceylan*).

La Florianna est complétement dans l'intérieur au sud de la Valette [1].

— Les tentatives que fait l'Angleterre pour retrouver le navire et l'équipage du capitaine John Franklin et qui viennent enfin de toucher à un résultat, n'avaient pas été, tant qu'elles ont duré, sans profit pour la science, grâce à M. Kellett qui pénétrait, il y a trois ans, dans les mers polaires par l'océan Pacifique et le détroit de Behring, tandis que sir James Ross entreprenait d'y passer par l'océan Atlantique et le détroit de Davis. M. Kellett a adressé à l'amirauté un rapport rempli de détails curieux. En voici quelques-uns :

Le 2 juillet, l'expédition entrait dans le détroit de Behring. Le capitaine constate qu'à cette époque, la différence de la lumière à minuit et à midi n'était guère plus grande que celle qui existe à Londres entre une belle journée d'été et une journée de novembre. Dans le golfe de Kotzebue, les navigateurs ont remarqué un nombre considérable de gros arbres flottant à la surface de la mer. Ce phénomène a été souvent observé dans l'océan Glacial arctique.

Les rencontres avec les naturels des terres abordées par les équipages des deux vaisseaux qui composent l'expédition, le *Herald* et le *Plover*, ont toujours été amicales. Dans l'île de Chamisso, le capitaine Kellett ayant fait pratiquer des fouilles, a retrouvé un baril contenant 336 livres de farine que le capitaine Beechey avait enterrées dans ce lieu à vingt-trois ans de date. Cent soixante-quinze livres de cette farine étaient parfaitement bonnes. Le capitaine en envoie une partie à l'amirauté anglaise.

Deux faits curieux sont signalés dans ce rapport, le

[1] *Revue britannique*, février 1842.

peu de profondeur de la mer dans ces parages et l'extrême limpidité de ses eaux. Dans toute la vaste étendue de la mer de Behring, où d'innombrables sondages ont été faits, le fond est généralement entre quinze et trente brasses (75 et 150 pieds). Une seule fois, la sonde a donné quarante brasses (200 pieds). Une fois on a trouvé sept brasses seulement (35 pieds). A quatre-vingts pieds de profondeur, on distinguait le fond de la mer avec la plus grande netteté.

C'est le 29 juillet que l'expédition est parvenue au point le plus rapproché du pôle qu'elle ait pu atteindre ; 751 degrés 2 minutes de latitude nord et 115 degrés 40 minutes ouest du méridien de Paris. C'est le 1er août que les navires ont mis à la voile pour reprendre la route de l'ouest ; le capitaine Kelett croit avoir découvert des îles qui n'avaient été vues par aucun de ses devanciers.

Le peu de succès de ces tentatives ne découragea pas l'Angleterre qui prépara de nouvelles expéditions. L'Amérique elle-même s'associa à ces louables efforts, et on ouvrit aux Etats-Unis, une souscription en tête de laquelle un particulier s'inscrivit pour 5,000 dollars. Quatre nouveaux navires, emportant des machines à vapeur et une quantité considérable de charbon de terre, quittèrent l'Angleterre pour se diriger vers le détroit de Lancastre, et coïncider avec une expédition qui venait de partir sous les ordres de MM. Drinkwater, Bethune, Edward Belcher et Collinson.

Le 6 février 1850, M. Wold fit, à l'institution royale de Londres, en présence d'un grand nombre d'auditeurs, une leçon sur les expéditions envoyées au pôle arctique, leçon qui fut terminée par un singulier spectacle. Un ballon, préparé d'après le système adopté par l'amirauté anglaise dans cette occasion, s'éleva jusqu'à la voûte et fit pleuvoir sur les assistants de petites bandes de papier imprimées. Tel était le moyen de correspondance qu'on avait adopté pour essayer de communiquer avec l'équipage, s'il était, comme on le croyait, emprisonné dans les glaces. Malheureusement, on pourrait donner aux naufragés des nouvelles, mais on n'en pourrait pas recevoir d'eux.

On songea aussi à envoyer de nouvelles expéditions du côté de la baie de Baffin et du détroit de Barrow, et enfin une dernière dans la direction du cap Bathurst et de la terre de Banks. Il n'était pas douteux que les équipages anglais et américains courraient de grands dangers. En 1830 seulement, vingt navires ont péri en face de la baie Melville. Le docteur Scoresby avait publié sur ces expéditions arctiques auxquelles il a pris part, une brochure pleine d'intérêts et de renseignements utiles.

« On ne peut pas, dit-il, prévoir l'arrivée des *floës* ou glaçons qui vous écrasent de leur poids. En trois minutes, j'ai vu un baleinier aplati entre deux murailles de glace qui, se rapprochant avec une célérité effroyable, le détruisirent hommes et biens, sans qu'il en restât trace. On ne voyait apparaître au-dessus que le *boute-hors* du mât d'artimon; un autre resta dressé sur la poupe comme un cheval qui se cabre sur ses jambes de derrière. *La Princesse de Galles* et la *Lætitia* furent percées de part en part, comme à coups de lances, par des glaçons aigus de plus de cent pieds qui se rejoignirent à travers les bordages.

Tels sont les dangers auxquels s'exposent les marins engagés à la recherche de sir John Franklin, et qui résoudront peut-être le grand problème du passage par le nord. Un des plus bizarres incidents produits par l'extrême surexcitation de l'intérêt public en faveur de cette expédition, c'est l'apparition inattendue d'un sorcier dans cette affaire. Au moyen d'un verre magique, qu'il appelle cristal indien, et qu'il place sur l'œil d'un enfant, ce personnage, qui se nomme *Zakiel*, prétend avoir pleine connaissance de la situation occupée par les voyageurs perdus. Il a écrit une lettre datée du 5 février pour leur annoncer que cet enfant de treize ans a clairement vu dans ce cristal (acheté à la vente de lady Blessington) sir John Franklin et ses hommes. Voici les détails qu'il donne, écrits, dit-il, sous la dictée de l'enfant :

« Tous les matelots sont vivants; on les trouvera dans le voisinage du cap Walker. Ils marchent par groupes séparés vers le 75° 1/2 de latitude; un officier très-mince est à leur tête.—Neige et brume.—Des chiens attachés à des traîneaux. — Quelques matelots agitent leurs chapeaux au-dessus de leur tête pour appeler des camarades, etc. »

Ces étranges révélations ont, comme de raison, trouvé à Londres quelque croyance parmi les matelots et le peuple. Avez-vous jamais vu un charlatan manquer de dupes?

— Il a été fait par M. Z. Allen de Providence, sur la fameuse cataracte de Niagara des calculs fort curieux dont nous nous bornerons ici à constater les résultats.

Dans l'espace d'une minute, il passe sur les rochers du saut du Niagara, une masse d'eau égale à 22,440.000 pieds cubes, dont le poids s'élève à 701,250 tonnes ou 1,402,500,000 livres.

En évaluant la hauteur de la chute à 160 pieds anglais, à un tiers la perte de la force de l'eau comme moteur, et la force d'un cheval (de vapeur) à 33,000 pieds élevés à une hauteur d'un pied par minute, le saut du Niagara équivaut à 4,533,334 chevaux.

Or si l'on veut comparer cette force à celle que met en

eu l'industrie mécanique en Angleterre, on obtiendra le résultat suivant :

Baines[1] estimait en 1835 la puissance mécanique de la Grande-Bretagne aux chiffres que voici :

Par la force de la vapeur	33,000 chevaux.
Par celle de l'eau	11,000
Dans les manufactures pour la laine, etc.	100,000
Dans les bateaux et les mines	50,000
Total	194,000

Depuis 1835, évidemment ce chiffre a augmenté, et les progrès de l'industrie, l'essor considérable qu'a pris la vapeur comme moyen de locomotion sur l'eau et sur les chemins de fer, permettent d'élever cette force mécanique de 20 pour 100, c'est-à-dire de la porter au chiffre de 233,000 chevaux.

Mais comme l'action de cette force n'a lieu que pendant onze heures par jour et pendant six jours par semaine, tandis que la chute du Niagara ne se repose ni la nuit ni le dimanche, il en résulte que sa puissance mécanique est au moins quarante fois supérieure à celle que met en œuvre toute l'industrie de la Grande-Bretagne.

Géographie rétrospective. — Mélanges géographiques. — Les Canaries, ou Iles Fortunées, furent plusieurs fois perdues et retrouvées pendant le cours du moyen âge. On a une relation curieuse d'une expédition qu'y firent les Espagnols en 1341[2] et malgré laquelle ces îles furent considérées pendant plus d'un demi-siècle comme des terres vagues qui devaient exciter l'ardeur des aventuriers.

---

[1] *History of the cotton manufactures of the united kingdom o Great Britain.*

[2] Publiée en 1827, à Florence, par Ciampi.

En 1514, et même en 1552, d'autres voyageurs, Pierre d'Aria et Cadamosto, y ayant abordé, écrivirent le récit de leur expédition. Ils regardaient cet archipel comme une terre jusque là inconnue.

Le Darfour, dont le nom est placé sur une carte du xve siècle, est resté, depuis, ignoré jusqu'à Bruce.

Tombouctou (Tenbuch) se trouve sur les cartes catalanes du xive siècle, publiées par M. Buchon.

Paul Imbert, français, alla à Tombouctou en 1670. Il en est fait mention dans une *lettre sur diverses parties de l'Afrique* [1].

Le Journal de la Société Royale Géographique de Londres contient dans son volume XV, part. 2, un savant mémoire de M. Cooley sur le grand lac intérieur de l'Afrique Australe, le *Maravi* des anciens géographes. En voici le résumé :

1° Il existe indubitablement au centre de l'Afrique australe un lac d'une longueur très-considérable par rapport à sa largeur, et que l'on peut croire incliné du sud-est au nord-ouest ; c'est donc à tort que la critique de quelques géographes modernes avait effacé ce lac de nos cartes, où d'Anville l'avait bien indiqué, sauf la direction, d'après les anciennes relations. La pointe méridionale de ce lac doit être à peu près sous le méridien de Tété, c'est-à-dire entre 32 et 33 degrés de longitude E. de Paris, et vers le 12e degré de latitude sud.

2° Le nom de *Maravi*, sous lequel ce grand lac intérieur fut autrefois principalement connu, n'est pas une appellation géographique. C'est un titre de chef qui a pu servir à désigner un territoire et sa ville principale voisine de la pointe australe du lac, mais qui n'a été appliqué au

---

[1] Paris, 1670, in-12.

lac lui-même que par suite d'une méprise. On aura dit le territoire, la ville *du* Maravi, dont on a fait aisément le territoire, la ville, et par suite le lac *de* Maravi. Le lac porte sans doute, dans les diverses parties de son étendue, beaucoup de dénominations locales; la plus générale paraît être celle de *N'yassi*, qui signifie la mer.

Certaines traditions indigènes placent dans ce lac l'origine du grand fleuve d'Abyssinie et d'Egypte; des rapports beaucoup moins douteux lui donnent un écoulement dans la mer des Indes par la rivière Eufidji, qui débouche vis-à-vis de l'île de Morifia, au nord de Quiloa.

4° Enfin, une dernière remarque, c'est que jusqu'à présent *aucun européen connu n'a vu le Grand Lac intérieur*. Tout ce que nous savons de ce trait si remarquable de la géographie physique des contrées australes de l'Afrique, nous le devons aux rapports des indigènes; et quoique ces rapports soient assez authentiques et assez concordants pour ne laisser aucun doute sur deux points essentiels, l'existence même du lac et sa situation très-approximative, on ne doit néanmoins les considérer que comme des indications propres à stimuler et à diriger tout à la fois les explorations européennes[1].

— Les méprises les plus extraordinaires sont occasionnées fréquemment par des causes d'une importance minime, telles que de simples ressemblances de mots. Nous en citerons un exemple remarquable, qui a trait à une des erreurs géographiques les plus répandues, avant que M. de Humboldt l'eût réfutée. Toutes les cartes françaises, anglaises et allemandes de l'Amérique méridionale qui ont été publiées pendant quarante ans, donnaient à la chaîne des Andes ou Cordillières une largeur considérable

---

[1] *Nouvelles annales des voyages*, vol. IV, 3e série.

qu'elle n'a pas. Cela vient de ce que la carte de La Crux Olmedilla, qui leur a servi à toutes de modèle, portait en quelques endroits l'inscription suivante mal interprétée : *Aqui hay montes de cacao* (Ici croît le cacao sauvage). De célèbres géographes ont placé au lieu désigné par la fatale inscription, des montagnes de neige, prenant pour montagne *(cerros, serranias)*, le mot *monte* (forêt), généralement usité dans les colonies espagnoles, et oubliant ainsi que le cacao ne réussit que dans des plaines brûlantes, sous une température moyenne de 23° Réaumur. Dans le dialecte espagnol le plus pur d'Europe, une forêt de hautes futaies s'appelle aussi *monte alto* [1].

— La *Hague* est une contrée située vers la pointe nord-ouest du département de la Manche, et terminée par le cap du même nom, appelé aussi *pointe d'Anderville*. — Aucun village ne porte le nom de *Hague*.

La *Hougue* est un village situé un peu au sud de la pointe nord-est du même département. C'est en vue de la Hougue et de Saint-Vast-la-Hougue, qui y est contigu, qu'a eu lieu la bataille navale si improprement dite de la *Hogue*. La Hogue n'existe pas. — L'erreur vulgaire tient probablement au voisinage du cap de la *Hague*, à l'ouest, et du cap au-dessous duquel est le village de la *Hougue*, à l'est de la presqu'île du Cotentin; mais ce dernier cap porte le nom de pointe de Barfleur ou de Gatteville.

— Il y a près d'Antioche une montagne que les gens simples appellent la *montagne noire*, par une fausse interprétation de son véritable nom, Neros, dont l'étymologie est le mot grec *Nero* qui signifie eau, à cause de ses sources.

— Jacques de Vitry [2] compte faussement trois villes de Babylone.

---

[1] Extrait d'un mémoire allemand sur le plateau de Quito.
[2] Liv. III, pag. 325.

—Huber [1] prétend qu'il passa près de la fontaine de Jouvence ; il y alla, s'y baigna sept fois avec ses compagnons, et tous s'en trouvèrent frais et dispos.

— La ressemblance des noms de *Quènes* et de *Quenland*, avec le mot gothique qui veut dire *femme,* fut cause de l'erreur des écrivains du moyen âge qui tous placèrent dans l'extrême nord un royaume des Amazones [2]. Les Quènes s'étendaient depuis la mer Blanche jusqu'à l'ouest du golfe Bothnique [3].

— Eginhard est le premier qui ait écrit une description de la mer Baltique ; mais il n'en connaissait pas l'extrémité orientale, et il s'est borné à donner le nom des principales peuplades [4].

— C'est aux Normands qu'est due la première description exacte et détaillée de la Prusse. Les Scandinaves appelaient *Estiens* tous les peuples qui habitaient à l'est de la Vistule. Le navigateur Wulfstan rapporte que les Estiens n'enterraient point leurs morts en hiver, et qu'ils ne prenaient point pour héritier leur plus proche parent, mais le meilleur cavalier de leur tribu.

— Les Scandinaves, connus sous les noms de Normans et d'Ostmans, découvrirent l'Islande dès la fin du VIIe siècle, au dire de leur écrivains.

En 861, un vaisseau scandinave aborda aux îles *Féroer*.

De 860 à 872, l'Islande fut visitée par trois navigateurs scandinaves, qui en décrivent la circonférence d'une manière conforme aux observations des astronomes français

---

[1] *Géogr. ravenn.*, IV, 4 et 46. Paul diac., 1, 15. Adam. Brem ap. Lindembrog. 57, 58, etc.
[2] 407. 2.
[3] Alfred, *Orosius*, p. 21-50.
[4] Eginhard, *Vita Caroli*. M. ed. Schminkii, p. 63.

modernes. On pouvait, disent-ils, faire le tour du pays en sept jours, et la circonférence était de 168 *vikur* ou lieues de 15 au degré [1].

Le Groenland, grande île ou presqu'île séparée de l'Amérique du Nord par le détroit de Davis, fut découvert, suivant la plupart des chroniques, en 982 et peuplé en 986; suivant d'autres, il le fut dès 932. L'Islandais Eric Rauda fut le premier qui s'y fixa. On n'allait pas au Groenland aussi fréquemment ni d'une manière aussi suivie qu'aux autres colonies du Nord. Les voyages, pour aller et revenir, duraient quelquefois cinq ans. Aussi c'était le pays des prodiges. A en croire Torfæus, un certain Hollur-Geit, suivi d'une chèvre, alla de Norwége au Groenland sur la glace. Il s'y trouvait de vastes forêts dont les arbres portaient des glands gros comme des pommes, et où l'on faisait la chasse aux ours marins. La mer, aux environs, était peuplée de géants des deux sexes, et couverte de rochers de glace aussi merveilleux que ceux que les Argonautes avaient rencontrées à l'entrée de la mer Noire. Mais ces recherches nous conduisent à une question bien plus intéressante :

Les Normands ont-ils découvert l'Amérique avant Christophe Colomb ?

—Il a été calculé que l'Amérique contenait la moitié du sol productif de l'ancien continent, ou environ 10 millions de milles carrés, pouvant chacun nourrir 350 personnes, c'est-à-dire, quatre fois la population actuelle de la terre. Sa population entière est de 35 à 40 millions.

—C'est à dos d'homme qu'on voyage dans les Andes. Ces montures d'une nouvelle espèce sont des mulâtres appelés Carquerros, et en maint endroit ils sont très-nom-

---

[1] *Annales du Groenland*, Mss. Arn. Magn. n° 758, p. 46.

breux. Ils portent de 150 à 170 livres pendant huit à neuf heures, dans des chemins où on ne pourrait se fier à aucun mulet. Leur paie est d'environ cinquante sous par jour, et des hommes jeunes et robustes convoitent cet emploi. — *Humboldt.*

Au Mexique, c'est ainsi que vont les directeurs des mines, sur le dos d'un Indien nommé *Cavallito*, qui marche appuyé sur une canne de façon à pouvoir se courber. Chaque matin on leur selle deux de ces chevaux humains.

A Jacre, pour éviter les montagnes, le facteur de la poste descend tous les mois le rapide Chamoya, attaché sur un tronc d'arbre, et ses lettres sur sa tête. C'est ainsi qu'il entretient les communications entre les deux côtés des Andes. — *Humboldt.*

Si, comme on le sait, l'identité de latitude n'implique pas identité de climat, à son tour l'identité de climat n'implique pas identité de production. Les plantes et les animaux de l'Amérique diffèrent totalement de ceux de l'ancien continent. La répartition dépend de quelque loi inconnue; montagnes, plaines, déserts, rivières et température ont de l'analogie; mais les organisations sont différentes. — *Humboldt.*

Les plaines arrosées par les grandes rivières de l'Amérique du Sud sont appelées Calobaza, Apure, Oronooko et Llanos. Cette dernière est un désert de sable, comme celui de Sahara en Afrique, et si plat que sur 18,000 milles carrés l'inégalité ne dépasse pas cinq pouces.

Les vastes contrées qui se trouvent entre l'Oronooko et les Amazones et qu'on appelle la Guyane espagnole sont presque sans habitants. Il est arrivé souvent à Humboldt de n'en pas rencontrer cinquante dans un espace de quarante lieues, quoique ce soit le pays le plus fertile et le plus magnifique du monde.

Pôles magnétiques. — « Le 22, les navires passaient la ligne où l'aiguille aimantée reste invariable par les 61ᵉ degré de latitude sud et 24ᵉ degré de longitude ouest, et avec une inclinaison de 57 degrés 40 minutes. L'hypothèse de l'existence de deux pôles magnétiques verticaux dans le sud (comme c'est le cas dans le nord) est donc erronée, et *il n'y a en réalité qu'un pôle dans l'hémisphère austral*[1]. »

— L'île d'Antiparos, dans l'Archipel, contient une grotte ou caverne remplie de stalactites blancs et transparents. On n'en connaît pas l'étendue réelle. La partie qu'on a explorée a 1,000 pieds de long, 3,000 de large et près de 200 pieds de haut.

— Le capitaine Ross a rencontré une tribu de montagnards esquimaux qui n'ayant pas de bois pour se faire des canots et ne sachant pas s'en faire avec des peaux, n'ont aucun moyen de naviguer.

— Le village de Courtisols situé en Champagne à 15 kilomètres de Châlons-sur-Marne, et qui s'étend sur deux rues parallèles au midi et au nord de la Vesle, à la distance d'environ 60 pas, présente un phénomène assez extraordinaire pour avoir occupé longtemps, sous la Restauration, l'attention de la Société des antiquaires, et pour mériter celle de nos lecteurs.

« 1º Outre la langue et l'accent châlonais, il en a une qui lui est propre, qui se conserve par tradition, dont l'accent n'a rien de commun avec celui de Châlons ni avec la langue française, et qui n'est entendue d'aucun des villages voisins.

» 2º Les habitants de ce village ne se marient presque jamais que chez eux; ils s'aident et se secourent avec

---

[1] *Revue britannique*, mai 1844. *Voyage du capitaine Ross au pôle austral.*

une bienfaisance et une générosité étrangères au commun des paysans.

» 3° Au voisinage de villages qui se sont donnés aux manufactures, celui de Courtisols est demeuré fidèle à l'agriculture, et à force de travaux, d'engrais et de soins, son territoire rapporte communément la moitié ou un tiers de plus que les territoires voisins [1]. »

Nous trouvons dans un mémoire de M. Hubert, chirurgien à Somme-Suippe, d'autres détails qui achèvent d'établir la différence qui existe entre ce village et son entourage, au milieu duquel il était isolé et par sa langue et par ses mœurs.

Ainsi, quelques habitants y étaient désignés comme génaux ou sorciers, et probité, talent, moralité, fortune, rien ne pouvait déterminer une alliance avec ces familles, et ces malheureux proscrits étaient forcés de se marier entre eux.

Après la mort d'une personne, les parents du défunt distribuent des gâteaux aux cinquante maisons les plus voisines (un pareil cadeau a également lieu lors des mariages); le lendemain ils font la lessive, et portent les effets auprès de l'eau : chaque voisine, la coiffe pendante, en signe de deuil, se rend en silence sur le bord de la rivière, secoue une partie du linge, le frotte, le bat, le lave, et s'en va... Une autre prend sa place...; plusieurs se succèdent jusqu'à la fin de l'ouvrage, ce qui dure depuis le matin jusqu'à midi.

— Bruce, voyageur écossais du XVIIIe siècle, prétend avoir découvert les sources du vrai Nil, et ne fait que copier Paez, qui avait déjà décrit, non pas les sources du

---

[1] Grosley, lettre à MM. de l'académie de Champagne, décembre 1776.

vrai Nil, que nul Européen n'avait encore visitées, mais la source du *Nil des Abyssins*, qui est l'Astapus des anciens. Depuis, dans ces dix dernières années, l'on a été plus heureux, et l'on a pu sans faire d'erreurs ni de plagiats, parler sciemment des sources du Nil, et par suite mesurer l'étendue de son cours. Voici ce qu'un intrépide voyageur en Abyssinie, M Antoine d'Abbadie, écrivait d'Omokullus, le 6 août 1847, à M. Jomard :

« Je n'ose dire que j'ai des preuves (mathématiquement parlant) que la principale branche du Nil Blanc ne vient pas du Sud, mais tourne autour de Kafa; mais il me semble que les renseignements de M. d'Arnauld, parfaitement d'accord avec les miens et une suite d'analogies, empiriques peut-être, mais que je développerai plus tard, rendent ma conclusion très-probable, à savoir que la vraie source du Nil Blanc est située entre Inarya et Jumma-Kaka, par environ 7 degrés 49 minutes de latitude et 34 degrés 58 minutes longitude est de Paris. Mes informateurs Dogo m'ont toujours dit que la rivière principale est celle qui tourne autour de Kafa.

» Je me suis amusé à calculer ainsi la longueur du Nil.

» De la source, dans la forêt de Babia à Halelu	51	milles géogr.
» Plus, un quart de sinuosités..	12	75
» De Halelu à Puxeria, au confluent du Gojáb..........	282	»
» Plus, un quart de sinuosités..	70	5
» De Puxeria à Jeanker, d'après la longitude de M. d'Arnauld	530	»
» Plus un tiers de sinuosités...	173	3

» De Jeanker à Khartum, d'après M. d'Arnauld....... 1243 3
» De Khartum à Atbara...... 87 »
» Plus, un quart de sinuosités.. 21 75
» De Atbara à Damiette, selon M. de Humboldt......... 1850 »

Total..... 4321 »

D'où le Nil serait la plus grande rivière du monde. Je ... néanmoins vous dire que ma longitude de Saka, déterminée par des azimuts qui relient ce point avec Gondar, ... différant que de quatre minutes de ma longitude par ... tances lunaires, ne s'accorde pas avec la position donnée par M. d'Arnauld au fleuve dans les environs de ...ambek et de Niéva, seuls points qui me paraissent ...voir coïncider avec la description de l'île de Lakka, ...si nommée par les chasseurs d'éléphants du Walagga ... ceux du Gudra. Or, tous ces chasseurs s'accordent à ...ttre entre Lakka et Saka une distance beaucoup moindre ... celle qui résulte des longitudes de M. d'Arnauld ...mparées aux miennes.

» Votre toujours dévoué,

» Signé ANTOINE D'ABBADIE. »

D'après une autre lettre de M. d'Abbadie à la fin de ...vembre 1847 à M. Arago, communiquée à l'Académie ... sciences, la prévision du savant voyageur au sujet du ... Blanc s'est réalisée; il a pu enfin découvrir une des ...rces de ce grand fleuve.

ETHNOLOGIE.

Ethnologie. — La science de l'ethnologie [...] date que du commencement du dix-neuvième siècl[e]. Son nom, qui est composé de deux mots gre[cs] Εθνος, nation, et λογος, discours, signifie donc, à propr[e]ment parler, traité sur les peuples, et son objet est [de] constater les similitudes et les dissemblances qui exist[ent] entre les diverses races.

La première idée qui s'est offerte à l'esprit des classi[fi]cateurs a été de diviser l'humanité en deux races, la bla[n]che et la noire. D'autres sont venus, qui y ont ajouté [la] jaune; d'autres encore qui en ont voulu quatre, po[ur] correspondre aux quatre grands continents. Mais com[me] aujourd'hui le monde a été définitivement coupé en ci[nq] parties, Blumenbach [1] n'a probablement cru pouvoir fai[re] autrement que de partager aussi l'espèce humaine en ci[nq] races, à savoir :

La race caucasienne ou blanche;

---

[1] *De l'unité du genre humain et de ses variétés.*

La race mongole ou jaune ;

La race nègre ;

La race américaine, qui tient de la caucasienne et de mongole ;

Et la race malaise, qui tient des races nègre et caucasienne.

Mais ce dernier système a souleve de vives objections, il s'accommode mal avec la tradition biblique qui [dit] que ce soient les fils de Noé qui aient repeuplé la [ter]re. Or, comme chacun sait, ils étaient trois et non pas [cin]q.

« Ce qui fera triompher la division en trois races, » dit [l'au]teur d'un article qui a paru sur cette matière dans le *Magasin pittoresque*[1], « c'est que, étant trinaire, elle *correspond au triple aspect sous lequel peut être envisagée [la] nature des peuples, aussi bien que celle des individus.* » [De] ce point de vue, la question s'élève et sort des langes [du] naturaliste. Ce ne sont plus seulement des Caucasiens, [des] Nègres et des Mongols, c'est-à-dire, en dernière [an]alyse, des blancs, des noirs et des jaunes, qu'il faut voir [dan]s la famille des hommes ; ce sont trois grandes frac[tio]ns de peuples, qui paraissent avoir chacune des facul[tés] prédominantes et jouer un rôle particulier dans le [dra]me général de la vie humaine.

Ces trois classes de nations, ces trois races, reçoivent main[ten]ant (de Sem, Cham et Japhet) les noms de Sémites, de Ha[mi]tes et de Japhétiques ; dénomination qui sera peut-être [rem]placée elle-même par une autre, mais qui, dans tous les [ca]s, est infiniment supérieure à celle de Caucasiens, de [Nè]grès et de Mongols, toute physique et incomplète. [Ce]pendant il s'en faut qu'à cette heure l'ethnologie soit en

[1] Tom. VIII, 146-148.

mesure de dire de toutes les nations : celle-ci est de ra[ce]
sémite, celle-là de race hamite, cette autre de race japh[é]-
tique. On est d'accord sur quelques points générau[x],
mais il reste encore beaucoup de ténèbres à dissiper, su[r]-
tout pour les temps anciens.

» Ce qu'on peut dire, c'est que, dans l'état actuel [de]
la science, les Sémites représentent cette race d'homm[es]
au teint basané, aux mœurs mercantiles, mais poétiq[ues]
et religieuses, qui se sont fixés dans l'Arabie, la Syrie, [la]
Judée, la Phénicie, l'Assyrie et la Chaldée. Les Hami[tes]
sont des peuples de couleur noire, mais sur le degré [de]
civilisation et sur les émigrations desquels il règne u[ne]
grande obscurité. Quant à la race japhétique, on [la]
compose de toutes les nations dont la langue dérive [du]
sanscrit; en sorte que ce groupe, à la fois le plus no[m]-
breux et le mieux connu, comprend, parmi les peuples [de]
l'antiquité, les Hindous, les Perses, les Grecs, les Roma[ins],
les Gaulois, et, en général, toutes les familles celt[es,]
germaines et slaves. Pour l'époque moderne, les peup[les]
dont l'idiome a ses racines, soit dans le grec, soit dans [le]
latin, comme les Français, les Italiens, les Espagnols (s[auf]
l'élément ibérique), doivent être considérés, avec les A[n]-
glais, les Allemands, les Russes, les Polonais et tous [les]
Slaves, comme faisant partie de la race *japhétique* que [les]
érudits allemands appellent *indo-germanique*, et que p[lu]-
sieurs ethnologues français proposent de nommer ind[o-]
européenne, pour mieux faire sentir ce qu'elle a de g[é]-
néral. Quelle que soit la qualification qu'on préfère, [le]
groupe des peuples japhétiques se distingue par une i[n]-
telligence très-développée, qui le rend apte aux déco[u]-
vertes scientifiques, et par un caractère entreprenant q[ue]
rien ne fait reculer, *audax Iapeti genus*, la race aud[a]-
cieuse de Japhet. Ses rangs se grossissent chaque jour

uvelles recrues, à mesure que l'on retrouve des affinités
tre le sanscrit et des langues que l'on ne soupçonnait
s jusqu'à ce jour avoir de parenté avec l'Inde. Bientôt
e formera un ensemble si considérable, qu'il faudra la
umettre elle-même à une nouvelle division. »

Si nous avons fait cette citation, ce n'est pas que nous
rtagions toutes les idées de l'auteur anonyme de cet
icle. Nous ne nous sentons pas, quant à nous, la vive
pugnance que lui inspire la division fondée sur la dif-
rence des couleurs.

Bernardin de Saint-Pierre a dit, dans ses *Etudes de la
ture*, que les couleurs des animaux indiquaient, peut-
re plus qu'on ne pensait, leurs caractères, et que la
uleur pourrait bien devenir le germe de toute une
ience [1]. Les fameuses *Analogies* de Fourier partent du
ême principe. Enfin M. Da Gama Machado, le piquant
teur de la *Théorie des ressemblances*, a posé cet axiome :
La *couleur* est le vrai pilote de la nature, pour donner
connaissance de la *valeur* de ses productions, dans les
ois règnes, animal, végétal et minéral. »

Sans vouloir nous rendre solidaire de ces trois opinions,
us avons bien de la peine à penser que si la division en
ois races triomphe, ce sera parce qu'étant trinaire, elle
rrespond au triple aspect sous lequel peut être envisa-
ée la nature des peuples aussi bien que celle des indivi-
us. Dussions-nous être atteint et convaincu de *natura-*

---

[1] On a déjà remarqué que tout animal revêt la couleur domi-
ante répandue aux lieux qu'il habite : le renard, le lièvre, les
ureuils, les vautours deviennent blancs, par exemple, dans les
ntrées neigeuses, les oiseaux granivores ont une couleur ter-
euse ; la nuance de la caille, de la perdrix grise, de l'alouette
chevis, des farlouses se confond avec celle de la poussière ; au
ésert la robe du reptile varie suivant la nature du sol.

lisme, ce n'est pas par ce motif qu'elle triomphera d[e] notre esprit. Nous aimerions presque autant croire a[vec] les dévots partisans que l'esclavage a conservés en A[mé]rique, que si les nègres sont esclaves, c'est à cause d[e la] malédiction qui pèse sur leur ancêtre Cham, et admet[tre] avec eux que ce serait par conséquent aller contre [les] vues du Seigneur, et commettre un sacrilége abomina[ble] que de vouloir supprimer l'esclavage.

ANTHROPOLOGIE. — Le but de cette science est la d[é]termination des caractères anatomiques qui distinguent [les] races les unes des autres. Elle recherche les causes [de] leurs modifications, soit dans leurs croisements, soit d[ans] leurs filiations, soit enfin dans l'influence que les age[nts] extérieurs exercent sur l'organisation humaine, à mes[ure] de la dissémination de l'homme sur la surface du glo[be.] Mais l'intérêt dominant de l'anthropologie est de décid[er] par des procédés scientifiques, si l'humanité tout enti[ère] constitue une seule et même espèce; si, comme le dit [la] Genèse, tous les hommes sont sortis des flancs d'une pr[e]mière femme.

« Les races humaines, dit Jean de Muller dans sa *Ph[y]siologie de l'homme,* sont les formes diverses d'une espè[ce] unique qui s'accouplent en restant fécondes, et se perp[é]tuent par la génération. Ce ne sont point les espèces d'[un] genre, car si elles l'étaient, en se croisant elles resterai[ent] stériles. — Mais de savoir si les races d'hommes existant[es] descendent d'un ou de plusieurs hommes primitifs, c'e[st] ce qu'on ne saurait découvrir par l'expérience. »

Guillaume de Humboldt n'admet pas plus que Jean [de] Muller l'existence primitive d'un couple unique. « No[us] ne connaissons, dit-il, ni historiquement, ni par aucu[ne] tradition certaine, un moment où l'espèce humaine n'a[ait] pas été séparée en groupes de peuples... Des légendes is[sues] s, se retrouvant sur des points très-divers du globe, sans communication apparente, font descendre le genre humain tout entier d'un couple unique. Cette tradition est si répandue, qu'on l'a quelquefois regardée comme un antique souvenir des hommes. Mais cette circonstance même prouverait plutôt qu'il n'y a là aucune transmission réelle en fait, aucun fondement vraiment historique; et que c'est tout simplement l'identité de la conception humaine qui partout a conduit les hommes à une explication semblable d'un phénomène identique... Ce qui montre encore, dans la tradition dont il s'agit, le caractère manifeste de la fiction, c'est qu'elle prétend expliquer, d'une manière conforme à l'expérience de nos jours, un phénomène en dehors de toute expérience, celui de la première origine de l'espèce humaine.... En vain la pensée se plongerait dans la méditation du problème de cette première origine. L'homme est si étroitement lié à son espèce et à son temps, que l'on ne saurait concevoir un être humain venant au monde sans une famille déjà existante, et sans un passé. Cette question ne pouvant être résolue ni par la voie du raisonnement, ni par celle de l'expérience, faut-il penser que l'état primitif, tel que nous le décrit une si étendue tradition, est réellement historique, ou bien que l'espèce humaine, dès son principe, couvrait la terre sous forme de peuplades? »

Mais cette négation, exprimée sous la forme du doute, n'entraîne pas, chez Guillaume de Humboldt, celle de l'unité morale de l'humanité. « Une idée qui se révèle à travers l'histoire en étudiant chaque jour son salutaire empire, une idée qui mieux que toute autre prouve ce fait si souvent contesté, mais plus souvent encore mal compris, de la perfectibilité générale de l'espèce, c'est l'idée de l'HUMANITÉ. C'est elle qui tend à faire tomber les barrières que

des préjugés et des vues intéressées de toute sorte
élevées entre les hommes, et à faire envisager l'huma[nité]
dans son ensemble, sans distinction de religion, de [na]-
tion, de couleur, comme une grande famille de frè[res,]
comme *un corps unique*, marchant vers un seul et mê[me]
but, le libre développement des forces morales. »

Cette opinion de Humboldt et de Muller n'est point p[ar]-
tagée par M. Eusèbe Desalle, auteur d'un livre intitu[lé]
Linéaments de philosophie ethnographique, lequel livr[e a]
pour but de soutenir le principe de l'unité originelle [de]
l'espèce humaine. Selon M. Desalle, parmi toutes les ra[ces]
qui composent la famille humaine, il y a une variété [qui]
se reproduit également, et qui doit terminer la quer[elle]
en renvoyant dos à dos les bruns et les blonds. Cette [va]-
riété, c'est celle de l'homme roux ; mais entendons nou[s:]
« Non point l'homme roux-jaune, peu velu, avec des y[eux]
bleus ; c'est une simple nuance du blond. Le type don[t il]
s'agit est très-velu, rutilant, avec des yeux châtains, [la]
peau blafarde, semée de taches de rousseur. Cette vari[été]
apparaît non-seulement chez toutes les races blanch[es,]
mais chez presque tous les basanés, et même chez les [nè]-
gres. Comme une peau très-pâle accompagne toujours [les]
cheveux rutilants, les analogies physiologiques nous m[on]-
trent dans le roux un albinos robuste, et dans l'albin[os]
un roux affaibli. Tous deux réalisent à des degrés div[ers]
cette crise, cette manifestation d'un type primitif que D[es]-
moulins avait raison de présenter comme symptôme [et]
souvenir d'unité [1]. »

L'homme roux est donc, s'il en faut croire M. Eusèbe D[e]-
salle, le type primitif, dont toutes les races diverses s[ont]
dérivées, et vers lequel toutes convergent. L'homme

[1] Page 58.

sorti roux des mains du Créateur, et roux il rentrera dans le sein de la Divinité, lorsque les temps seront accomplis, et lorsque l'humanité reviendra perfectionnée à son point de départ.

L'auteur d'un travail sur les crânes des habitants du nord, le docteur A. Retzius croit avoir trouvé dans la forme de la tête le meilleur mode de classement des races humaines. Il les divise en deux grandes catégories, en raison du développement de la partie postérieure du crâne, de celle qui correspond aux lobes postérieurs des hémisphères cérébraux. Aux races à crânes allongés il donne le nom de *Dolichocéphales;* aux races à crânes courts, celui de *Brachycéphales.*

En outre, comme les variations de la forme de la face, et en particulier celles de l'appareil maxillaire et de l'os de la pommette, sans avoir autant d'importance que celles du crâne, servent aussi à caractériser les diverses nationalités, le docteur Retzius subdivise ses catégories primitives en deux groupes, les *Orthognathes* et les *Prognathes,* ainsi qu'on le peut voir dans le tableau suivant :

RACES.

DOLICHOCÉPHALES.

ORTHOGNATHES.	PROGNATHES.
Gaulois.	Groenlandais.
Celtes.	Plusieurs races américaines (Caraïbes, Botocudos, etc.)
Bretons.	
Scots.	
Germains [1].	Nègres.
Scandinaves.	Nouv.-Hollandais.

BRACHYCÉPHALES.

ORTHOGNATHES.	PROGNATHES.
Finnois.	Tatars.
Afghans.	Kalmouks.
Persans.	Mongols.
Turks.	Malais.
Lapons, etc.	Plusieurs races américaines (Incas, Charruas, etc.)
	Papous.

Le docteur Retzius compare ensuite les crânes des Suédois, des Slaves, des Finnois et des Lapons, faisant choix pour chaque peuple, des types qui représentent le mieux chaque race.

Suédois. Dans cette race, la forme du crâne, vu en dessus, est ovale. Sa plus grande longueur est de 0 m. 190 elle est à sa plus grande largeur comme 1000 : 775. L protubérance occipitale externe est remarquablemen

---

[1] Selon M. Serres, cité par A. Esquiros, la tête allongée d Charles X reproduisait les formes exactes de la race franke. *Revu des deux Mondes*, 1er avril 1845, p. 179.

grande; le développement de l'occiput porte assez en avant l'orifice du conduit auditif externe; un plan passant par les deux méats externes, et perpendiculaire au plus grand diamètre du crâne, coupe ce diamètre à peu près en son milieu.

La face est peu saillante; l'espace entre les orbites sur la racine du nez et l'os ethmoïde est, en général, large comme chez tous les autres peuples du nord. La face est longue, la mâchoire inférieure élevée et forte.

Des crânes, trouvés dans de vieux tombeaux, démontrent que ces formes n'ont pas varié depuis plus de mille ans.

Slaves. Le crâne est d'une forme ovale tronquée en arrière. Sa plus grande longueur est de 0 m. 170; elle est à sa plus grande largeur comme 1000 : 888. La protubérance occipitale présente l'aspect d'une élévation transversale et tronquée. Les orifices des conduits auditifs sont en arrière du milieu du grand axe de tête. La face est parfaitement semblable à celle des Suédois.

Finnois. Forme du crâne ovalo-cunéiforme; longueur 0 m. 178; le plus grand diamètre est au plus petit comme 1000 : 814. Les bosses pariétales sont élevées et très-saillantes; c'est dans leur voisinage que se trouve la plus grande largeur de la tête. La protubérance occipitale n'est pas très-saillante. Vu par derrière, le crâne présente une surface occipitale presque carrée, un peu plus haut que large.

Les méats auditifs externes sont un peu en arrière du milieu du grand diamètre de la tête. La face est très-peu saillante; le bord inférieur de l'arcade zygomatique est presque droit.

Lapons. La longueur de leur crâne est de 0 m. 170; elle est à sa largeur comme 1000 : 865. Vu en dessus, il se rapproche de celui des Finnois par sa brièveté et la grosseur des bosses pariétales ; mais la partie inférieure de l'occiput est plus saillante et donne à la tête un aspect plus allongé ; la plus grande largeur du crâne est un peu au-dessous et en avant des bosses pariétales. Chez les Lapons l'occiput présente une forme plus régulièrement arrondie, et les os sont en général plus forts.

Les orifices des conduits auditifs sont ordinairement derrière le milieu du grand diamètre du crâne ; cependant dans quelques exemplaires ils tombent sur ce milieu même. L'os de la pommette est petit, l'arcade zygomatique peu saillante, la mâchoire inférieure peu développée.

Les Finnois doivent certainement être séparés des Lapons. Comme les Slaves et les Scandinaves, les Finnois paraissent originaires de pays plus favorisés de la nature, tandis que les Lapons ont habité le nord depuis les temps les plus reculés.

Les Lapons ont eté rapprochés à tort, soit des Kalmouks, soit des Groenlandais ; le docteur Retzius présente quelques détails destinés à caractériser les crânes de ces deux races [1].

— La taille moyenne en Angleterre, dit M. W. B. Brent dans un mémoire lu à une réunion de l'association Britannique pour l'avancement des sciences [2], est de 5 pieds 7 pouces et demi (1 mètre 714 — 5 pieds 3 pouces 4 lignes mesures françaises); les états statistiques du département de la guerre, qui doivent, selon toute apparence, donner une idée assez juste des classes de la campagne, varient de 5 pieds 6 pouces à 5 pieds 7 pouces (mesure anglaise); la classe des petits propriétaires provinciaux (*Yeomanry*),

---

[1] *Nouvelles annales des voyages*, 5e série, vol. VI, p. 591.
[2] *Sur la stature et les proportions relatives de l'homme à différentes époques et dans différentes contrées.*

qui vient immédiatement au-dessus de la précédente, donne de 5 pieds 1 pouce, à 6 pieds 5 pouces (de 1 mètre 550 à 1 m 705). Les conscrits français, d'après les états officiels, portent en moyenne 1 mètre 645 (5 pieds 9 lignes 221 millièmes); mais M. Brent, d'après des observations personnelles, élèverait beaucoup plus la taille en France. Les observations faites par le professeur Forbes sur les élèves de sa classe à Edimbourg donnent aux Irlandais le premier rang quant à la stature, aux Ecossais le second et le troisième aux Anglais. Les Belges paraissent être d'une taille encore inférieure.

L'auteur rejette l'idée que les hommes de haute stature aient une infériorité intellectuelle, comme l'a cru Bacon, et il démontre le contraire par des exemples historiques. Il a remarqué que la taille moyenne des hommes qui peuplent les hôpitaux, les maisons de travail et les prisons, est au-dessous de la commune.

Dans un autre mémoire *sur les dimensions du corps humain chez les individus de diverses nations* [1], le docteur G. Schultz, conservateur du musée anatomique de Saint-Pétersbourg, s'est proposé de vérifier si les peuples qui appartenaient à une race, mais qui se distinguaient, tant par leur physionomie et leur genre de vie que sous le point de vue intellectuel, ne présenteraient pas non plus quelque diversité corporelle remarquable. Voici les résultats sommaires de ses expériences :

La position des vertèbres cervicales démontre que les Nègres ont le cou et la tête plus courts, ce qui explique un assez grand nombre de leurs habitudes. Les Juifs, au contraire, ont ces parties plus longues que les Russes.

---

[1] *Bulletin de l'Académie Impériale de Saint-Pétersbourg, classe physico-mathématique*, t. IV, col. 225, 1845.

Mais il faut remarquer que ces mesures ne rendent pas apparent le rapport propre entre le cou et la tête, mais seulement la dimension relative des deux parties prises ensemble. Le périnée occupe la position la plus basse chez les Juifs. Leurs extrémités inférieures sont, en conséquence, les plus courtes; les Nègres, au contraire, présentent les plus longues. Le genou est remarquablement bas chez les Russes. Le bassin, à hauteur moyenne égale, présente les différences les plus singulières relativement à ses dimensions propres ; mais on n'a pas tenté de déterminer d'après cela quelle était l'inclinaison du bassin ou la position de la cavité cotyloïde plus ou moins en avant du corps. Ce sont les Esthoniens qui présentent la poitrine la plus large ; et, chose remarquable, ce sont eux aussi qui offrent partout les diamètres les plus considérables. Tous les individus de cette race sont bâtis sur un modèle parfaitement identique. Les Nègres ont les bras plus longs et les Juifs plus courts. Lorsqu'en général, chez les Européens, l'envergure des bras surpasse de 2 à 3 pouces la hauteur du corps, il s'est trouvé un Nègre, serviteur à la Cour impériale, chez lequel cette envergure a 10 pouces en plus que sa hauteur. Si on compare les éléments dont se compose cette envergure avec celle d'un Juif de même taille, on a en pouces anglais :

	Hauteur.	Main.	Avant-bras.	Largeur des épaules.	Enverg.
Nègre.	67 1/4	8 3/8	11 1/2	16 1/2	77
Juif.	67 1/4	8	10	16 1/4	68 1/4

Chez d'autres Nègres, les plus jeunes, de 19 à 21 ans,

ont présenté 3 pouces, d'autres de 4 à 6 pouces de plus en envergure qu'en hauteur. Les Juifs ont été les seuls chez lesquels on a trouvé des individus où l'envergure était de 1 pouce plus petite que la hauteur du corps.

Ce sont les Russes qui ont présenté les mains les plus petites, et les Lettons les plus grandes. Les plus grands pieds appartiennent aux Russes et les plus petits aux Tchouvaches.

Les individus soumis à ces expériences ont été 70 Russes, 20 Juifs, 8 Lettons, 6 Tchouvaches, 4 Esthoniens, 5 Nègres, 3 Tcherchess et 10 individus appartenant à diverses nations.

S'il faut en croire sur parole un membre de l'*Académie des Inscriptions et Belles-Lettres*, M. Henrion, qui présenta à sa compagnie une échelle chronologique de la taille des hommes depuis le commencement du monde jusqu'à la naissance de Jésus-Christ, nous aurions singulièrement dégénéré; car dans ce tableau, Adam n'a pas moins de 123 pieds 9 pouces de haut, et Eve pas moins de 118 pieds 9 pouces 3/4. — N'oubliez pas la fraction, de grâce! — mais il faut croire que l'homme eut trop d'orgueil d'une si belle taille et que Dieu sentit le besoin de le rabaisser, car il ôta 20 pieds à Noé quoique ce fût le seul juste de son temps, et Abraham se trouva réduit à la taille humiliante de 28 pieds. Enfin, Moïse qui voyait Dieu face à face, Moïse, d'après les calculs de M. Henrion, n'avait plus que 13 misérables pieds. Heureusement, cette décroissance qui menaçait de nous réduire à rien, n'a pas suivi une progression régulière. Hercule, à ce qu'il paraît, avait encore dix pieds, et il nous reste aujourd'hui une preuve assez rassurante de cette irrégularité dans le géant qui s'est montré au café Mulhouse. Quant aux esprits incrédules, qui aimeraient mieux se tranquilliser aux dépens du savant académicien, et traiter ses calculs de billevesées, nous leur répondrons que, quant à nous, la taille qu'il attribue aux patriarches n'a rien qui nous étonne, quand nous songeons à la durée de leur vie. Dès qu'on admet qu'ils mouraient à l'âge de 930 et de 950 ans, il n'y a rien de choquant à penser que si le corps humain contenait dans l'origine assez de séve pour égaler un chêne en longévité, il en ait eu assez pour l'égaler en hauteur.

DE LA PEAU. — 1° Chez les peuples, à peau brune ou noirâtre, la face de la peau exposée au grand air est souvent, peut-être même habituellement, plus claire que le reste du corps, abrité par les vêtements.

Cette observation coïncide avec celle de Choris, sur les habitants des îles Sandwich, et d'après laquelle les individus appartenant à la classe noble, seraient d'une couleur plus foncée que le commun du peuple.

2° Chez les créoles américains et hindous, lorsqu'à la suite de plusieurs générations la couleur brune a complétement disparu de tout le reste du corps, elle persiste encore dans les parties sexuelles, et c'est à ce caractère que les métis continuent d'être longtemps encore reconnaissables.

3° Chez les créoles, au moins chez ceux de l'Inde, la peau, après être demeurée très-claire pendant la première partie de la vie, reprend plus tard un aspect très-foncé, tellement que cette circonstance peut rendre l'individu difficile à reconnaître après un laps de plusieurs années.

4° Le caractère extérieur de la peau chez les Américains, diffère beaucoup de ce qu'il est chez les blancs; même chez l'homme, la peau est dépourvue de toute villosité, elle est plus douce et plus unie que celle même des femmes blanches les plus délicates [1].

De nos jours, un observateur habile, M. Flourens, a

[1] *Nouvelles annales des voyages*, 5e série, vol. VI, p. 361.

démontré qu'il n'est aucun des caractères de l'homme noir, même celui de sa couleur, qui ne se retrouve, à l'état rudimentaire, il est vrai, chez l'homme de nos contrées septentrionales [1].

Le caractère de la couleur n'est pas absolument tranché ni bien satisfaisant. On voit des femmes enceintes sur le sein desquelles la tache brune des mamelles s'agrandit. Chez d'autres, c'est l'abdomen qui devient noir, quelquefois le corps entier. Comper parle d'une femme de haut rang qui avait naturellement la peau blanche et un très-beau teint; mais qui, chaque fois qu'elle devenait enceinte, commençait à avoir la peau généralement brune. Vers la fin de sa grossesse, dit-il, elle devenait une véritable négresse. Après l'accouchement, la couleur noire s'effaçait graduellement. Et réciproquement, on a vu dans différents pays des nègres devenir à peu près aussi peu colorés de peau que des Européens.

Asie. — Un recensement exécuté à Bombay avec le plus grand soin, par ordre supérieur, fait connaître dans quelles proportions les différentes races de l'Asie sont mêlées sur les points les plus importants de l'Inde anglaise, et dans quel rapport de force numérique y sont les gouvernants vis-à-vis des gouvernés. Voici les chiffres que fournit ce document tout récent, qui est de nature à fixer l'attention des ethnographes :

Sur une superficie de huit lieues carrées, dont à peine un cinquième est habitable, il se trouve 566,149 habitants, dont 354,090 hommes, et 210,229 femmes. Dans ce nombre, on compte 6,936 brahmes, 289,995 Hindous des castes inférieures, 1,902 bouddhistes, 124,155 mahométans, 114,698 parsis, 1,123 juifs, 7,456 chrétiens indigènes, 1,333 créoles anglais, 5,417 créoles portugais, 5,088 Eu-

---

[1] Flourens, *Buffon et ses travaux*.

ropéens pur sang, 889 Nègres, enfin, 7,118 asiatiques de castes et de contrées inconnues,

La race européenne n'atteint donc pas 1 pour 100 de la population, dans le premier port de la mer de la péninsule indienne. Que sera-ce dans l'intérieur du pays, où rien n'attire les étrangers?

Et pourtant, dans cette proportion minime, dont il faut encore déduire un certain nombre de Français, d'Espagnols et d'Américains, les Anglais dominent le pays, l'exploitent à leur gré, le compriment au moindre mouvement, et ne lui laissent aucune perspective de pouvoir jamais secouer le joug de l'Europe.

Ce n'est pas l'avis de M. Barchou de Penhoën, dont les deux ouvrages sur l'Inde anglaise sont analysés par M. Alex. de Jonnès, dans *la Presse* du 4 janvier 1846 : «On remarque, dit-il, un singulier phénomène cité par M. de Penhoën : il n'y a presque pas de sangs mêlés dans l'Inde; leur nombre s'élève tout au plus à 30,000 Tandis que partout ailleurs une race métisse ou créole a perpétué, en la multipliant, la souche des premiers possesseurs; ici, la nature consacre l'aversion des deux races en frappant de mort les fruits de leur union accidentelle. Cette observation, faite sur les enfants des soldats inscrits aux rôles des régiments, s'est constamment vérifiée; ils périssent avant d'atteindre la maturité.

« Cette malédiction providentielle, qui s'attache à la postérité anglo-indoue, semble condamner d'avance l'avenir de sa puissance. »

Chinois a Batavia. — « Les Chinois habitent, à Batavia, un quartier entièrement séparé, ou plutôt une ville entière. Les Chinois arrivent en foule dans l'archipel indien; le gouvernement les accueille et les protége; il choisit parmi eux un chef qui a le titre de capitaine chinois... Le capitaine chinois est spécialement chargé de l'administration de la police et du recouvrement des impôts. Il condamne à la bastonnade, fait couper le nez et les oreilles à ses administrés, sans que les Hollandais s'en occupent le moins du monde... Les Chinois sont essentiellement pacifiques, tant qu'on n'en veut pas à leur bourse; mais ils sont prêts à se faire assommer pour une roupie [1]. »

DRUSES ET MARONITES. — La population du Liban se compose surtout de Druses et de Maronites. Les Druses sont plus belliqueux ; aussi sont-ils toujours les premiers. Ils tirent leur nom actuel d'un apôtre du calife égyptien Hakim-Biemrillah. Hadschi-Chalfa, dans son *Tableau du monde*, les fait descendre d'un peuple montagnard (les Mardes ou Merdaïtes) qui, originaire des contrées situées au nord de la mer Caspienne, fut transplanté par les empereurs byzantins dans les montagnes de Syrie et de Mésopotamie. Dans ce dernier pays, le fort de Mardin (jadis Marde), porte encore leur nom; et sur le Dschudi, leurs descendants les Guèbres, Schemsin, Nouszairis et Jesidis, adorent le feu, le soleil, la lune et le diable [2].

Les Maronites, ainsi appelés d'un abbé Maron, solitaire au ve siècle sur le mont Liban, soumis à l'Eglise romaine, sont laborieux, pauvres, doux et fidèles ; leur attachement à la France, qui date du xiie siècle, en est la preuve frappante. La liturgie maronite est en syriaque, mais l'arabe est la langue vulgaire [3].

AFRIQUE.—Les historiographes arabes diffèrent entre eux sur l'origine des Africains. Selon quelques-uns, ils viennent de la Palestine d'où ils furent chassés par les Assy-

---

[1] *Voyage de Dumont d'Urville*, 7e vol.
[2] *V. Encyclop. du* xixe *siècle*, l'art. *Druses*, par M. Ed. Fournier.
[3] *Presse* du 9 juin 1846.

riens; les autres sont d'opinion qu'ils tirent leur origine des Sabiens, peuple de l'Arabie Heureuse. D'autres encore veulent qu'ils aient été habitants de quelques cantons de l'Asie. Cela s'entend des Berbères et des Numides, c'est-à-dire des peuples blancs; mais, selon Léon l'Africain, géographe arabe du xve siècle, né à Grenade, les habitants de la *Terre-Noire* proviennent presque tous d'une souche commune avec eux [1].

— « Les Arabes, dit le docteur Bodichon, sont de haute taille. Ils ont la peau brune, les cheveux noirs, le système pileux peu fourni, la barbe noire et clair-semée; les yeux enfoncés sous l'orbite, et noirs ou d'un brun foncé. Depuis plusieurs années, et en différentes localités de l'Algérie, j'ai examiné la couleur de leurs yeux sur des milliers d'individus, et très-rarement j'en ai rencontré ayant des yeux bleu-d'azur, comme dans la famille celtique. Le noir ou le brun-foncé sont donc les couleurs dominantes. Un très-petit nombre seulement a les yeux d'un gris indécis [2].

» Les arcades sourcilières sont proéminentes. Le front est découvert, convexe, saillant en avant, étroit à sa partie inférieure et s'évasant à sa réunion aux pariétaux. Le crâne, pris dans son ensemble, est fortement développé sur les parties postérieures et supérieures, peu, au contraire, dans la partie inférieure. Les hommes qui ont cette organisation crânienne, sont plus remarquables par l'activité et le développement des instincts, que par les facultés intellectuelles... Cet état moral est particulier à la race arabe.

---

[1] Léon l'Africain, *Hist. et descrip. de l'Afrique*, tome I.
[2] « Le type oral, dit M. Alph. Esquiros, répond assez bien au type français, nous avons reconnu notre image dans cette race nerveuse qui se nourrit de ses luttes, et qui s'endurcit de ses cicatrices. »

» Ils ont le nez aquilin, les narines larges, les ailes mobiles et relevées légèrement vers les os propres du nez. La bouche bien fendue, les lèvres minces, les dents bien rangées, blanches et de belle dimension. Le visage considéré dans son ensemble est légèrement carré en haut; en bas il se termine en ovale...

» Le système musculaire est sec et tendineux. Ils ont le pied gros et large, la main petite et effilée. C'est là une conséquence de leurs habitudes : ils marchent beaucoup et souvent pieds nus, tandis que rarement ils s'occupent de travaux manuels.

» Quoique formant une des belles variétés de l'espèce caucasienne, ils n'ont pas cependant cette régularité de proportions qu'on trouve dans les variétés occidentales. En prenant pour type de l'espèce caucasienne, l'Apollon du Belvédère, on voit qu'ils ont les jambes et le col trop longs par rapport à la longueur du torse, et la poitrine trop étroite pour leur taille. — Leur tempérament est bilionerveux, et non pas bilio-sanguin, comme on le dit quelquefois.

» Les femmes sont presque toujours de petite taille, cela tient à ce que, par leur mariage, leur fécondité précoce et les fatigues de la vie domestique, elles sont placées sous l'influence d'un arrêt de développement. Elles sont communément bien proportionnées, ont de beaux yeux noirs, ornés de cils très-longs. Etant jeunes, elles peuvent passer pour belles parmi les femmes des autres variétés. Elles se détériorent bien vite. Une femme arabe de quarante ans est laide à mettre en fuite l'homme le moins scrupuleux. »

Les Arabes vivent de peu ; mais cette sobriété ne doit pas leur être comptée comme vertu; elle est le résultat de leur paresse originelle. « Ils aiment mieux s'imposer des privations, que de se procurer des jouissances ou satisfaire des besoins par le travail. Donnez-leur des aliments à discrétion et à leur goût, ils en engloutissent des quantités incroyables... »

Ils ont un singulier système préventif contre les maladies qui affligent les populations européennes ; c'est d'empêcher qu'elles ne se perpétuent par la génération. » Un enfant est-il né rachitique, phthisique, scrofuleux, malingre, les privations multipliées, le manque de soin, le font succomber avant qu'il ait le temps de produire. » Cette inhumanité, funeste à l'individu, empêche la race de se détériorer.

« En général, les Arabes possèdent une énergie vitale supérieure à celle des Européens. Soumis au même traitement pour la même maladie, ils guérissent plus promptement que ces derniers. Exposés à l'influence des agents miasmatiques, sous les mêmes conditions que les Européens, ils en sont moins souvent victimes. »

Suivant l'observateur que nous citons, autre est l'Arabe en public, autre il est dans la vie intime. Ici, il dépose son masque de gravité, de dignité ; il devient criard, gesticulateur. « Sa démarche est irrégulière et sautillante comme celle de l'animal sauvage..., c'est l'homme pastoral, manifestant une intime ressemblance entre lui et les animaux avec lesquels il vit. Examinez le chien arabe : n'est-il pas, comme son maître, inquiet, hargneux et ennemi des étrangers ?... Le cheval arabe ne connaît que deux allures, le pas et le galop, comme son maître, qui n'éprouve que des impressions extrêmes, sans terme mitoyen.

» L'analogie est tout aussi intime entre l'Arabe et le dromadaire. Tous les deux sont originaires des mêmes déserts ; ils ont l'un et l'autre les jambes et le cou longs, le pied large, la peau peu garnie de poils. Ils résistent parfaitement à la fatigue et à des privations prolongées ; à beaucoup d'égards, au physique comme au moral, ils offrent de nombreux rapprochements. »

« Les Béduyns, dit Joinville, ne demeurent en villes ni en cités, n'en chastiaus, mez gisent adez aus champs ; et leur mesnies, leur femmes, leur enfants fichent le soir de nuit, ou de jours, quand il fait mal tens, en unes manières de herberges que il font de cercles de tonniaus loiés à perches, aussi comme les chers à ces dames sont, et sur ces cercles getent piaus de moutons, que l'on appelle piaus de Damas, conrées en alun [1]. »

— « L'habitant originaire de l'Egypte est ou *fellah* ou *copte*. Ces deux classes de la population descendent des anciens Egyptiens... Leur constitution physique et leur tempérament sont les mêmes... la peau varie du blanc jaunâtre au rouge et au brun, selon le sexe et la localité... Le tempérament approche de celui qu'on a appelé mélancolique ; il prend naissance dans le lymphatique, et il y retombe facilement...

» La race des Ethiopiens [2] est représentée au Caire par les *Barabras* et les *Abyssiniens*. Les Barabras, originaires de la Nubie, se caractérisent par un squelette plus délicat et plus léger que celui du fellah ; par un corps plus grêle, de belles formes et une stature moyenne. La couleur de leur peau est plus ou moins bronzée. Elle est plus claire, si la mère est une abyssinienne, et plus foncée, si c'est une négresse... Le tempérament, quoique doux en général, incline vers le colérique et le nerveux dans les moments d'agitation..

[1] Joinville, édit. de la biblioth., p. 54.
[2] Nous appelons ainsi les branches de la race caucasienne à peau plus ou moins foncée, qui se trouvent mêlées à différents degrés au sang nègre.

» Les caractères physiques des Abyssiniens, diffèrent peu en général de ceux des Barabras. — Les *Gallas*, peuple en partie nomade et très-guerrier, représentent le héros de l'Afrique dans sa pureté... Les Abyssiniens et les Gallas ne vivent au Caire, à l'exception de quelques pèlerins, que dans l'état de l'esclavage...

» La *race nègre* mérite une attention particulière sous tous les rapports. Elle a de nombreux représentants au Caire parmi les esclaves, qui arrivent de toutes les provinces traversées par les bras du Nil formant le Delta supérieur. Il y a autant de variétés parmi cette race qu'il y en a dans toutes les autres. Une différence extrême existe entre le nègre Nuba et celui de Koldagi, de Chaboune, de Tékélé, entre le Berta et le noble Bher d'un côté, et le Dinka et le misérable Kék de l'autre. Les nuances remarquables entre les différentes branches de la race caucasienne en Europe ont leurs analogues parmi les nègres. Cependant il se présente un fait qui trouble cette analogie : c'est la conformité des tempéraments. S'il n'est pas rare de trouver en Europe des hommes de tous les tempéraments dans chaque nation, dans chaque ville, et quelquefois même dans une seule famille ; il n'en est pas de même parmi les peuplades nègres. Là, on ne voit plus que des nuances du tempérament colérique et du lymphatique [1]. »

« Les hommes, dit le même auteur, se marient généralement entre 15 et 20 ans, et les femmes entre 11 et 15. Nous avons connu des femmes qui étaient mères à 13 ans, et il n'est pas rare de trouver des grands-mères qui n'ont que 28 ans, surtout parmi les juifs. Les femmes enceintes

---

[1] *Topographie médicale du Caire*, par le docteur F. Pruner. Munich, 1847, p. 52-57.

se font souvent avorter sans le moindre scrupule, et celles qui sont stériles se droguent de toutes les manières, *localement* surtout, pour devenir mères... L'accouchement se fait sur la chaise percée ; cet usage est tellement répandu et enraciné dans les esprits, qu'il est difficile d'y porter atteinte et impossible de l'abolir, malgré les inconvénients qu'il offre dans la plupart des cas [1]. »

— D'après le *Moniteur Algérien*, la population européenne, au 31 décembre 1849, était, en Algérie, de 112,606 individus, savoir : 58,005 Français, 135 Anglais, 82 Irlandais, 6,945 Anglo-Maltais, 687 Anglo-Espagnols, 38,526 Espagnols, 224 Portugais, 6,986 Italiens, 2,515 Allemands, 200 Polonais, 20 Russes, 74 Grecs, 1,110 Suisses, 1,296 Prussiens, 357 Belges et Hollandais ; divers, 340.

Elle est répartie de la manière suivante :

Province d'Alger. 57,810
— d'Oran. 35,245
— de Constantine. . 19,551

— « M. Trémeaux, dans un voyage au Sennaar et au Bertha, dit M. le docteur A. Crétin [2], a constaté, sur deux points très-rapprochés, des différences considérables entre les deux races d'hommes qui les occupent. Ainsi, en quittant les rives du fleuve Blanc, habitées par une race d'origine caucasique, on atteint, en quelques jours, des montagnes habitées par une race nègre.

» Des différences entre les animaux, examinés sur ces deux points, ne sont pas moins remarquables. Là, où l'homme, au lieu d'avoir une chevelure soyeuse, prend une chevelure laineuse, le mouton perd sa laine et se couvre de poils.

[1] *Topographie médic. du Caire*, pag. 51-55.
[2] *Voix du peuple* du 6 mai 1850. *Revue scientifique.*

» Ce phénomène ne tient pas, comme le pense M. Trémeaux, à la différence des végétaux qui servent à l'alimentation des animaux ; il n'est que la confirmation d'une loi générale déjà plusieurs fois signalée et rappelée par M. Geoffroy Saint-Hilaire, à savoir que le degré de domestication des animaux est proportionnel au degré de civilisation des peuples qui les possèdent. »

— Montesquieu a dit que le gouvernement représentatif avait été trouvé dans les bois de la Germanie. L'auteur d'un voyage intéressant, nommé Moffat, l'a rencontré en pratique, sinon en théorie, chez les peuples du Sud de l'Afrique, que nous regardons comme des sauvages.

« Le gouvernement de *Beshuana*, dit le voyageur, est à la fois monarchique et démocratique. Le pouvoir du roi et des chefs principaux est limité par celui des chefs d'un rang inférieur. Seulement, ils ne savent ce que c'est que la responsabilité ministérielle. Il arrive fréquemment qu'un orateur éloquent se lève dans les assemblées publiques et interpelle directement le monarque constitutionnel. Je fus présent à une séance dans laquelle un orateur populaire reprocha au roi d'avoir nommé des femmes pour sénateurs, et la reine pour premier ministre. »

S'il faut en croire notre voyageur, le roi, en personne, ouvre les sessions parlementaires, comme dans les pays constitutionnels, par un petit discours. « Il n'abandonne point aux ministres, ajoute Moffat, le soin de défendre son administration ; il prend la parole et répond aux discours de ses adversaires. Du reste, l'habitude de ces discussions est tellement enracinée dans ce pays, que personne ne se fâche de tout ce qui se dit en pareille occasion. Les membres de la majorité et de l'opposition se quittent toujours bons amis. »

Les indigènes de la côte occidentale de l'Afrique se divisent en deux grandes nations, les *Fishmen* et les *Bushmen*. Les *Fishmen* (hommes du poisson) sont les habitants des côtes; les *Bushmen* (hommes des bois) comprennent toutes les tribus établies dans l'intérieur des terres. Les *Fishmen* se subdivisent en *Fishmen* proprements dits, et en *Kroomen*. Ces deux peuples vivent du produit de leur pêche, ou servent d'intermédiaires entre les marchands étrangers et les *Bushmen*. Les *Kroomen* sont plus honnêtes, c'est-à-dire moins perfides que les *Fishmen*. Ils fournissent des barques, des matelots ou des rameurs aux bâtiments de toutes les nations qui naviguent le long de la côte [1].

— Voici les principales castes de noirs dont on fait, nous voudrions pouvoir dire, dont on faisait la traite à la côte d'Afrique :

Les Macquois. Les traitants les préfèrent à tous les autres : ils sont plus gais et supportent mieux les fatigues de la traversée ; mais ils sont plus entreprenants et plus disposés à la révolte. On les reconnaît à une marque ovale qu'ils se font sur les tempes, et dans laquelle il y a plusieurs bosses en formes de rayons, dont l'extrémité de l'œil est le centre. Ils ont aussi entre les yeux un ovale plus petit, et des lignes en festons sur le dos. Les Macquois méprisent les esclaves des autres castes, et ne veulent pas même manger avec eux. On est obligé, à bord, de les mettre à part.

Les Monjavas. C'est l'espèce de noirs la plus commune à Mozambique. Leur humeur est douce et sensible. Ils sont mieux faits que les Macquois, mais moins robustes. Ils sont passionnés pour la musique. On les reconnaît aux étoiles qu'ils se font sur le corps et sur les joues, et à

---

[1] *Journal of an African cruiser.*

deux ou trois barres horizontales au-dessous des tempes.

Les Maravis. Ils ont les mêmes mœurs que les Monjavas, mais sont plus petits et moins bien faits. Ils aiment beaucoup la chair du chien, du chat, du rat, etc. Ils ont de grandes bandes transversales sur le dos et sur la poitrine.

Les Jambanes. Ils sont très-hardis et très-dangereux. En général, ils sont bien faits. Leur caste se distingue à une rangée de points du haut du front au bout du nez.

Les Sofalas. C'est le nom de leur pays. Ils ont de grands rapports avec les Jambanes, et méprisent les Monjavas et les Maravis. Leurs femmes sont les plus belles de toute la côte. On les distingue aux lignes courbes qui leur descendent du front sur les tempes, et aux points qu'ils ont sur les joues et sur le corps.

Les Macondés. Ils sont très-intelligents; leurs mœurs sont celles des Lafalas; ils sont assez bien de figure. Ils se font sur la joue une ligne de petits points qui part du coin de l'œil et va, en s'arrondissant, aboutir à la tempe.

RACES INDIENNES DU BRÉSIL. — La plus ancienne race connue du Brésil est celle des *Tapeuyas*. Elle occupait tout l'espace qui s'étend, sur la côte, depuis la rivière des Amazones jusqu'à la Plata, et, dans les terres, depuis le Rio-de-San-Francisco jusqu'au Cabo-Frio. Lorsque le Brésil fut découvert, ils avaient été expulsés par une autre race, celle des *Tupis*, dont les diverses tribus, indépendantes les unes des autres, avaient chacune leur nom.

Les principales de ces tribus, celles qui étaient maîtresses de l'intérieur du Brésil, étaient établies :

Les *Carios*, à Sainte-Catherine, au sud de Saint-Vincent;

Les *Tamayos*, au sud de Rio-Janeiro, depuis les environs jusqu'à Saint-Vincent;

Les *Tupinambas*, près des Tamayos, dont ils étaient les alliés ;

Les *Tupiniquins*, sur la côte de Porto-Sigouro et des Ilheos ;

Les *Tupiniques*, voisins des précédents, et ne leur ressemblant pas seulement de nom ;

Les *Cahetés*, race féroce, sur presque toute la côte de Pernambouc ;

Les *Tabayarès*, même race, mais moins féroces, sur une partie de la même côte ;

Enfin les *Pitagoares*, les plus cruels Tupiques, au nord, entre le Rio-Grande et le fleuve du Paraïba.

Quoiqu'un grand nombre de mots semblables attestent une origine commune, les indigènes du Brésil ne diffèrent pas moins entre eux par le langage que par les mœurs, et il n'est pas rare de voir des peuplades parler une tout autre langue que celle de leurs voisines immédiates. La guerre qui les a forcées à des déplacements continuels explique du reste parfaitement ces anomalies.

Les différentes tribus de Tapouyas entre autres offrent plus d'un exemple de cette bizarrerie apparente.

« Toutes ces différences, dit M. Debret, dans son *Voyage pittoresque du Brésil*[1], proviennent originairement de l'imperfection ou de la paresse organique de quelques individus qui ont altéré la prononciation, et, par suite, la composition extérieure des mots, au point d'en faire disparaître l'étymologie. Il y a de certaines tribus qui prononcent les finales d'une façon toute française ; d'autres, au contraire, les rendent entièrement à la manière allemande.

» Une peuplade parle du nez *(les Machacalis)* ; une au-

---

[1] Vol., 1854.

tre du gosier (les *Camacas Mongoyos*); une troisième du nez et du gosier tout à la fois (les *Patachos*); enfin une cinquième parle de la gorge et du palais (les *Camacans* civilisés *Meniengs*, ainsi appelés par les Portugais).

» Il est très-difficile de transcrire la prononciation de cés sauvages civilisés, parce que la honte les empêche de répéter d'une manière assez énergique le mot qu'on leur demande; pour essayer d'y appliquer une orthographe intelligible....

» Le sauvage communique ses pensées par un tissu de rapprochements et d'analogies, pour ainsi dire, dont les combinaisons, véritablement poétiques, décèlent un esprit observateur, et des sensations très-délicates, dont le charme lui fait aimer ses habitudes sauvages et craindre la civilisation qui les émousse. Tirez-le, en effet, de ses forêts qui furent son berceau, cherchez à le façonner à la société européenne, il se plie à cette gêne, il s'y résigne, mais pour un temps seulement... »

A l'appui de cette observation que l'on ne songe guère à contester, que nous sachions, le voyageur cite l'exemple assez frappant d'un jeune Indien qui, élevé avec soin par un riche habitant de Bahia, finit par demander à entrer dans les ordres ; et qui, le jour même de sa première messe, s'étant dirigé vers les forêts que son cœur regrettait en silence, s'y enfonça pour ne plus jamais revenir.

De toutes les races sauvages encore existantes au Brésil, la plus curieuse est celle des *Botocudes*. Ce sont des anthropophages hideux, dégénérés, dont la population disparaîtra avant que la civilisation l'ait gagnée. On en a vu deux à Paris, il y a dix ans, et M. Serres, mis ainsi à même d'étudier cette race américaine si mystérieuse, remarqua que l'abrutissement dans lequel elle est tombée a surtout sa cause dans l'état de dégradation que l'homme y imposa toujours à la femme.

Mexique. — Nulle part au monde, la population n'est plus mal répartie que dans le Mexique. Un tableau dressé par M. de Humboldt montre qu'elle varie de 568 à 6 par lieue carrée. Depuis Mexico jusqu'à Puebla, d'un côté, et jusqu'à Guanaxuato de l'autre, dit-il dans son *Essai politique sur le royaume de la Nouvelle-Espagne*, les villages se suivent de très-près, comme dans la Lombardie, tandis que dans les provinces du Nouveau-Mexique et de la Californie on peut errer longtemps sur un sol fertile, sous un climat salubre, sans apercevoir la trace d'un homme.

Les mœurs et les institutions des Aztèques ou anciens Mexicains semblent confirmer l'opinion de ce savant qui les croit descendants de quelque nation de l'Asie septentrionale. Leurs yeux obliques, leur barbe rare rappellent la race mongole; mais les Américains sont mieux faits, plus grands, et leur teint est d'un rouge cuivré et non pas jaune.

Les diverses tribus américaines, du reste, offrent entre elles, dans les traits, dans la couleur de la peau, dans la forme de la tête, des différences qui éloignent l'idée d'une origine commune.

La diversité des langues la repousse également. On en compte plus de vingt, dont quatorze ont des grammaires et des vocabulaires assez complets.

Les tableaux hiéroglyphiques des Aztèques nous ont conservé les dates de la grande migration des peuplades américaines. Les Toultèques s'y montrèrent en 648; les Chichimèques en 1170; les Nahualtèques en 1173; les Acolhues et les Aztèques en 1196. Ces débordements humains y laissèrent des traces de civilisation. C'est aux Toultèques que le Mexique doit la culture du maïs et du coton, la construction d'un grand nombre de villes et chemins, et de ces belles pyramides dont les faces sont très-exactement orientées. Ils faisaient usage de peintures hiéroglyphiques, savaient fondre les métaux, tailler les pierres les plus dures ; leur année solaire était plus parfaite que celle des Grecs et des Romains. La forme de leur gouvernement indiquait qu'ils descendaient d'un peuple qui lui-même avait éprouvé de grandes vicissitudes dans son état social. Mais quelle est la source de cette civilisation ? Quel est le pays d'où sortirent les Toultèques et les Mexicains ?

Le seul point constant est que les migrations des peuplades américaines se sont faites du nord au sud, depuis le sixième jusqu'au douzième siècle[1].

— A l'embouchure de l'Orénoque, au milieu du delta formé par les deux bras du fleuve, il existe une nation de mœurs singulières, celle des Guaranis. Pendant la saison des pluies, lorsque le pays est inondé, ils vivent sur le palmier à éventail (mauritice), qui leur fournit nourriture et logement. Ils suspendent d'un tronc à l'autre, des nattes faites avec la nervure de ses feuilles ; ils tirent de la moelle une espèce de sagou, et de la sève fermentée une boisson. Ainsi, dit M. de Humboldt, nous trouvons au degré le plus bas de la civilisation humaine, l'existence d'une peuplade enchaînée à une seule espèce d'arbre, semblable à celle de ces insectes qui ne subsistent que par certaine partie d'une fleur.

Sur les bords du même fleuve, une peuplade sauvage, celle des Ottomaques, se nourrit de terre. Celle qu'ils

---

[1] *Annales des voyages*, publiées par Malte-Brun.

préfèrent est une sorte d'argile onctueuse, colorée par un peu d'oxyde de fer. Ils la mettent en boulette, la font cuire à petit feu, et la gardent dans leur hutte, entassée en pyramides. Pour la manger, ils l'humectent un peu.

Ces *Ottomaques*, comme les autres *Guaranis*, sont, sauf le cannibalisme, une race à peu près identique à celle des Botocudes dont nous parlions plus haut. Cette identité de race, du reste, se retrouve dans la plupart des populations des deux Amériques : « Toutes ces tribus se ressemblent par leurs mœurs sauvages, qui n'ont pu encore se plier à la civilisation européenne. Les mêmes coutumes les régissent, et une chose bien digne de remarque, c'est qu'une d'elles qui habite sur les confins des provinces brésiliennes des Mines porte le même ornement à la lèvre inférieure que les peuples des Pelleteries à la côte nord-ouest de l'Amérique, si bien décrite par Cook et Vancouver [1]. »

Mais revenons aux mangeurs de terre. M. de Humboldt raconte dans ses *Tableaux de la nature* [2] que, de retour de Rio-Negro, il passa la journée du 6 juin 1809 parmi les Ottomaques, et que la terre qu'il leur vit manger est, nous l'avons dit, une véritable argile glaise. Vauquelin, qui en fit l'analyse chimique, la reconnut pure et sans mélange. Un missionnaire français, qui vivait depuis onze ans parmi eux, assura que cet étrange aliment n'altérait en rien leur santé.

Il est vrai, comme le remarque M. de Humboldt, que, dans tous les pays entre les tropiques, l'homme éprouve un désir presque irrésistible de dévorer de la terre, non pas alcaline ou calcaire qui pourrait servir à neutraliser des acides, mais des bols gras et d'une odeur forte. On est souvent obligé, après une pluie, de renfermer les enfants

---

[1] *Bullet. de la société de géogr.*, mars 1856.
[2] *Ansichten der natur*, tom. I, p. 142.

pour les empêcher d'en manger. Les femmes indiennes du village de Banco, sur les bords de la *Madeleina*, qui s'occupent à tourner des pots de terre, mettent souvent un morceau de terre dans la bouche [1]. Mais à l'exception des Ottomaques, tous les individus des autres tribus deviennent malades, dès qu'ils cèdent à ce singulier penchant. Dans la mission de San-Boria, M. de Humboldt trouva un enfant indien qui, au dire de sa mère, ne voulait pas prendre d'autre nourriture. Mais aussi il était desséché comme un squelette.

Pourquoi dans les climats tempérés et froids, ce goût irrégulier est-il si rare et circonscrit dans la classe des enfants et dans celle des femmes grosses?

Les nègres de Guinée mangent habituellement une terre jaunâtre qu'ils appellent *cahouac*. Ceux d'entre eux qui sont menés, comme esclaves, aux Indes Occidentales, cherchent à s'y procurer une terre semblable. Ils assurent que l'usage de cette nourriture ne présente en Afrique aucun danger: dans les îles, le *cahouac* rend les esclaves malades. Aussi il y était défendu de manger de la terre, quoique à la Martinique, en 1751, on vendît secrètement, dans les marchés, une espèce de tuf rouge jaunâtre.

« Les nègres, dit un auteur [2], en sont si friands, qu'il n'y a aucun châtiment qui puisse les empêcher d'en dévorer. »

Dans l'île de Java, entre Sourabaya et Gamarang, M. Labillardière vit vendre, dans les villages, de petits gâteaux carrés et rougeâtres. Les indigènes les nommaient *tanaampo*. En les examinant il trouva que c'étaient des gâ-

---

[1] Le même fait a été observé par *Gily-Saggis di Storia americana*, t. II, p. 311. Les loups, pendant l'hiver, mangent de la terre, surtout de l'argile glaise.

[2] Thibault de Chauvelon; p. 83.

teaux d'argile qu'on mangeait [1]. Les habitants de la Nouvelle-Calédonie apaisent leur faim en dévorant des morceaux, gros comme le poing, d'une espèce de talc friable, dans lequel Vauquelin a trouvé du cuivre en assez grande proportion [2]. A Popayan et dans plusieurs parties du Pérou, la terre calcaire se vend, dans les marchés, comme une denrée à l'usage des Indiens qui la mangent avec le coco ou les feuilles de l'*Erythroxylon peruvianum*. Ainsi l'usage de se nourrir de terre, usage auquel la nature semblait n'inviter que les habitants du Nord stérile, règne dans toute la zone torride, chez les races paresseuses qui occupent les plus belles et les plus fertiles contrées de l'univers.

OCÉANIE. — Les différents dialectes de la Polynésie abondent en voyelles, plus que toute autre langue. Ce qui les distingue encore, c'est que les mots se terminent invariablement par une voyelle. Plusieurs de nos consonnes n'existent pas dans le dialecte des îles de Georges et de la Société. Ce dialecte n'a pas de sifflantes, et l'on n'y trouve ni l's ni le c, ni autres lettres correspondantes.

Les indigènes appuient fortement sur la prononciation des voyelles. Chez eux, les lettres *a*, *e*, *i*, *o*, ont le même son que chez nous. *U* se prononce comme *ou*. La diphthongue *ai* se partage et se prononce *aï* [3].

Les îles de l'océan Pacifique sont peuplées de deux races d'hommes bien distinctes, et qui, à certains égards, diffèrent entièrement l'une de l'autre. La plus ancienne se compose de ce qu'on appelle nègres océaniques : ses caractères sont la couleur noire de la peau, la petitesse de la stature et la nature laineuse de la chevelure. L'autre se

---

[1] *Voyage à la recherche de la Pérouse*, t. II, p. 322.
[2] *Ibid.* p. 205.
[3] *Revue britannique*, juin 1844. *Ellis's polynesian researches.*

rapproche beaucoup de la race malaise et des Indiens de l'Amérique.

Les Taïtiens ont, pour la plupart, une taille au-dessus de la moyenne; mais leurs membres sont moins musculeux que ceux des îles Sandwich. Ces insulaires sont aussi moins vigoureux que ceux des îles Marquises, les plus lestes et les plus agiles de toute la Polynésie orientale. Ils sont encore inférieurs, sous ce rapport, à ceux de la Nouvelle-Zélande, avec lesquels ils ont du reste quelques points de ressemblance.

La différence de taille entre les deux sexes n'est pas aussi marquée à Taïti qu'en Europe. Une particularité notable dans la physiologie des Taïtiens, c'est que les chefs, sans presque aucune exception, se distinguent du commun du peuple par un extérieur avantageux et rempli de dignité; cependant ils ne doivent pas le rang qu'ils occupent à leurs avantages personnels, mais bien à leur naissance.

Les enfants, lorsqu'ils viennent au monde, sont presque aussi blancs que chez nous. Ce qui brunit leur peau c'est qu'ils sont constamment exposés à un soleil dévorant.

Sous le rapport de la capacité intellectuelle, les Taïtiens sont encore plus remarquables que sous celui des avantages physiques. Ainsi bien qu'ils ne connaissent rien de l'usage de la boussole et du compas, ils ont des noms pour les quatre points cardinaux: ils appellent le nord *apatoa*; le sud, *apatoeraü*; l'est, *tihitia-o-te-ra* ou lever du soleil; et l'ouest, *tooa-o-te-ra* ou coucher du soleil.

Ils supputent le temps par les *uis* ou générations, et plus généralement encore par années. Chez eux, l'année, ou *matahité*, se compose de douze à treize mois lunaires; le *taï* ou *matarié* comprend l'espace d'une demi-année. Le mois est de trente jours. Chaque mois a son nom particulier. Les insulaires sont tous d'accord pour la durée de l'année ; mais ils ne s'entendent pas pour l'époque où elle commence et pour les noms des mois.

Ils ont un nom pour chaque jour, et même pour chaque nuit du mois; cependant ils calculent par nuits et non point par jours.

Une chose extrêmement surprenante de la part d'un peuple non civilisé, c'est le système de numération des Taïtiens. Ce système est décimal, comme on le verra par le tableau suivant :

Atahi	Un	Aono	Six
Arua	Deux	Ahitu	Sept
Atoru	Trois	Avaru	Huit
Amaha	Quatre	Aïva	Neuf
Arima	Cinq	Ahuru	Dix

Pour exprimer onze, ils disent *ahuru atahi*, dix et un, et ainsi de suite jusqu'à vingt, qu'ils rendent par *arua ahuru*, c'est-à-dire deux dizaines; vingt et un se rend par deux dizaines et un, trente par trois dizaines, et ils continuent de la sorte jusqu'à cent ou *raii*; puis ils reprennent, d'après la même méthode, jusqu'à mille ou *mano*; dix mille s'exprime par *manotini*, cent mille par *rehu*, et un million par *iii*.

Ce chiffre est le point culminant de leur système : ils ne comptent point au delà.

L'origine des insulaires de Taïti et des autres archipels de l'océan Pacifique est un mystère; diverses circonstances portent à supposer que c'est le continent américain qui les a peuplés.

Un fait, qui est aussi fort curieux, c'est que la pratique de l'embaumement, par laquelle les Egyptiens et d'autres peuples de l'antiquité s'étaient rendus si célèbres, se soit retrouvée chez les insulaires de l'océan Pacifique. L'on se demande d'où et par qui ils peuvent l'avoir reçue [1].

Une autre coïncidence remarquable entre les Polynésiens et les Egyptiens, qui peut établir aussi une similitude d'usage entre eux et les Indo-Chinois, c'est cette habitude qu'ils ont, selon M. Lafond, d'employer, dans les circonstances solennelles, un langage de cérémonie et de déférence distinct du langage ordinaire. N'est-ce pas là le langage hiéroglyphique des Egyptiens employé pour les mystères de la religion et les spéculations de la science, tandis que le démotique servait aux usages journaliers [2].

— Suivant le célèbre navigateur Krusenstern, qui visita l'archipel de Noukahiva en 1797, « aussitôt qu'un enfant vient au monde, une des plus proches parentes, parmi lesquelles il s'élève ordinairement des disputes à ce sujet, l'emporte chez elle et le nourrit de fruits et de poissons. Ainsi, ces insulaires ne sont point allaités, et cependant les hommes sont d'une stature colossale. »

Pendant son séjour, Krusenstern constata plusieurs coutumes qui avaient échappé à ses devanciers. Tel est ce nouveau sigisbéisme renouvelé, mis en pratique par les chefs, et qui consiste à laisser près de leurs épouses un lieutenant que l'on nomme *allumeur du feu du roi*...

Les jeunes filles sont rarement mariées avant dix-huit ou vingt ans. Jusque-là elles sont maîtresses, et souvent folles de leurs corps.. Les femmes conservent toute leur beauté jusqu'à un âge avancé. Elle ne sont assujetties à aucun travail pénible...

Les hommes vont généralement nus, sans excepter les chefs; car on ne peut appeler vêtement un morceau étroit

---

[1] *Ellis's Polynesian researches*.
[2] *The Monthly review*, oct. 1855.

d'étoffe grossière, d'étoffe de mûrier dont les hanches sont entourées... Les femmes paraissent porter plus d'habillements que les hommes, mais elles ne sont guères plus vêtues... Comme des animaux amphibies, elles passent dans l'eau une partie de leurs journées, et y paraissent aussi à leur aise que si elles étaient couchées sur un lit de gazon ou jouaient sur un lit de plumes...

Les Noukahiviens sont fort propres; aussi les navigateurs n'ont-ils observé dans ces îles aucune de ces maladies cutanées, si communes sous les climats tropicaux...

Les Noukahiviens sont fort industrieux, et comme ils ont peu de besoins, ils connaissent à fond tous les moyens de les satisfaire. Leurs occupations ordinaires sont l'agriculture, la pêche, la construction des canots et des habitations, et la confection des étoffes à vêtements [1].

Un marin, embarqué à bord de la frégate la *Reine-Blanche*, a donné sur cette île des détails dont nous extrayons ce qui suit :

« La race des naturels est belle; leur teint est plutôt brun que rouge cuivré. Les hommes sont généralement grands et bien proportionnés. Quant aux femmes, petites en général, elles sont très-bien faites; leur teint, beaucoup moins foncé que celui des hommes, n'est pas beaucoup plus sombre que celui des Italiennes. Les jeunes femmes sont presque toutes gracieuses et passablement jolies. Le type de leurs figures n'est pas remarquable par une beauté régulière, mais par un certain charme qui tient à l'originalité. Un petit nez retroussé, des yeux noirs et brillants, des dents éclatantes de blancheur et bien rangées, des cheveux longs et soyeux dont elles prennent le plus grand soin, composent un ensemble fort agréable...

[1] *Ann. encyclopédique* pour 1844.

Il y a entre les Taïtiennes et les femmes des îles Marquises une différence énorme pour la grâce, le charme et l'agrément; la comparaison, faite par un Européen, ne saurait être favorable à ces dernières. Au reste, beaucoup de sang blanc commence à se mêler au sang taïtien, et si ces croisements continuent, la race primitive disparaîtra vite.

EUROPE. — On trouve en Espagne cinq peuples différents, dont quatre sont concentrés et isolés dans quatre cantons particuliers, tandis que le cinquième est répandu dans les diverses parties de la monarchie espagnole. Les quatre premiers sont les habitants de *Las Batuccas*, les *Vaqueros*, les *Maragatos*, et les *Patones*; les derniers sont les *Gitanos*, dont nous parlerons ailleurs, à l'article *Bohémiens*.

Las Batuccas sont le nom d'une petite contrée enfoncée et comme isolée au milieu des hautes montagnes de l'évêché de Coria, dans le royaume de Léon, à quatorze lieues de Salamanque. Une opinion générale avait fait passer les peuples de cette contrée pour avoir vécu pendant une longue suite de siècles, inconnus à leurs voisins, ne les connaissant pas eux-mêmes, sans aucune communication avec aucun autre peuple; mais le célèbre bénédictin Fiejoo a prouvé que le canton de *las Batuccas* et ses habitants ont toujours été connus, même dès le temps où l'Espagne était soumise à la domination des Romains.

« Les *Vaqueros* et les *Maragatos* sont deux peuples qui, quoiqu'éloignés l'un de l'autre, se ressemblent en beaucoup de points.

« Les *Vaqueros* sont dans la province des Asturies; ils habitent en hiver les côtes de la mer; et, en été, les montagnes de Lustariegos. — Les *Maragatos* occupent des montagnes qui sont la continuation de celles-ci jusque près de Pravia, près d'Astorga, dans la Vieille-Castille.

» Les uns et les autres vivent isolés; ils forment comme deux castes ou tribus particulières; ils ne se marient qu'entre eux, chacun dans sa caste ; ils regardent avec une espèce de mépris tout ce qui n'en est point, et comme vils et méprisables tous ceux qui se marient avec des individus étrangers à leur tribu. Les hommes en sont forts et les femmes également robustes et très-courageuses.

» Les *Vaqueros* mènent une vie pastorale ; ils ne s'occupent que de la garde des troupeaux; ils ne vivent que de leur produit; ils errent continuellement et se transportent, comme les nomades, de lieu en lieu pour y chercher de nouveaux pâturages.

» Les *Maragatos* qui habitent les montagnes d'Astorga, au nord de la Vieille-Castille, sont presque tous *arrieros*, c'est-à-dire voituriers ou conducteurs de bestiaux destinés à transporter les fardeaux d'un lieu dans un autre. Ils ont un caractère qui leur est propre ; ils sont maigres, secs, francs, sérieux, taciturnes ; ils rient rarement; on observe même qu'ils ne chantent jamais dans les chemins, lorsqu'ils conduisent les bestiaux.

» Ces deux castes, ainsi isolées, ainsi concentrées en elles-mêmes, leur genre de vie, l'uniformité de leurs occupations, existent dès la plus grande antiquité. On a beaucoup discuté sur l'origine de ces peuples; on n'en est pas plus instruit. »

Le costume des *Maragatos* est le même que celui dont on voit l'empreinte sur les médailles celtibériennes[1], et qu'on croit être de la fin de la domination des Carthaginois en Espagne, et du commencement de celle des Romains.

---

[1] Une de ces médailles, entre autres, a pour effigie un homme à cheval dont le costume est tout à fait semblable à celui des *Maragatos*.

Le costume des femmes, qui tend chaque jour à se perdre, ressemblait un peu à celui des moresques. »

« Les *Patones* n'offrent pas un caractère moins singulier. Habitants des vallées voisines de Torrelaguna, dans la Vieille-Castille, lors de l'invasion des Maures, la terreur qu'inspiraient ces conquérants africains leur fit chercher un refuge au milieu de quelques rochers, dans un petit terrain âpre et montueux, à trois lieues de Molar et à une lieue de Torrelaguna. C'est là qu'ils fondèrent un petit royaume, oublié de la guerre pendant une longue suite de siècles. Ils choisirent un chef parmi eux, lui donnèrent le titre de roi, et rendirent cette dignité héréditaire dans sa famille. La chasse et la pêche pourvurent à leurs premiers besoins ; ils cultivèrent ensuite le seigle et eurent quelques chèvres.

» Leur roi les gouverna jusqu'au xviiie siècle, en ne suivant d'autres lois que celles de la raison naturelle. Ils reconnurent cependant la souveraineté des rois de Castille après l'expulsion des Maures. Les rois d'Espagne respectèrent ou tolérèrent cette forme de gouvernement: lorsqu'ils envoyaient des ordres, ils les adressaient au *roi* des *Patones*. »

Le dernier de ces rois, qui vivait encore au milieu du xviiie siècle, et que les vieillards de Torrelaguna se souviennent d'avoir vu porter des charges de bois dans ce village pour les vendre, renonça à sa dignité, et les *Patones* consentirent à se soumettre à un officier du roi d'Espagne.

Ils ont toujours conservé les mêmes coutumes et les mêmes usages, et ne s'occupent encore aujourd'hui que de la culture de leur territoire, de leurs chèvres et de leurs abeilles [1].

[1] Al. de Laborde, *Itin. descript. de l'Espagne*, 1809, t. III, p. 370 à 375.

Les Biscayens se regardent comme les descendants des anciens Cantabres; ils conservent encore des restes bien marqués du caractère de leurs ancêtres, mais beaucoup adoucis par la civilisation. Les anciens Cantabres portaient sur leurs têtes des coiffures jaunes ou rouges, tournées en forme de turban, dont l'usage s'est conservé en Biscaye jusqu'au xvie siècle [1].

Les historiens des juifs modernes ont confondu en général les *Sephardim* ou juifs d'Espagne et de Portugal, avec les Ashkenazim ou juifs d'Allemagne, d'Angleterre et de Pologne. Il est pourtant certain que le juif de Grenade, au douzième siècle, et celui de Castille, au quatorzième, différaient essentiellement, tant comme relations sociales que comme caractère intellectuel, de leurs coreligionnaires des contrées barbares ou tout au plus à demi civilisées du centre et du nord de l'Europe. Les Arabes avaient la prétention admise par les juifs de descendre comme eux, mais par Ismaël, d'Abraham, le père des fidèles. D'autre part, la croyance unitaire des musulmans répugnait beaucoup moins aux juifs que celle des chrétiens, qu'ils regardaient comme des adorateurs d'images. Les mœurs orientales, le langage scientifique des Mahométans, ainsi que plusieurs des principes du Coran, s'accordaient avec les idées des Israélites, tandis que, soit reconnaissance, soit politique, les califes d'Occident gouvernaient avec une grande douceur les Sephardim. L'état physique du sol, du climat et de la population de l'Espagne favorisait d'ailleurs le développement du caractère juif. Les éléments celtiques et phéniciens qui, dans le midi de la Péninsule, modifiaient les institutions des Goths, s'identifiaient sans trop de difficulté avec les usages d'un

---

[1] Al. de Laborde, *Itin. descript. de l'Espagne*, t. II.

peuple qu'un destin rigoureux éloignait seul de l'Orient.

L'époque du premier établissement des juifs dans la Péninsule est enveloppée de nuages. L'identité de Tershish avec Terhfius et l'alliance contractée par les princes de Tyr avec les rois juifs, David et Salomon, permettent de croire avec assez de vraisemblance que les Israélites visitèrent les côtes de l'Atlantique, dès le neuvième siècle avant notre ère [1].

Thibaut, comte de Champagne, ayant été proclamé, en 1234, roi de Navarre, et remarquant que plusieurs cantons demeuraient stériles, faute de bras pour les cultiver, y transplanta des habitants des parties les plus peuplées de la Champagne et de la Brie. Ceux-ci trouvant un sol vierge sous le ciel fécond de l'Espagne, le rendirent en peu d'années aussi fertile que le reste de ces belles contrées [2].

— Les *Vaudois* et les *Albigeois*, qui condamnaient les désordres auxquels l'Eglise était en proie, pénétrèrent par les Alpes en Italie, et, dès l'année 1180, ils avaient fondé dans la Lombardie et dans la Pouille des établissements fréquentés par leurs frères des autres pays [3].

En 1370, les Vaudois, qui, chassés de Lyon et du Dauphiné, étaient venus habiter la vallée du Pragela, se trouvant trop resserrés dans leur nouveau territoire, envoyèrent quelques-uns de leurs compatriotes en Italie pour y chercher un terrain plus commode. Ceux-ci, ayant découvert dans la Calabre des terrains incultes et très-peu peuplés, firent marché avec les propriétaires du sol ; et, en conséquence, un certain nombre de Vaudois

[1] *Les Séphardim*, par James Tinn.
[2] De Montrol, *Résumé de l'Hist. de la Champagne.*
[3] Léger, *Hist. des églises évang.* part. II, p. 202.

vinrent s'y établir. En peu de temps le pays prit une face nouvelle; des villages s'élevèrent sur différents points, de nombreux troupeaux errèrent sur les montagnes; les vallées se couvrirent de blés et de vignes [1].

La colonie se trouva considérablement augmentée par l'arrivée des Vaudois qui fuyaient la persécution suscitée contre eux en Piémont et en France; et quand la réforme pénétra en Italie, cette colonie était encore florissante [2].

Au seizième siècle, la colonie vaudoise, dans la Calabre ultérieure, comptait quatre mille citoyens : elle possédait deux villes, Santo-Xisto et la Guardia [3].

En 1689, le duc de Savoie permit aux Vaudois de rentrer en Piémont; ils s'y trouvent encore aujourd'hui, dans quelques cantons, au nombre d'environ vingt mille.

— « Les *Gitanos* ou *Bohémiens* forment une classe distincte qui se mêle quelquefois avec les autres habitants, mais qui vit ordinairement isolée, qui a ses mœurs, ses coutumes, son langage propre, ses habitations séparées. Ils ont été connus en France, en Allemagne, en Italie : ils ont presque disparu de ces contrées, mais ils se sont perpétués en Espagne [4]. Ils furent appelés *Zigeuner*, en allemand; les Français les appelèrent successivement *Hongrois*, *Egyptiens*, *Bohémiens*. Ils sont connus en Angleterre sous le nom de *Gypsies*....

» Dans l'ouvrage que l'allemand Greelmann fit paraître, en 1780, on lit que ce peuple est le produit d'une émigration d'Indiens que les conquêtes de Tamerlan poussè-

---

[1] Ch. Macerie, *La Réforme en Italie*, p. 5.
[2] Perrin, *Hist. des Vaudois*, I, 199. Léger, part. II, chap. 1.
[3] Zanchi, *Epistolæ*, lib. II, p. 560.
[4] Ils furent longtemps les seuls aubergistes qu'on rencontra sur les routes. V. *Hist. des hôtels et cabarets*, par Ed. Fournier, II, ch. V.

rent jusqu'en Europe. Les preuves qu'on y rapporte présentent une certaine probabilité.

» Cette race est à peu près éteinte en Allemagne, mais elle subsiste encore en Bohême et en Hongrie : on en comptait encore, en 1780, 294 familles en Bohême, et environ 50,000 individus en Hongrie. On travaille depuis quelque temps, dans ce dernier pays, à leur faire abandonner leur vie vagabonde; il paraît qu'on y réussit [1]. »

—On a donné aux habitants de l'Esclavonie, de la Croatie, de la Bosnie, de la Servie et de la Dalmatie, le nom d'Illyriens, parce que l'ancien Illyricum comprenait tous ces pays. Les anciens Illyriens se sont presque entièrement perdus parmi les Slaves, qui s'attribuent le nom de *Serbli* ou *Serbiens* (en langage vulgaire *Serviens*). On appelle Raitzes (*Ratzok*) les Illyriens d'aujourd'hui qui appartiennent à l'ancienne église grecque, parce que la plupart d'entre eux sont venus de l'ancienne *Rascie* ou Servie méridionale [2]. Par la dénomination de *Slavoniens*, on distingue les habitants modernes de l'Esclavonie, des *Slaves* en Hongrie, qu'on appelle aussi *Slovakes*. Il y a en outre dans l'Esclavonie des Hongrois, des Allemands et des Bohémiens [3].

Les Slavons, établis dans le royaume depuis le septième siècle, ont été presque entièrement détruits ensuite par les guerres et le joug de la domination turque.

---

[1] Al. de Laborde, *Itin. descript. de l'Espagne*, t. III.

[2] L'idiome des Serviens et des Rasciens ressemble beaucoup au russe ; tandis que le dialecte des Croates est presque identique avec le polonais.

[3] *Reisen durch ungarn und einige angrænzende Lænder*, c'est-à-dire : Voyage en Hongrie et dans quelques pays adjacents par Dom. Teleki de Szék, traduit du hongrois en allemand, par L. de Nemeth. Pesth.

Les Illyriens, en 1690, vinrent de l'Albanie et de la Servie, sous le règne de Léopold Ier.

Les colons allemands y furent appelés par Marie-Thérèse et Joseph II, ainsi que les colons lorrains qui se trouvent dans quelques parties de l'empire.

Les Hongrois y étaient en beaucoup plus grand nombre avant l'invasion des Turcs ; il n'en reste actuellement que fort peu dans la contrée d'Essek.

Les Bohémiens ou *Zigeuner* sont appelés dans le pays *Neubauern*, nouveaux paysans.

— Nous trouvons dans une lettre de Vienne, à la date du 21 février 1850, une preuve frappante de la difficulté de fondre les races, de concilier les nationalités si diverses qui, au nombre d'une vingtaine, s'agitent au sein de la Hongrie. Il s'est plaidé dernièrement dans le comitat de Trentschin (Hongrie du nord) un procès dans lequel les quatre parties étaient représentées par quatre avocats plaidant chacun dans une langue différente.

Or, comme trois de ces avocats ne comprenaient que trois de ces langues, et que l'un ignorait l'allemand, le second, le slave, et le troisième, le hongrois, il en est résulté qu'ils n'ont pu saisir un mot de leurs répliques réciproques, et que le juge, fort embarrassé de prononcer un jugement en l'état, a tout bonnement envoyé toutes les pièces du procès au ministère. Comment mettre en harmonie tant de dissonances? Quelle Babel de nationalités ! Quel dédale !

Parmi les coutumes et les usages qu'observent les Roumains, il en est plusieurs qui viennent des Romains, et semblent s'être perpétués chez eux pour témoigner de leur origine. Ainsi leurs voitures ont conservé l'élégante forme des chars antiques. Ils se saluent entre eux du mot latin *frater*, et le tutoiement n'a jamais cessé d'être en usage parmi eux ; ils se servent de cette formule égalitaire indistinctement pour tous ceux à qui ils s'adressent, sans en excepter leurs supérieurs, ni même l'hospodar. Leur fierté sauvage ne voit jamais dans un homme, quels que soient ses titres et son rang, qu'un simple mortel comme eux. Le souvenir de l'empereur Trajan est resté profondément gravé dans leur cœur. Ce qui n'est pas moins curieux, c'est que chez eux le mot roi, si odieux au républicanisme des anciens Romains, est demeuré un terme de mépris, une injure ; quand ils veulent insulter quelqu'un, ils le traitent de roi : *esci un craiu*, tu es un roi, lui disent-ils, ce qui signifie : « Tu es un homme sans foi ni loi, un misérable. » Le premier dimanche de mai, ils célèbrent, à l'imitation des anciens Romains, la fête de Flore. Dès le matin, ils vont dans la prairie et la forêt voisines faire provision de fleurs et de feuillage ; ils en tressent des guirlandes dont ils se ceignent la tête, et reviennent avec ces couronnes champêtres danser gaîment au village. Au retour de l'été, ils plantent devant leurs chaumières une longue perche qu'ils nomment *armindenu*, et au bout de laquelle ils attachent, en manière de trophée, un faisceau de foin et de rameaux verts. C'est encore une coutume romaine. Il n'y a pas un demi-siècle, on voyait, à leurs funérailles, figurer des pleureuses, comme autrefois à celles des Romains. Les paysans ne tirent jamais de l'eau d'un puits sans en répandre quelques gouttes sur le sol, en manière de libation. Ils attribuent à certaines gens le pouvoir de jeter le mauvais œil, et, pour en garantir les enfants, leurs agneaux ou leurs poulets, ils ont soin de leur attacher au cou un petit ruban rouge. Cette sorte de talisman est, à leurs yeux, un préservatif infaillible contre toute maligne influence. Certains noms païens, tels que *Daïna, Diane, Daïnitia, Florica, Flore*, sont très-communs parmi les femmes. Le vendredi, jour de *Venera* ou de Vénus, elles s'abstiennent de travailler, comme le faisaient les matrones romaines. Les broderies dont elles ornent les chemises qui leur servent de vêtements forment des lettres qui reproduisent le nom de l'empereur Marc-Aurèle dont elles n'ont assurément jamais entendu parler. Ces caractères ne représentent à leurs yeux qu'un simple dessin qu'elles tiennent de leurs mères et qu'à leur tour elles transmettront à leurs filles.

—Voici un tableau des nations caucasiennes classées en sept grandes divisions, d'après les sept langues principales qu'elles parlent, savoir :

1. Les *Géorgiens* subdivisés en
   - *Géorgiens* proprement dits.
   - *Imérétiens.*
   - *Guriens.*
   - *Mingréliens.*
   - *Guanes.*

2. Les *Abasses*, subdivisés en diverses tribus dont les principales sont :
   - Les *Beschilbai.*
   - Les *Schapsich.*
   - Les *Natuchasches.*

3. Les *Tcherkesses* ou *Circassiens* en
   - *Circassiens du Kuban.*
   - *Circassiens de la Cabardie*

4. Les *Ossètes*, subdivisés en plusieurs tribus dont les principales sont :
   - Les *Dugores.*
   - Les *Tcherkeisales.*
   - Les *Dimfars.*

5. Les *Kistes* ou *Tchetchenzes*, avec les *Ingousches* et autres tribus.
6. Les *Lesghes*, subdivisés d'après leurs huit dialectes.
7. Les restes des Tatars, des Mongols, des Huns et autres, disséminés sur le Caucase.

« On ne trouve pas en Crimée un peuple, mais un échantillon de peuples : grands Russes, petits Russes, Tatars, Cosaques, Kalmouks, Nogaïs, colonies allemandes, arméniennes, juives, bulgares, militaires, trois ou quatre races différentes, sont venues apporter là leurs mœurs, leurs habitudes, leurs symboles, leurs langues, leurs haines, leurs franchises... La population de la Crimée est une cohue où vivent côte à côte toutes les civilisations de l'histoire, depuis la première jusqu'à la dernière page : civilisations patriarcales, chasseresses, féodales [1]. »

— Le gouvernement de Saint-Pétersbourg compte 5,000 colons allemands, non compris les résidants de cette nation qu' habitent la ville. Le gouvernement de Saratoff, sur le Wolga, en compte 100,000 ; la petite Russie et la nouvelle Russie, 40,000 ; la Bessarabie, 30,000 ; les Steppes et les environs de la mer d'Azof, 50,000 ; la Crimée, 5,000 ; le Caucase et la vallée de Kur, 5,000. En tout, 250,000.

La partie centrale de l'empire, l'ancienne Moscovie, où le pays est assez peuplé, n'a point de ces colonies allemandes. On n'en trouve point non plus en Pologne, ni dans les provinces de la Baltique, où le gouvernement n'a pas de terres dont il puisse faire l'abandon. Les établissements les plus prospères sont ceux de la mer d'Azof et ceux qui couvrent les bords de la Molotshna, ou petite-rivière de lait [2]. Ces émigrations des Allemands sous les plus rudes climats de la Russie prouvent à quel point le trop-plein des populations germaniques a besoin de se déverser quelque part. Pourvu qu'elles se déplacent, tout pays leur est bon. Toutefois, il est bon de se fixer sur les proportions numériques de ces expatriations volontaires et sur le plus ou moins d'alimentation des Allemands émigrés avec les nations, notamment le peuple russe, dont ils se font les hôtes.

— Un journal avait dit qu'une émigration considérable

[1] Eugène Pelletan, *Presse du 18 mai 1843*. V. *Les steppes de la mer Caspienne*, par M. Xavier Hommaire de Hell.
[2] *Kohl's Russia*.

de populations allemandes vers la Russie avait eu lieu dans le cours de l'année 1849, et que les Allemands émigrés en Russie se *russifieraient* beaucoup plus vite qu'ils ne s'*américaniseraient* aux Etats-Unis.

Cette allégation a provoqué, de la part d'un voyageur, une lettre datée de Berlin [1], à laquelle nous emprunterons certains détails dont la date assez récente encore ne peut qu'augmenter l'intérêt.

Après avoir contesté le fait de cette émigration, et établi que c'est il y a environ un demi-siècle qu'un assez grand nombre d'Allemands, appartenant à la population agricole, et attirés par certains priviléges, ont formé des villages sur les bords du Volga, dans quelques provinces de l'intérieur, et aux environs de Saint-Pétersbourg, il constate que ces émigrants ont conservé toute leur nationalité, leurs mœurs, leur langue et leur costume. Mais depuis nombre d'années, ajoute-t-il, le mouvement d'émigration des populations agricoles allemandes s'est détourné de la Russie, et a pris la direction de l'Amérique, principalement des Etats-Unis. Dans chacune des deux années 1848 et 1849, environ 250,000 Allemands ont traversé l'Atlantique.

Quant à la population allemande des villes russes, elle est assez considérable, mais elle ne mérite pas le nom d'émigration : elle se compose de spéculateurs dont le but est de faire bien vite fortune pour s'en retourner dans leur pays. Ceux qui se fixent en Russie, n'en résistent pas moins à l'influence de la nationalité russe, témoin le quartier de Vasiliostrow et la Bourse à Saint-Pétersbourg, où l'on entend parler allemand de tous côtés.

Partout où j'ai été, écrit le voyageur, j'ai parcouru un grand nombre de points du globe, j'ai remarqué que les

---

[1] V. *le Crédit* du 4 février 1850.

populations germaniques conservaient leur nationalité avec une ténacité incroyable au milieu des races slaves, maggyares, serbes, etc., et qu'elles s'assimilaient très-vite, au contraire, avec la race américaine. Voyez les villages allemands en Russie, les colonies allemandes établies depuis des siècles en Bohême, et qui ont presque germanisé le pays, exclusivement peuplé, à l'origine, de Czeches! Voyez les Saxons en Transylvanie, qui depuis sept cents ans conservent intactes leurs coutumes, leur langue, leurs institutions! En Hongrie, en Esclavonie, en Servie, vous rencontrez partout des villages allemands que vous reconnaissez tout de suite à l'architecture des maisons et au seul aspect des populations.

En Amérique, au contraire, à peu d'exceptions près, telles que les anciennes colonies de Pensylvanie, les émigrants allemands deviennent Américains, et oublient bientôt jusqu'à leur origine. La raison en est simple. Au milieu des nations slaves, l'Allemand a conscience d'appartenir à une civilisation plus ancienne et supérieure. Il sent qu'il possède une plus grande aptitude au travail, des penchants plus humains, une langue et une littérature plus riches, une éducation plus industrielle, plus perfectionnée. Dès lors, renoncer à sa nationalité pour adopter celle de sa nouvelle patrie, c'est, à ses yeux, descendre, c'est dégénérer! Et il s'efforcera plutôt d'élever à lui l'indigène.

Au milieu des populations américaines, il reconnaît, au contraire, qu'il a beaucoup à apprendre. Si l'Allemand égale l'Américain en aptitude au travail, s'il le surpasse même en patience et en persévérance, il s'aperçoit bien vite que l'Américain lui est supérieur en ressources de crédit, en procédés mécaniques, en hardiesse et en éducation politique. La langue anglaise n'offre, du reste, à l'Allemand aucune difficulté, elle est fille de sa langue maternelle. Avant de la connaître, il avait pour elle des sympathies naturelles et une sorte d'estime instinctive, car il sait qu'elle est l'idiome des deux nations les plus répandues sur le globe, et qu'elle n'est inférieure à aucune langue morte ou vivante sous le rapport de ses productions littéraires.

Voilà la vérité sur le fait et sur les tendances du mouvement d'émigration des populations allemandes. C'est un détail de mœurs qui se rattache à l'état et au développement de la civilisation des continents européens. Nous pensons, avec l'auteur de ces réflexions, qu'il n'est pas indifférent de savoir que le peuple allemand tourne ses yeux de préférence vers la nation qui représente le travail et la paix, et que chaque jour diminue les liens que d'anciennes colonies et le séjour de spéculateurs isolés avaient formés entre l'industrieuse race saxonne et le gouvernement autocratique et militaire de la Russie.

— Dans le gouvernement de Kasan, près de la petite ville de Tcheboksar, on aperçoit, sur la route de Moscou, un mur long de trois milles et haut d'environ quatre brasses, qui commence au Volga et s'arrête au pied d'une montagne. Personne ne sait quand ni pourquoi ce mur a été construit. On le suppose bâti par les Tatars avant qu'ils eussent été subjugués par les Russes.

D'après le dernier recensement, le gouvernement de Kasan est habité par plus d'un million d'hommes appartenant à six races différentes, savoir :

I. Russes.................................	504,930
II. Tchouvaches	
Chrétiens.............................	269,222
Païens................................	1,816
A reporter...................	775,968

Report	775,968
III. Tatars.	
Mahométans	105,425
Chrétiens	31,045
IV. Tchérémisses.	
Chrétiens	66,650
Païens	1,007
V. Mordiakes.	
Chrétiens	11,517
Païens	66
VI. Votiakes.	
Chrétiens	4,866
Païens	338
	996,882

D'après ce relevé, le nombre des Tchouvaches chrétiens dépasserait de beaucoup celui des païens ; mais ils ne sont chrétiens que de nom. Quant à leur mythologie, elle n'est pas sans analogie avec celle des Grecs et des Romains. Voici quels sont leurs dieux :

Tora	Leur dieu principal.
Tora amoié	Sa mère.
Piliksé	Son aide.
Piliksé amoié	La mère de ce dernier.
Asladi	Le dieu du tonnerre.
Asladi sosimbé	Le dieu des éclairs.
Choar	Mauvais esprit qu'on rencontre sur les routes.
Esrel	La mort, ou plutôt le dieu qui enlève l'âme du corps après la mort ; c'est auprès d'Esrel et non auprès de Tora que vont les morts.
Chvel	Le soleil.
Chvel amoié	Sa mère.
Sil	Le dieu du vent.
Sil amoié	Sa mère.
Kèb	Un ange.
Kèbu amoié	La mère des anges.
Chalouga afa	Le dieu des routes et des carrefours.
Irich	Morceau d'étain qu'on place, suspendu à une branche d'arbre, au delà de la porte de la chambre. On le renouvelle chaque année, et on jette le vieil Irich et la branche dans la rivière.

Outre ces dieux, les Tchouvaches en ont encore une foule d'autres que l'on peut subdiviser en deux classes : les bons et les méchants. Les derniers habitent dans les forêts ; le plus puissant est Vulru-Irsam, qui n'a jamais eu de commencement. L'endroit de la forêt où il est censé habiter, est entouré d'une rangée de ruches. Les prêtres y prennent le miel nécessaire à fabriquer l'hydromel qu'ils lui offrent. Il a deux fils, Sivé-Sensu-Irsam, et Tchelpa-Sensu-Irsam. Le plus méchant des démons se nomme Tchémen. Il punit de maladies terribles le plus petit oubli des devoirs auxquels on est tenu envers lui.

Les Tchouvaches croient que tous les mauvais esprits ont une femme et des enfants. Quand quelqu'un quitte le village pour aller s'établir ailleurs, on croit que les mauvais esprits le suivent dans sa demeure nouvelle. Quant aux bons génies, ils ne demandent pas des sacrifices. Tous ceux qu'on leur offre sont volontaires. En général, les femmes des démons surpassent, disent-ils, leurs époux ; les bonnes en bonté, les autres en méchanceté.

Cette nation n'a ni temples, ni idoles ; car l'Irich est plutôt une sorte d'amulette. Outre les mauvais génies, les Tchouvaches croient encore au diable, qui vient annuellement s'établir dans chaque maison. Pour le chasser, un grand nombre de jeunes gens se rassemblent à cheval, ayant à leur tête le ïomsa ou prêtre, ils parcourent ensuite tout le village, en ayant soin d'entrer dans toutes les cours et de faire le tour de toutes les maisons. Ils frappent les portes et les toits avec de grandes perches, et croient que de cette manière ils expulsent le diable.

Lorsqu'on demande à un prêtre quel est leur Dieu, il répond je n'en sais rien. — Où est-il ? — Dans le ciel. — Quelle est sa figure ? — Qui peut savoir cela ? Est-ce que personne a jamais vu Dieu !

L'allemand W. Kronheim, médecin à Tcheboksaï, à qui nous empruntons ces renseignements, conclut de ces réponses que les ïomsas n'ont pas une idée bien claire ni de leur religion ni de celle des autres peuples. Il nous permettra de ne pas être de son avis ; c'est déjà beaucoup pour la clarté des idées que de savoir qu'on ne sait pas.

— L'origine du mot cosaque a donné lieu à bien des controverses. Les deux étymologies les plus probables sont celles qui le font venir soit du mot russe *kosak*, qui veut dire brigand, soit du mot tatar *kosak*, qui signifie un guerrier armé à la légère [1].

Quant à ce peuple lui-même, qui, depuis 1814, personnifie à nos yeux la barbarie, etc., on s'accorde assez généralement à croire qu'il descend des Komans, nation établie en dernier lieu sur les rives du Volga et qui fut, elle aussi, emportée par la grande invasion des Tatars. Ses débris recomposèrent plusieurs hordes, comme les Cosaques de l'Ukraine, du Don et du Jaïk.

L'existence des Cosaques de l'Ukraine ne remonte pas au delà du xive siècle ; on les voit apparaître pour la première fois vers l'année 1320, à l'époque de la conquête de Kief par Guedemin, grand-duc de Lithuanie. Ils étaient alors établis au-dessous des cataractes du Borysthène ou Dnieper, dans les îles et sur les rives qui avoisinent l'embouchure de ce fleuve. Ils portaient tous les armes et se recrutaient de réfugiés étrangers. La nation couvrit bientôt ainsi toute l'Ukraine, pays fertile situé entre le Borysthène, le Dniester et le Bong. Ils empruntèrent aux Grecs leur religion, et aux Slaves leur langue. Placés entre trois

[1] Il est plus probable encore qu'il vient du nom de leur première patrie la Kabardie actuelle qui, au moyen âge, est appelée *Kaschek* par les historiens et les voyageurs. Les Tscherkess et les Cosaques auraient ainsi une origine commune.

peuples puissants, les Russes, les Tatars et les Turcs, ils durent songer d'abord à chercher un appui contre de si formidables voisins. La Pologne les prit à sa solde pour la défense de ses frontières. Vers l'année 1506, ils avaient pour chef un Polonais d'une famille sénatoriale. Ce fut là, suivant leur tradition, leur premier ataman. Continuellement en guerre avec les Tatars de la Krimée, les Cosaques de l'Ukraine établirent vers la fin du XVe siècle, près de l'embouchure du Borysthène, une sorte de colonie militaire à laquelle ils confièrent la garde de leurs frontières alors peu étendues. Telle fut l'origine de ces fiers Cosaques Zaporogues, que leurs exploits rendirent depuis si célèbres.

Cette association guerrière, qui rappellent les flibustiers du XVIIe siècle, avait primitivement établi sa résidence dans l'île de Cortitz, espèce de forteresse naturelle, élevée à plus de cinquante mètres au-dessus du niveau du fleuve, et défendue par des rochers qui en rendaient l'accès à peu près impossible. Leur capitale n'était qu'une agglomération de cabanes en terre ou en bois, entourée d'un fossé profond, d'une palissade ou d'une file de chariots. Elle était divisée en quartiers ou kourènes, dont le nombre était en rapport avec la population. Dans les premiers temps, il fallait, pour être admis parmi eux, une épreuve,—qui semblerait impossible, si des témoins oculaires n'en attestaient la réalité, — il fallait franchir, dans une barque, les treize cataractes du Borysthène, et faire, en outre, une course sur la mer Noire. Plus tard, ils devinrent moins exigeants. Il en fut de même pour la religion. Dans le principe, ils n'avaient admis que des hommes appartenant au culte grec, que la plupart d'entre eux professaient ; mais ils finirent par y recevoir indifféremment des gens de toutes les religions.

Le gouvernement des Zaporogues était une démagogie

militaire, dont le chef suprême, décoré du titre d'*ataman* ou de *Kockowoy*, exerçait en temps de guerre, un pouvoir presque sans borne ; mais pendant la paix, son autorité était fort restreinte. L'ataman était, ainsi que tous les autres fonctionnaires, élu à la pluralité des suffrages et révocable après une année d'administration. Cette élection avait lieu le 1er janvier de chaque année. Ce jour-là, le conseil procédait d'abord à la distribution, par parts égales, du butin recueilli pendant l'année qui venait de finir, et à la répartition des campagnes et des rivières en autant de lots qu'il y avait de kourènes. Chaque kourène avait, pour toute l'année, la possession exclusive de la pêche et de la chasse dans la partie du territoire qui lui était échue. Ce partage terminé, la troupe entrait en délibération sur le renouvellement ou le maintien des chefs, à commencer par l'ataman. Ceux-ci, debout et la tête nue, attendaient qu'on eût prononcé sur eux. S'ils étaient maintenus, on leur disait : « Vous êtes de bons et braves seigneurs, continuez de nous gouverner. » Ils remerciaient alors l'assemblée par une profonde révérence, et se retiraient. Lorsque l'ataman était révoqué, il déposait, sur l'ordre qui lui en était donné, son bâton de commandant et son bonnet de feutre, insignes de sa dignité éphémère, et, saluant l'assemblée, il rentrait dans les rangs de la foule, comme simple Cosaque. S'il hasardait la moindre observation, s'il essayait de justifier sa conduite, il s'exposait à se faire massacrer.

Les femmes étaient bannies de cette étrange république ; la loi leur défendait d'y pénétrer sous peine d'être lapidées, et elle ne fut jamais enfreinte impunément. Chose remarquable ! cette association si hostile au sexe s'était justement établie vis-à-vis de la côte où la fable avait placé les Amazones.

Lorsqu'ils allaient en guerre, ils nommaient, avant le départ, à la pluralité des voix, le chef de l'expédition.

La concorde régna quelque temps entre les Polonais et les Cosaques, mais les vexations de la noblesse polonaise, ses tentatives pour asservir les Cosaques et les soumettre à l'autorité du pape, poussèrent ces derniers à une insurrection formidable dans laquelle les deux partis épuisèrent tous les genres d'atrocités, et qui leur fut presque également funeste. Cette guerre épouvantable fut une des principales causes qui amenèrent plus tard la ruine de la Pologne ; et elle mit les Cosaques dans la nécessité de se placer sous la protection de la Russie qui en profita pour les asservir à son tour, et qui les égorgea sans pitié lorsqu'ils voulurent revendiquer leur indépendance.

Aujourd'hui que leurs droits, leurs libertés, leurs propriétés, leur nationalité, tout a été effrontément confisqué, il serait difficile de reconnaître, dans ces hommes abâtardis, les descendants de ces fiers Zaporogues ; et néanmoins, ils surpassent encore en courage leurs frères des autres tribus ; aux rives du Kuban, il est passé en proverbe qu'un Cosaque de la mer Noire en vaut trois du Don.

D'après le dernier recrutement opéré en 1840, la population des Cosaques de la mer Noire s'élevait à 112,000 âmes ; cette population occupait soixante-quatre villages, sur une étendue de 3,600,000 hectares constitués en propriétés communales. L'effectif de l'armée coloniale était d'environ vingt mille combattants, à peu près le tiers de la population mâle. Aussi ne rencontre-t-on guère dans leurs villages que des vieillards infirmes, des malades, des femmes et des enfants. De là l'anéantissement de l'agriculture et l'affreuse misère qui dévore le pays. L'existence de la colonie repose entièrement sur le travail des femmes : ce sont elles qui cultivent les terres, réparent les maisons, préparent les fourrures, soignent les enfants et le bétail.

Les Cosaques de la mer Noire sont, du reste, les seuls qui aient conservé le caractère primitif de leur race, presque complétement effacé chez leurs frères du Don et de l'Ukraine. Ceux-ci sont beaucoup plus civilisés, l'habitude de vivre en société leur a donné une sorte d'affabilité et de politesse. Mais les Cosaques de la mer Noire ont conservé toute leur sauvage rudesse, les mœurs et le caractère de leurs ancêtres. Ils n'ont presque pas de besoins. Chez eux, comme chez nous, la richesse ajoute à l'aisance de la vie, mais elle n'ajoute point, comme chez nous, à la considération; ce qui est un peu plus sensé et un peu plus juste.

Tous les hommes sont dans l'usage de se raser les cheveux; ils n'en gardent qu'une longue touffe dont ils forment une tresse qui retombe du sommet de la tête et se relève derrière l'oreille droite. Ce singulier ornement, qui est le signe caractéristique de leur tribu, est pour eux l'objet d'une vénération religieuse; ils y tiennent comme à une sainte relique, et ils se feraient tuer plutôt que de se le laisser ôter.

Quand ils sont malades, ils ont une manière de se traiter qui répond à la rudesse de leurs mœurs: ils ouvrent la veine d'un cheval, en boivent le sang, et, s'élançant à travers les steppes, ils galopent à bride abattue, jusqu'à ce que l'homme et la bête tombent de fatigue.

Peu d'entre eux ont une femme; leur humeur indépendante et sauvage se plie difficilement au joug du mariage. Malgré leur haine profonde pour les Circassiens, l'intérêt et la nécessité ont établi entre les deux peuples des relations que les guerres n'ont pu détruire. Le sel que leur fournissent en abondance les lacs du Kuban, ils l'échangent contre le blé, le miel et les armes que leur apportent les Circassiens. Une particularité remarquable, c'est que ce trafic se fait sans qu'il y ait de part ni d'autre aucune communication personnelle. Les Circassiens vont déposer eurs marchandises dans un endroit destiné à cet usage, et ils y trouvent toujours la quantité de sel que les cosaques doivent en retour. Comme ces échanges sont profitables aux uns comme aux autres, on est des deux côtés exact au rendez-vous, et l'appréciation des marchandises se fait toujours avec loyauté. Malheureusement ces relations commerciales qui devraient amener la paix entre les deux peuples, n'affaiblissent en rien leur vieille haine; l'échange terminé, les hostilités recommencent, et l'on s'entr'égorge de nouveau avec la même fureur [1].

Dans ses *notes ethnologiques sur la Sibérie*, M. de Middendorff établit les limites géographiques des différents groupes de peuples sibériens; il en donne l'énumération et indique quelques-unes de leurs particularités caractéristiques :

Le premier groupe est celui des *Ostiaks*, d'origine finnoise;

Le second est celui des *Samoïèdes*, d'origine mongole;

Le troisième est celui des *Toungouses* ;

Le quatrième, celui des *Iakouts*.

L'auteur montre jusqu'où l'on trouve les traits mongols chez des peuples parlant des dialectes de la langue turque.

Le cinquième groupe est celui des *Ioukaghirs*; leurs traits physiques les rangent avec les Samoïèdes.

Le sixième groupe est celui des *Aïnos*. Ce sont les ha-

---

[1] Voyez, pour de plus amples détails, les *Études sur la Russie* de M. Eugène Faure.

bitants des îles Kouriles et du pays voisin de la bouché de l'Amoûr. Il en existe deux types, le finois et le japonais.

Le septième groupe est celui des *Kachkell*. Cette tribu n'est connue que par ce qu'en ont rapporté les Aïnos [1].

DES POPULATIONS DIVERSES QUI ONT CONCOURU A FORMER LA NATION FRANÇAISE. — Le temps n'influe guère sur les races. Voyez la France. Que disait Dion Cassius de nos ancêtres les Gaulois? Il les appelait : « Cette race légère et hardie [2]. »

« En Gaule, disait César, non-seulement dans toutes les villes, mais dans tous les cantons et dans chaque localité, presque dans chaque maison, il y a des partis opposés, *factiones* [3]. »

« La nation gauloise, disait Caton l'Ancien, aime passionnément deux choses : se bien battre et parler finement, *arguté loqui*. »

« Les Gaulois, disait Strabon, se laissent facilement persuader de l'utilité des études, et y appliquent leur esprit. »

Les Gallo-Romains n'avaient pas beaucoup plus de penchant que nous pour l'ascétisme. Les moines venus d'Orient étaient pour eux un objet de mépris et de colère, d'après un témoignage peu suspect en pareil cas, celui de saint Jérôme, qui rapporte qu'aux funérailles de Blesilla, jeune religieuse romaine, morte par excès d'austérités, la foule criait : « Quand donc chassera-t-on de la ville cette

---

[1] *Comptes-rendus des réunions de l'Association britannique pour l'avancement des sciences*, septembre 1846.

[2] Livre XVIII, ch. 6. Il est vrai qu'en rapporteur impartial, et nous ne sommes point autre chose, nous devons ajouter que l'empereur Julien a dit dans son *Misopogon*, en parlant des Parisiens : « J'aime ce peuple, parce qu'il est sérieux et sévère comme moi. »

[3] *De bello gallico*, livre IV, ch. 2.

détestable race de moines ? pourquoi ne les jette-t-on pas dans la rivière [1] ? »

Ce témoignage est confirmé par le sentiment d'un poëte gaulois du ve siècle, Rutilius Numantianus, de Poitiers, qui, retournant de Rome dans sa patrie, et passant près de l'île de Gorgone, s'écriait : « Je déteste ces écueils, théâtre d'un récent naufrage. Là, s'est perdu un de mes concitoyens, descendu vivant au tombeau. Il était des nôtres naguère, issu de nobles aïeux, en possession d'une noble fortune, heureux par un noble mariage ; mais poussé par les furies, il a abandonné les hommes et les dieux ; et maintenant, crédule exilé, il se complaît dans une sale retraite. Malheureux qui croit, au sein de la malpropreté, se repaître de biens célestes, et se tourmente lui-même, plus cruel que les dieux offensés. Cette secte est-elle donc, je vous le demande, plus fatale que les poisons de Circé ? Circé changeait les corps ; maintenant ce sont les âmes qui sont changées. »

« De tous les barbares, dit, au vi[e] siècle, l'historien grec Agathias, le Gaulois est le plus poli. »

Avant la fin du iiie siècle, et probablement auparavant, les Saxons infestaient nos côtes qui prirent, à cette occasion, le nom de rivage saxon, et ils y fondèrent de très-bonne heure des établissements fixes, surtout dans le Bessin et le Cotentin [2]. Aussi, voit-on souvent figurer les Saxons de Bayeux dans l'histoire des premiers rois Francs. Voyez dans Grégoire de Tours la prise des îles des Saxons en 471.

« Le Cotentin fut longtemps habité par les Sesnes

---

[1] Lettre 22, à Paule.
[2] Notes pour servir à *l'Hist. de Normandie*, par A. Leprevost, 1re partie ; Caen, 1834.

« (Saxons), pirates, et abandonné par les Carliens aux
« Normands [1]. »

Durant la première moitié du vie siècle, d'autres peuples du nord, les Angles, les Sutes et même de nouvelles peuplades Saxonnes ayant fondu sur la Grande-Bretagne, firent refluer sur nos côtes des colonies Saxonnes. Ces Saxons s'étendaient sur les côtes, et même dans l'intérieur assez avant, mais toujours sur le littoral comme pêcheurs, laboureurs et marchands trafiquant avec l'Angleterre [2].

Les aventuriers Saxons, précurseurs des Normands sur les côtes de Bretagne, furent les premiers qui cultivèrent l'industrie des marais salants. Ils étaient établis au Croisic et à Bath, primitivement séparés du continent. Saint Félix, évêque de Nantes, les convertit au ve siècle. Leurs descendants sont restés paludiers, et ont successivement peuplé toute la côte depuis Careil Quéniquen jusqu'à Clis et Tresqualan. On les retrouve à Mosquer, à Pont d'Armes. Des colonies de cette population laborieuse ont fondé des marais salants à Serré, dans le golfe du Morbihan, et sur le littoral de l'île de Rhuys; mais dans ces dernières contrées, leur type s'est fondu avec celui de la population primitive, tandis qu'à Guérande, à Saillé, et surtout à Bath, on les reconnaît parfaitement. Leurs maisons contrastent avec les huttes des paysans par leur air de propreté, qualité qui se trouve sur leurs vêtements. Ils sont grands et blonds, leur accent est désagréable, et ils ont cette rudesse qu'on reproche aux peuples du Nord. Ils ne se marient qu'entre eux.

Au temps de Charles le Chauve, une colonie Saxonne

---

[1] Fauchet, *Antiq. de Genève.*
[2] Delarue, *Essais hist. sur la ville de Caen*, 2 vol. in-8o, 1820.

s'était aussi établie près de Bayeux. Une charte de ce roi en fait mention. Elle y est nommée *Otlingia Saxonica*.

S'il fallait en croire deux vieux auteurs, les invasions des Vandales et des Huns auraient laissé des traces persistantes : « Pour marque de leur venue (407) en ces quar-
« tiers (le Vermandois), dit Jacq. Levasseur à propos des
« premiers, nous ayant les Vandales laissé notre Wafaut,
« hermitage près de Noyon qui veut dire Wandefaut ou
« Deffaut, attendu que les dits Vandales furent appelés
« Wendes ou Wandes..... ce que confirme encore le nom
« de Vandoeuvre, ville et forteresse bâtie par eux... afin
« de ne m'arrester à tant d'autres lieux qu'ils ont pour
« jamais marquez à leurs coins, comme la ville de Gant,
« premièrement dite Went ou Wend [1]. »

Charles Boveller parle ainsi [2], d'après une ancienne traduction, des vestiges que les Huns auraient laissés de leur passage en Gaule :

« Les Huns n'ont manqué de nous laisser aussi (451)
« des monumens de leur griffe, tesmoins le bourg de
« *Lihons* ou *Lihuns*, pour dire *les Huns*, l'abbaye de
« *Hunnecourt* ou *Honnecourt*, cour des Huns, et le vil-
« lage de *Chugny*, selon que ces peuples estoient aussi
« appelez *Chuns*, suivant l'observation de Baronius en
« l'année 451. »

Les peuples dont les Huns n'auraient peut-être pas triomphé par les armes, ils les mettaient en fuite par la terreur qu'inspiraient leurs traits hideux. Leur face, en effet, d'une effroyable noirceur, ressemblait plutôt à une masse informe de chair qu'à une figure humaine, ayant

---

[1] *Ann. de Noyon*, p. 290. — Grégoire de Tours.
[2] *De vitiis vulg. linguæ.*

plutôt des trous que des yeux... Ils vieillissent sans jamais avoir de barbe, et leur jeunesse n'a point de beauté. Ils sont petits de taille, mais adroits, dispos et habiles cavaliers. Leur tête, posée sur un cou vigoureux est droite et respire l'orgueil. Sous une apparence humaine, ils ont la cruauté des bêtes féroces [1].

Noyons, ville très-ancienne du Bas-Dauphiné (Drôme) est d'une antiquité incontestable. On présume que son origine remonte aux Phocéens de Marseille [2].

Les actes du concile de Narbonne, de l'an 589, nous apprennent qu'une multitude (*ingens multitudo*) de Syriens, de Grecs et de Juifs habitaient alors la Narbonnaise, province dont la splendeur, encore toute romaine, retenait un grand nombre de marchands étrangers [3].

Après les grandes invasions, les Trifales, peuplade scythique, s'étaient établis dans les environs de Selles, et suivant Grégoire de Tours [4], il y avait dans le Poitou un canton appelé Trifalie.

Charles-Quint a fait en France plusieurs invasions : en Béarn, en Provence, en Lorraine, en Champagne et en Picardie. Elles ont toutes été malheureuses. Il ne paraît pas qu'il reste d'autre trace du passage de ses armées que quelques noms de localités, en langue espagnole, dans le voisinage d'Avignon et en Picardie. On prétend qu'il a été établi de petites colonies à Agde et à Béziers ; mais nous n'avons pu vérifier le fait.

Saint-Maurice-aux-riches-hommes (Yonne) et Villeneuve-aux-riches-hommes (Aube) tirent sans doute leurs

[1] *Hist. des Goths*, chap. 8.
[2] *France pitt.* de A. Hugo, II, 6. — La langue grecque a laissé des traces dans le patois du Dauphiné. V. le livre de Champollion-Figeac sur ce dialecte.
[3] V. Brequigny et Pardessus. *Diplom. chart.*, 1, 160.
[4] *De vita Patrum*, c. 15.

noms de seigneurs espagnols qui seront venus habiter ces lieux, et qui, dans les royaumes d'Aragon et de Navarre étaient qualifiés de *Ricos hombres*... titre qui équivalait à celui de comte ou de baron en France [1].

Luisitaines, Luistaine, Lusitaine (Sanctus Martinus de Lusitaniâ); Luisitenne, 1300. Bailliage et coutume de Sens, 500 habitants en 1839-40.

Ce nom annoncerait que ce pays a été fondé et habité primitivement par une colonie d'anciens Portugais [2].

La beauté de sa situation a fait croire à quelques personnes que Luisitaines pouvait tirer son nom de *lucem tenens*, comme Vauluisant de *vallis lucens*; mais on ne trouve rien qui appuie ce sentiment, et les anciens pouillés (catalogues des bénéfices ecclésiastiques) désignent Luisetaine sous le nom de *Lusitania* [3].

On a conservé un diplôme du mois d'août 811, adressé par Charlemagne à huit personnages qui étaient comtes en Gothie et en Septimanie, c'est-à-dire en Guienne, et dans lequel il leur enjoint d'assurer la sécurité, et de faire respecter les possessions d'un certain nombre de familles espagnoles qu'il avait établies dans cette province. « Nous avons donc ordonné, dit-il en terminant cet acte, la confection et l'envoi de ces lettres, afin que ni vous, ni vos inférieurs, n'imposiez, ni ne laissiez imposer aucune redevance à nos Espagnols, venus de leur pays sur notre foi, et mis en possession par notre permission de lieux déserts qu'ils devaient défricher et qu'ils défrichent en effet. Tant qu'ils resteront fidèles à nous et à nos fils, ils demeureront paisibles propriétaires ainsi que leurs héri-

---

[1] Mem. d'*Amelot de la Houssaye*, t. II, p. 21.
[2] Ibid.
[3] *Essais hist. et stat. sur le département de Seine-et-Marne*, par M. Michelin, Melun, in-8º, p. 1510.

tiers, de ce qu'ils auront possédé pendant 30 ans, etc. [1].

En 376, les Visigoths passèrent le Danube au nombre de 200,000 sous les chefs Alaric et Fritigern. En 408, Honorius donna à Alaric, pour la levée et l'entretien de son armée et son voyage jusqu'aux Alpes, 4,000 livres pesant d'or, ce qui suppose un nombre considérable de soldats. La même année, Ataulphe amena de Pannonie, à Alaric, toutes les troupes de Goths et de Huns qu'il put ramasser. Il faut remarquer que ces troupes avaient été, en 395, détachées de l'armée visigothe. Ils entrèrent dans les Gaules en 412. Après avoir ravagé le midi, pris Narbonne et incendié Bordeaux, ils assiégèrent inutilement Bazas et passèrent les Pyrénées, vers la fin de l'an 414, sous la conduite d'Ataulphe. Revenus d'Espagne en 419, en vertu d'un traité qu'ils firent avec le patrice Constance une partie de la Gaule fut cédée pour leur demeure, au nom de l'empereur Honorius. On n'a là-dessus rien de bien certain; mais il paraît que le Toulousain, l'Agenois, le Bordelais, le Périgord, la Saintonge, l'Aunis, l'Angoumois et le Poitou tombèrent alors entre leurs mains. Cet Etat des Visigoths s'étendit peu à peu et comprit enfin, avant la fin du ve siècle, tout le pays entre la Loire, les Pyrénées, la Méditerranée et l'Océan. Ils prirent pour eux les deux tiers des terres et laissèrent l'autre tiers aux anciens possesseurs qu'on appela *Romains* pour les distinguer des nouveaux habitants [2].

Au commencement du vi^e siècle, les religieux de St-Claude (*Jura*) faisaient leurs provisions de sel dans le val d'Heri (*Val-de-Salins*). Leurs convois étaient souvent massacrés par les Allemands établis près de là. « Ces Al-

---

[1] Don Vaissette, *Preuves*, t. I, 36.
[2] Amm. Marcell. liv. XXXI.—Sozom., liv. VI, 9.—*Idat. fast.*—Jorn. *de reb. geticis.*— Soz. V. *Philostorg.* XII.

« lemands, dit Béchet [1], étaient quelque colonie établie
« dans les terres qu'on appelle aujourd'hui le pays de
« Vaud. Servius dit que cette peuplade avait pris le nom
« d'Allemands de celui du Léman... Ils s'étendaient en-
« deçà du Jura jusqu'au Val de Mièges qui faisait encore
« partie du diocèse de Lausanne au xive siècle. »

Peu de temps avant la réunion de la Franche-Comté à la France, il paraît qu'un grand nombre de Français, et de Bourguignons surtout, étaient venus s'établir dans ce pays, dépeuplé par les guerres précédentes. En 1653, au village de Desnos, sur 29 ménages, il y en avait 17 de nation étrangère; en 1666, sur 23 ménages, il y en avait 13 français et seulement dix comtois. D. Monnier dit que ces colons français étaient des cabaleurs ou des espions envoyés dans des vues intéressées par les ministres de Louis XIV. Et en effet, le village de Desnos et les villages voisins de Vincent et Lombard furent compromis dans des émeutes contre le gouvernement espagnol [2].

Uchizy (Saône-et-Loire) est une commune à 2 myr. 3 kil. N. de Mâcon, et à 3 myr. 3 kil. S. de Châlon, chef-lieu de l'arrondissement.

On attribue son origine à une peuplade de Sarrasins qu s'y établirent, dit-on, en 733, après la bataille de Tours. Monnier (du Jura) pense, au contraire, que ces habitants descendent d'une colonie d'Illyriens et de Pannoniens, établie en grand après la victoire de Septime Sévère sur Albin. Ils s'appellent *Chizerots*. Ils ne se marient qu'entre eux, du moins jusqu'à ces dernières années, et pour empêcher les filles pauvres de chercher un époux hors de leur village, ils se cotisent pour lui faire une dot. Ils ont

[1] *Recherches sur Salins*, t. I, p. 18.
[2] *Annuaire du Jura*, 1841.

conservé plusieurs coutumes orientales, entre autres le massage. Dans leurs maladies, ils n'ont d'autres remèdes que les frictions. Leurs danses rappellent *la Farandole* et *la Pyrrhique. Allah* était une de leurs exclamations habituelles.

Lorsque Jean Stuart eut mérité par ses services la haute estime dont il jouissait auprès de Charles VI et de Charles VII, il fit venir en France une colonie d'Écossais, ses compatriotes. Charles VII, à sa considération, leur procura un établissement aux environs de Bourges; il leur abandonna une partie de la forêt de Haulte-Brune, située dans la commune de Saint-Martin d'Auxigny, leur permit de la défricher et d'y construire des habitations. Il leur accorda, par lettres patentes enregistrées au parlement, de grands priviléges : le droit d'usage, panage et chauffage, même le droit de couper du bois de construction, exemption de la taille et de tous droits d'entrée dans la ville de Bourges pour le débit de leurs denrées. Il institua pour eux une justice royale et un juge appelé le capitaine de la Salle-le-Ro qui siégeait l'épée au côté, et qui connaissait exclusivement des causes, tant civiles que criminelles, qui intéressaient les habitants et propriétaires de la forêt.

Les seigneurs de Puyvallée, dépositaires de la charte de Charles VII, ayant concédé aux Écossais de grands terrains incultes, jouissaient des mêmes priviléges.

Les habitants de ce canton, qu'on appelle encore *la Forêt*, ont conservé des signes de leur origine primitive; il y en a dont les noms sont encore écossais, tels que les Jamyns, Willandys, Sawy, etc. Ils sont tous intelligents, actifs, industrieux, et se livrent à toute espèce de commerce et de brocantage. Leur pays n'étant pas capable de les nourrir, ils sont toujours par voie et par chemin. Ils s'adonnent beaucoup au roulage ; il y a parmi eux plusieurs voituriers qui parcourent toute la France. Ils sont presque tous propriétaires ; le pays qu'ils ont défriché est couvert d'arbres fruitiers dont ils tirent un grand parti ; ils vont vendre leurs fruits jusqu'à Paris. Enfin ils ne ressemblent en rien à nos paysans du Berry.

Après avoir ravagé l'Italie, les Hongrois passèrent tout à coup les sommets des Alpes et vinrent en Gaule (924). Mais Rodolphe, roi de la Gaule cisalpine, et Hugues de Vienne, les arrêtèrent dans les défilés ; alors ils s'évadèrent par les sentiers écartés, et envahirent la Gothie. Les deux chefs français les suivirent, et en tuèrent autant qu'il leur fut possible.

En 926, ils passèrent le Rhin et commirent des déprédations. Mêmes ravages en 937. Nouveau passage des Alpes en 951 ; ils entrèrent en Aquitaine et y restèrent presque tout l'été. Après beaucoup de dégâts, ils revinrent chez eux par l'Italie.

En 954, ils traversèrent la Lorraine, le Vermandois, le Laonnais, le Rhémois, le Châlonnais, et entrèrent en Bourgogne. Ils perdirent beaucoup de monde tant par les combats que par les maladies, et ceux qui survécurent revinrent chez eux par l'Italie [1].

En 1099, Philippe Ier chasse les Juifs de son royaume. C'était la troisième fois qu'ils étaient expulsés de la France. Orléans perdit mille à douze cents familles qui habitaient cette ville dans un quartier particulier [2].

En 1343, excités par l'exemple de ce qui venait de se passer en Franconie, où un grand nombre de Juifs avaient

---

[1] *Chronique de Frodoard.* C'est à cette invasion, dont les populations gardèrent un terrible souvenir, que nous devons la croyance aux *Ogres*, dont le nom n'est que celui des *Hongres* (Hongrois) dénaturé.

[2] *Recherches hist. sur Orléans*, par D. Lottin père, I, 90.

été sacrifiés à la fureur populaire, les paysans de l'Alsace se soulevèrent en masse pour les exterminer de leur province. Ils entrèrent dans les villages, les bourgs et les villes même, et firent une horrible boucherie. A Ruffach, à Ensisheim, il en périt plus de 1,500. Les paysans assiégèrent Colmar, et leur attitude devint si menaçante qu'une ligue de seigneurs se forma contre eux. Il y eut des combats et des traités. Mais la fureur des paysans était telle qu'ils voulaient à tout prix la vie des Juifs. Une assemblée des seigneurs les bannit. Ce ne fut pas assez ; on les prit, on les brûla, on les égorgea, on les noya dans les marais. Les magistrats de Strasbourg, en 1349, enfermèrent dans la rue des Juifs, ceux qui se trouvaient en cette ville, pour les mettre en sûreté ; mais les corps de métiers s'ameutèrent en tumulte et exigèrent qu'on les leur livrât. Les magistrats préférèrent se démettre de leurs charges ; ils furent bannis et remplacés par des gens du peuple, qui en eurent bientôt fait du procès des Juifs. Ils furent conduits dans leur cimetière ; le peuple leur arrachait par les rues leurs habits, dans l'espoir d'y trouver de l'argent ; de sorte qu'étant presque tout nus, ils furent jetés dans le feu et brûlés au nombre de 2,000, disent les historiens de ce temps-là. Leurs biens furent confisqués, et on ordonna que de cent ans on n'en recevrait aucun dans la ville. Cependant ils y rentrèrent en 1368 ; mais en 1727, ils en étaient bannis depuis longtemps [1].

Au commencement du xvie siècle, les Juifs chassés du Portugal se réfugièrent en Béarn, à Saint-Esprit, Biarritz, Saint-Jean-de-Luz, le Boucan Viena, Peyrehorade. A Saint-Esprit, il s'en établit 1,100. Le gouvernement de Henri II les protégea. Henri IV les persécuta. Louis XV,

---

[1] Louis Laquille, *Hist. d'Alsace*, 1727, liv. XXV.

en 1723, et Louis XVI, en 1776, les assimilèrent entièrement aux Français. En 1725, il y avait 962 Juifs à Saint-Esprit et 146 à Bayonne, qui n'en est séparé que par un pont [1].

On croyait généralement, dans les Pyrénées, que l'on pouvait sans crime tuer les douaniers et les Bohémiens. On en est revenu pour les douaniers, mais guère pour les Bohémiens. Un fait plus étrange que l'existence des serfs du Jura, à la fin du xviii*e* siècle, c'est qu'en France, il se trouve des hommes dont la religion, est le fétichisme, si tant est qu'ils aient une religion sans patrie, sans foyers, sans famille, si par famille on entend une agrégation d'individus réunis dans un but social, et sans notions morales. Ce sont, dans toute l'Europe, les Bohémiens : Gipsies en Angleterre, Zingari en Italie, Gitanos en Espagne, Gipos dans les départements pyrénéens. Notre opinion est qu'il faut voir en eux les tristes débris des tribus arabes d'un sang inférieur, dispersées en Europe par suite des persécutions que leur firent éprouver les tribus plus puissantes, lors des querelles qui, dès les premiers temps de la domination Sarrasine, divisèrent en Espagne les sectateurs de l'Islam ... De tous les Parias, Cagots, Gahets, Crétins, etc., dont les vallées pyrénéennes étaient remplies, il n'y a pas encore deux siècles, les Bohémiens sont les seuls qui se soient conservés à l'état de classe, de caste.

Sous aucun régime l'administration supérieure ou locale n'a cherché à les civiliser. A toutes les époques, les Parlements de Toulouse, de Pau, de Perpignan, etc., ont partagé à leur égard les préjugés des masses; les archives de ces juridictions sont pleines d'édits où se manifeste

---

[1] Morel, *Hist. de Bayonne*, p. 585.

tout le mépris, toute la haine qu'ils inspiraient. Les gouverneurs de province, les intendants, les subdélégués ne s'attachaient qu'à les contenir par la prison, le fouet, le gibet. Depuis la première révolution, il n'y a presque pas un préfet, un sous-préfet, un maire qui ait compris sa mission d'une autre manière.... Visitez les bagnes, visitez les maisons de détention jusque dans les plus petites sous-préfectures, pénétrez dans ces autres geôles qu'on appelle dépôts de mendicité, et vous serez surpris de la grande quantité de Bohémiens que vous y trouverez [1].

Une circulaire du préfet de la Meurthe, 11 octobre 1838, signale la présence de ces vagabonds dans le département, et enjoint aux maires la plus exacte surveillance à leur égard. « Ces individus, dit la circulaire, lors-
« qu'ils ne trouvent point de gîte, soit parce qu'ils ne peu-
« vent le payer, soit parce qu'on ne veut pas les loger,
« campent dans les bois ou dans le voisinage des habita-
« tions et deviennent un sujet d'inquiétude pour la con-
« trée. »

Au mois de juin 1830, les curieux de Paris ont pu voir, dans le bois de Vincennes, camper une famille de Bohémiens. Quelques journaux ont annoncé le fait comme une rareté, à Londres on ne l'eût pas remarqué. Des bandes de Bohémiens campent journellement dans la plaine de Chelsea.

« Environ 500 Bohémiens habitent le district de Mauléon (Basses-Pyrénées). Ils sont moins nombreux dans le Labourd. En diverses localités, ces sauvages se sont apprivoisés ; à Saint-Jean-de-Luz, à Ciboure, à Tordetz, quelques-uns sont propriétaires et font oublier leur origine ou leurs affinités avec une race perverse, odieuse au pays qui en supporte le fardeau [2]. »

[1] *Sentinelle des Pyrénées*, 1839.
[2] Mazure, *les Estrées Béarnaises*.

« Les habitants de cette contrée (les Pyrénées), dit Ramond, m'avouèrent que leurs vallées renfermaient un certain nombre de familles qui, de temps immémorial, étaient regardées comme faisant partie d'une race infâme et maudite [1] ; qu'on n'avait jamais compté au nombre des citoyens ceux qui les composent ; que partout ils étaient désarmés, et que nulle profession ne leur était permise, hormis celle de bûcheron ou de charpentier, qui en est devenue ignoble comme eux, et dont ils tirent un de leurs noms, réputé injurieux à l'égal de celui de *Cagots*, qui les a toujours distingués ; que, charpentiers, ils sont obligés de marcher les premiers au feu ; qu'esclaves, ils doivent rendre aux communautés tous les services réputés honteux ; que la misère et les maladies sont leur constant apanage ; que les goîtres appartiennent ordinairement à leur race ; que leurs misérables habitations sont ordinairement reléguées dans des lieux écartés ; et que si les autres habitants du pays ont maintenant un peu moins d'aversion pour ces infortunés, il n'y a encore entre les deux races nul commerce et nulle alliance qui ne soit un objet de scandale...

« Quel fait plus digne d'exciter la curiosité de l'historien et la pitié du philosophe, que l'existence de ce peuple malheureux dont les tristes rejetons, dispersés le long de l'Océan, depuis le nord de la France jusqu'à son midi, presque toujours désignés par le même nom, ont été partout l'objet de la même aversion, et les victimes de la même inhumanité ? Dans les solitudes de la petite Bretagne, on les voit, dès les temps les plus reculés, traités

---

[1] Depuis que Ramond a écrit ce passage, M. Fr. Michel a publié, sur les *Cagots* et les autres parias de cette espèce, un livre très-curieux dont le titre, *Histoire des races maudites*, semble avoir emprunté quelque chose à cette dernière phrase.

avec barbarie... Le parlement de Rennes est obligé d'intervenir pour leur faire accorder la sépulture ; on les trouve alors désignés par le nom de *Cacous* et de *Cagneux*, et les ducs de Bretagne avaient ordonné qu'ils ne paraîtraient point sans une marque distinctive. Vers l'Aunis, on retrouve leurs pareils, cachés dans l'île de Maillezais. La Rochelle est peuplée par ces *Coliberts* ou esclaves. Ils reparaissent, sous le nom de *Cahets*, en Guienne et en Gascogne, réfugiés dans les marais, les lagunes et les landes longtemps habitables de ces contrées. Dans les deux Navarres ils s'appellent quelquefois *Caffos*. C'est ainsi que les nomme l'ancien *For*, compilé vers 1074. On les découvre enfin dans les montagnes de la Bigorre, des quatre vallées et du comté de Comminges. Là, ce sont ces *Cagots* ou *Capots* que, dans le 11e siècle, je vois donner, léguer et vendre comme esclaves, réputés ici, comme partout, ladres et infects, n'entrant à l'église que par une petite porte séparée, et y trouvant leur bénitier particulier et leurs siéges à part ; qu'en plusieurs lieux les prêtres ne voulaient point recevoir à la confession, auxquels l'ancien *For* de Béarn croyait faire grâce, en prenant sept témoins d'entre eux pour valoir un témoignage ; qui furent, en 1460, l'objet d'une réclamation des états de Béarn, voulant qu'il leur fût défendu de marcher pieds nus dans les rues, de peur d'infection, et qu'ils portassent sur leurs habits leur ancienne marque distinctive, le pied d'oie ou de canard... [1] »

Quelle est la source de tant de haine et de mépris ? Nulle tradition à cet égard, même parmi les malheureux qui en sont l'objet. M. Ramond pense qu'elle ne peut provenir que de la réaction de l'opprimé contre l'oppres-

---

Ramond, *Voyage dans les Pyrénées françaises.*

seur, enfin désarmé. Après une discussion approfondie où il examine si la caste réprouvée des *Cagots* ne serait pas le triste reste des Huns, des Hérules, des Suèves, des Alains, des Vandales et des Ostrogoths, détruits et dispersés par les Visigoths, les Gallo-Romains et les Francs, ou bien le débris de cette multitude de Sarrasins que Charles Martel tailla en pièces dans le voisinage de Tours et de Poitiers, il s'arrête à l'idée que les Goths ont pu seuls encourir une telle malédiction ; puis il s'écrie :

« Telle est la destinée de cette nation qui renversa et fonda des empires, et sur les derniers rejetons de laquelle l'arianisme attira plus de vengeances que le souvenir même de son usurpation. Le peuple entier des Goths, exterminé par les combats, ou fondus dans les habitants du pays, a disparu de la France et de l'Espagne. Cette caste proscrite est tout ce qui en reste ; et ce sang corrompu est le seul qui ne soit pas mélangé. C'est sous des traits avilis par douze cents ans de misères, que les derniers restes de la fierté gothique sont ensevelis. Un teint livide, des difformités, les stigmates de ces maladies que produit l'altération héréditaire des humeurs : voilà ce qui seul distingue la postérité d'un peuple de conquérants ; voilà ce qui a tout effacé, hormis, peut-être, quelques traces d'une structure étrangère que la dégradation de l'espèce n'a pu entièrement détruire, parce qu'il est des traits caractéristiques qui ne cèdent qu'au mélange des races, et non à leurs infortunes. »

Vico, en décrivant l'état hors la loi de la race ennemie, chez les anciens, semble avoir voulu décrire l'état des *Cagots*.

Les Huttiers forment, sur plusieurs points des marais mouillés (au-dessous de Dampvix, près de Niort), une espèce de peuplade à laquelle une situation particulière a fait contracter des mœurs et des habitudes qui les distinguent essentiellement des habitants de la terre ferme. Ils ont généralement la réputation d'être des voisins dangereux pour les terres cultivées qui ne sont pas assez éloignées de leurs habitations. »

Ils vivent dans des cabanes de roseaux dont le milieu est occupé par le foyer qui se compose de deux bois fourchus plantés en terre, avec un autre bois en travers, auquel est suspendue la crémaillère ; du reste, point de moyen d'évacuation pour la fumée qui se concentre sur les parois des perches placées sous le toit et les recouvre d'une couche vernie. Quand on leur demande pourquoi ils ne font pas de cheminées : « Que voulez-vous, répondent-ils, nous sommes habitués comme cela [1]. »

« Cet exemple de la force de l'habitude chez des gens grossiers, fait observer M. Savary, est véritablement bien digne de remarque : c'est une preuve qu'ils nous apparaissent aujourd'hui parfaitement semblables à ce qu'étaient leurs pères il y a nombre de siècles... Je ne puis m'empêcher de les regarder comme un débris des temps les plus antiques. Ces marais, en effet, ont dû être autrefois extrêmement peuplés...

« César nous apprend, dans ses Commentaires, que les peuples des Gaules se retiraient, en toute occasion de guerre, dans de vastes forteresses naturelles, formées de pays marécageux. Bien d'autres historiens nous offrent eurs lumières à l'appui de cette supposition [2]. »

Augustin Thierry, dans son histoire de la Conquête de l'Angleterre, s'exprime ainsi :

---

[1] Cavoleau, *Statist. de la Vendée.*
[2] Savary, *Notice sur les huttiers de la Sèvre*, 1859.

« Les différentes populations du continent européen sont venues, à diverses reprises, se superposer et envahir les unes sur les autres des territoires déjà occupés, ne s'arrêtant qu'au point où des obstacles matériels ou bien une résistance plus forte, occasionnée par une plus grande concentration de la population vaincue, les obligeaient à faire halte. Dans ce mouvement d'invasions successives, les races les plus anciennes, réduites à un petit nombre de familles, ont déserté les plaines et fui vers les montagnes où elles se sont maintenues dans des lieux inexpugnables. C'est ce qui est arrivé en France à la race gallique, lorsqu'après avoir refoulé les Basques vers les montagnes, elle fut elle-même poussée du nord au midi, par la race cambrienne. »

Tout ce qu'il dit des montagnes, ajoute M. Savary, s'applique évidemment, avec non moins de raison, aux forteresses marécageuses. Selon lui, les réflexions de M. Ramond, le célèbre explorateur des Pyrénées, sur les Cagots ou Crétins, sont également applicables aux Huttiers.

Il est intéressant pour nous de savoir qu'à peu d'heures de Niort, « nous pouvons visiter des familles, soit de Goths, soit d'Alains, conservées à l'état fossile, pour ainsi dire, depuis quatorze siècles, avec leurs usages, leurs goûts et leur physionomie primitive. »

Scythes d'origine, ils habitaient vers le Tanaïs, et, depuis, vers le Danube d'où ils partirent quand ils se jetèrent dans les Gaules avec les Suèves et les Vandales. La plus grande partie des Alains passa en Espagne avec ces peuples, mais il en resta quelques-uns dans les Gaules, et l'on en trouve vers Mayence, à Valence et sur les bords de la Loire. Maîtres de Valence, les Alains s'étendaient plus avant dans les terres, et apparemment du côté de la

Loire, puisque, suivant Jornandès [1], lors de l'expédition d'Attila en 451, Sangibanus, roi des Alains, était chargé de la défense d'Oriéans [2]. Le même auteur [3] dit qu'Attila, de retour dans son pays, formant le projet d'aller attaquer les Visigoths, comptait subjuguer en passant les Alains pour punir la révolte des Armoricains. — On peut aussi croire que ce sont les Alains établis dans les Gaules dont Sidonius parle dans la première lettre du IVe livre. Les Alains ne se contentaient pas du pays qu'on leur avait cédé; ils faisaient des excursions dans les autres provinces des Gaules. L'empereur Majorien marchait contre eux lorsqu'il fut tué en Italie (461). Ricimer, gendre d'Anthémius, les extermina entièrement l'an 467 [4]. Cependant, longtemps après, il en venait encore dans les Gaules où ils avaient conservé leur nom.

En 410, les pays précédemment envahis par les Saxons le furent par les Vandales et les Alains. La seconde Lyonnaise se trouva nécessairement dans ce cas. Il est resté jusqu'à nos jours un vestige du passage des Alains dans le nom d'Allemagne que portent deux communes voisines de Caen, et qui indique une petite colonie de ce peuple. Ce n'est pas toutefois à la grande invasion que nous en rapportons l'établissement; mais à celle qui fut commandée par Rocharic vers le milieu du Ve siècle [5].

Un village du canton de Colombey (Meurthe) a reçu le nom d'Alain à cause de l'établissement qu'y formèrent

---

[1] Jornandès, *De rebus geticis*, cap. 37.

[2] *Hist. des villes de France*, tom. II; *Hist. d'Orléans*, par Édouard Fournier.

[3] Jornandès, cap. 43.

[4] *Ibid.*, c. 45.

[5] *Notes pour servir à l'Hist. de Normandie*, par A. Leprevost, 1er partie, Caen, 1834.

ces barbares, peut-être après l'expédition d'Aétius dans l'armée duquel ils étaient engagés.

ORIGINES INCERTAINES. — Nous avons vu combien il était difficile d'établir la généalogie d'un mot, nous allons voir qu'il ne l'est pas moins d'établir celle d'un peuple. Pour cela nous allons encore parler des Bohémiens. Laissons de côté l'étymologie de leur nom qui nous entraînerait trop loin, contentons-nous de raconter les principales suppositions auxquelles leur origine a donné naissance.

Les Bohémiens, dit un ancien voyageur italien, sont les descendants de Caïn, condamnés à une vie errante en punition du crime de leur père. Non pas, répond Beroldus [1], car tous les descendants de Caïn ont dû nécessairement périr, lors du déluge universel.

A en croire les divers systèmes, les Bohémiens viennent :

1° Des *Athinganes*, secte du VIII° siècle, qui n'étai qu'un démembrement de celle des Manichéens ;

2° Des habitants de *Singara*, ancienne ville de Mésopotamie, située sur une montagne du même nom, appelée *Singaras* par Ptolémée ;

3° Des habitants de *Zigere*, ancienne ville de Thrace ;

4° Des *Ziches*, *Zigiers* ou *Zinchers*, ou *Achéens* qui occupaient la Circassie actuelle ;

5° Des habitants de la *Zeugitane*, partie orientale du royaume actuel de Tunis ;

6° Des Zenghis, habitants du Zeng ou Zanguebar en Cafrerie ;

7° Des Zochores, peuple qui, selon Æn. Sylvius, habitait la partie la moins accessible du Caucase, et qui ne vivait que de vols et de pirateries,

8° Des Syginniens qui vivaient, dit Hérodote [2], au nord

---

[1] *Thes. pract.*, col. 1086, au mot *Zigeuner.*
[2] L. v. c. 2.

du haut Danube, ou, dit Strabon, près du haut Caucase;

9° Des Euxiens, peuples de la Perside, qui, selon Raph. Volaterran, faisaient, comme nos Bohémiens, métier de prédire l'avenir;

10° Des Chaldéens, qui avaient les mêmes prétentions;

11° Des anciens prêtres de Cybèle et des prêtresses d'Isis, mêlés avec ceux de la déesse de Syrie [1];

12° De l'Hindoustan;

13° D'une horde d'Esclavons voisins de l'empire des Turcs et de la Hongrie;

14° De la Valachie et de la Moldavie;

15° De l'Egypte proprement dite;

16° De la Basse-Egypte, ou Nubie;

17° Des familles juives qui se retirèrent dans des forêts et des souterrains pour fuir la persécution, vers le milieu du xiv° siècle [2];

18° Des Tatars-Mongols qui émigrèrent en 1401, lorsque Tamerlan s'empara de l'Asie Mineure;

19° De l'Hindoustan, et il faut le dire, supposition pour supposition, cette dernière nous paraît de beaucoup la plus vraisemblable.

Mais il n'est pas étonnant que le berceau d'une race toute mystérieuse soit entouré de mystères, lorsque tant d'autres origines offrent les mêmes difficultés. Prenons, par exemple, le mot *Allemand*, et continuons de mettre les principaux systèmes en présence. *Allemand* vient donc tout à la fois:

1° Des mots latins *Ala*, aile, et *Magnus*, grand;

2° D'*Als*, comme, et de *Man*, homme [3];

---

[1] Voltaire, *Essai sur les mœurs*, ch. 104.

[2] Les Bohémiens ne se répandirent en Allemagne qu'au commencement du xv° siècle.

[3] Bourgoing, *de orig. voc. vulgar.* fol. 82.

3o de *Germania*, quasi *Alhermani* [1];

4o De l'Arabe *Ahl*, peuple, famille, et de *Mannus*, fils de Tuiton [2];

5o D'*Alman*, nom d'Hercule chez les anciens peuples du nord ;

6o D'*Ale* ou *Ala*, nom d'un lieu de l'Esthonie à l'embouchure de l'Assa; aussi d'*Ala*, rivière de Norwége, noms qui dérivent du celtique *Al* eau, et du sanscrit, *Ala*. *Alamanni* voudrait donc dire les hommes d'Ala, et *Alain* aurait la même origine [3].

7o Du lac *Léman*, près duquel ils habitaient [4];

8o Du fleuve *Alemannus* ou *Alamannus*, aujourd'hui *Altmuhl*, qui se jette dans le Danube, à trois milles de Ratisbonne;

9o Du septentrional *Ell*, autre (grec $\alpha\lambda\lambda o\varsigma$) et de *Man*, homme; *Ellmyn*, étranger ;

10o D'*All*, tout, *man*, homme ;

1o A cause de leur grand nombre [5];

2o A cause de la coalition des peuples du nord pour secouer le joug romain ;

3o Parce que les Allemands n'avaient rien que de viril ;

4o Parce qu'ils étaient un ramas de *toutes sortes d'hommes* [6].

L'Europe, au commencement du xiiie siècle, vit fondre sur elle toute une nuée d'usuriers, appelés Cahursins ou Caorsins en français, et en latin *Caorsini, Caturcini, Caur-*

---

[1] Corrubavias.

[2] Ant. Vieyra, *Spec. étymologique.* III; p. 197.

[3] M. Rapsaet, *Mémoire sur l'origine des Belges*, lu à l'Institut royal des Pays-Bas, en juillet 1811.

[4] Isidore de Séville, *Orig.* l. IX, c. 2.

[5] Sperling, *Nov. litter. mar. Baltic.*

[6] Agathias, *Hist.*, l. I.

sini, Cawosini, Corsini [1], qui disparurent avec le siècle suivant. D'où venaient-ils? de quelle nation avaient-ils fait partie? De quelle race? Il plane encore, malgré les controverses des érudits, assez de mystère sur leur origine, pour qu'ils méritent d'arrêter un instant notre attention.

Quelle que soit la diversité des opinions sur cette question si grave et si agitée aujourd'hui de l'intérêt de l'argent, on est à peu près d'accord sur ce point que les usuriers sont, comme le dit M. Depping dans un mémoire sur ce sujet [2], de véritables sangsues des nations. Aussi lorsqu'il s'est agi de classer les Cahursini, tous les peuples soupçonnés de leur avoir donné naissance, se sont-ils empressés de repousser et de se renvoyer les uns aux autres le reproche.

A en croire les historiens français modernes, les Cahursins sortent de la même source que les Lombards, et Ducange est également d'avis que c'est à l'Italie que la France est redevable de ce fléau.

Les Italiens, au contraire, prétendent que c'est de France qu'il leur est venu, et Muratori [3] entasse arguments sur arguments pour laver son pays de cette imputation. Il cite d'abord deux vers du chant XI de l'Enfer du Dante, où il est dit que le cercle décrit est occupé par des scélérats pires que ceux de Sodome et de...... Cahors.

> A pero lo minor giron suggella
> Del segno suo e Sodoma e Caorsa.

Et à cette citation il joint un commentaire de Benvenuto d'Imola, dont la date a de l'importance, car il fut écrit

---

[1] Voyez le *Glossaire* de Ducange.
[2] *Mémoires de la Société des Antiquaires de France*, t. VII.
[3] *Dissert.* XVI, t. I, de ses *Antiquitates Italiæ medii ævi* Milan, 1738, in-fol.

en 1380, alors que l'industrie des Cahursins était à son apogée. « *Caorsa, id est usurarios ; Caturgium enim est civitas in Galliâ, in quâ quasi omnes ferè sunt fœneratores.* »

A ce premier témoignage vient s'ajouter celui de Mathieu Paris qui dans son Histoire d'Angleterre, à l'année 1235, rapporte que cette peste abominable des Cahursins (*c'est-à-dire des banquiers français*) avait fait de tels progrès qu'il n'était presque personne en Angleterre qui ne tombât dans leurs filets[1]. A l'année 1240, Mathieu Paris dit encore que le roi Henri III bannit *les Cahursins, principalement ceux de Sens*.

Mais ces arguments, M. Depping ne les considère pas comme concluants. Il leur oppose divers actes publics, où partout les Cahursins sont désignés comme étrangers.

1º L'ordonnance de Louis IX, du mois de janvier 1268, qui leur défend de tenir des banques usuraires. — « *Extirpare volentes de finibus regni nostri usurariam pravitatem quam quosdam Lombardos et Caorsinos,* ALIOSQUE COMPLURES ALIENIGENAS, *in eodem regno publicè intelleximus exercere !*...

2º Les ordonnances de Philippe le Hardi qui règlent leur trafic.

3º L'ordonnance de Charles d'Anjou où les Cahursins sont mis, comme les Lombards, au nombre des usuriers contre lesquels elle prononce le bannissement. — « *Intelleximus quod Lombardi et Caorsini,* AC ETIAM PLURES ALII ALIENIGENÆ *usurarii in regno nostro publicè super pignora mutuent..,* » Ordonn. de 1268 et 1274 ; tom. I

---

[1] « Invaluit autem his diebus adeo Caursinorum (id est gallicorum trapezitarum) pestis abominanda, ut vix esset aliquis in tota Anglia, qui retibus illorum non illaquearetur. » *Histor. Angl.*

des *Ordonn. des rois de France.* Voyez aussi l'ordonnance du 8 décembre 1289.

4° Les statuts de l'église de Meaux qui défendent d'admettre dans les maisons ou sur les terres ecclésiastiques des Lombards et d'*autres usuriers étrangers qu'on appelle vulgairement Cahursins.* — « *Inhibentes ne quis in domibus vel in locis, aut in terris ecclesiarum, Lombardos aut* ALIOS ADVENAS, QUI VULGARITER CAORSINI DICUNTUR, *usurarios manifestè receptare præsumat.* » *Instrum. histor. Mald.* t. II, p. 492. Cités dans le *Glossaire* de Charpentier et dans le *Glossarium manuale, ex mag. Glossar.* t. II.

Les érudits n'ont pas l'esprit très-conciliant, la nationalité n'est pas très-accommodante de sa nature, et la querelle menaçait de s'envenimer entre deux pays faits, comme on dit, pour s'estimer et s'entendre, lorsqu'il a été suggéré un moyen non moins efficace que banal d'accommodement. C'était de rejeter la faute sur un tiers. Le Piémont, à raison de sa position géographique, semblait destiné par la nature à être le terrain neutre sur lequel s'arrangerait l'affaire, le *mezzo-termine* entre deux extrêmes, le bouc émissaire, l'offrande expiatoire qui devait apaiser la discorde et sur laquelle les deux ennemis devaient se serrer la main et s'embrasser.

Tout alors s'est expliqué. Les Cahursins venant d'un pays intermédiaire, il n'était pas étonnant que l'Italie eût cru qu'ils venaient de France, la France qu'ils venaient d'Italie. On a retrouvé des actes publics où il est parlé de *Lombards du Piémont*; on a acquis dans les actes publics des Dauphins, publiés par Valbonais, la preuve que le Dauphiné, qui touche au Piémont, était inondé de banquiers étrangers.

Habemus confitentem reum! On a déterré une chronique d'Asti qui avoue qu'en 1226 les marchands de cette ville piémontaise commencèrent à faire de l'usure en France et qu'ils y gagnèrent beaucoup d'argent.

Ce n'est pas tout, la géographie est venue en aide à l'histoire, et l'on a su que le Piémont avait une ville du nom de *Cavours* ou *Cavors,* en latin *Cabarum,* et en italien *Caorsa.*

La preuve, comme on voit, est accablante : restons-en là, de peur de nous replonger dans de nouvelles incertitudes toujours pénibles à un esprit qui est ennemi du scepticisme et amoureux de son repos.

Races disgraciées. — Une commission de savants, que le roi de Sardaigne avait chargée, au commencement de l'année 1850, d'établir la statistique et de rechercher les causes du crétinisme dans ses Etats, vient de publier un travail dans lequel on trouve des détails curieux sur cette maladie dont les victimes peuplent toutes les belles vallées des Hautes-Alpes.

La commission sarde a constaté que le crétinisme était presque toujours accompagné d'une conformation défectueuse du crâne, de l'absence de toute énergie musculaire, de l'impuissance, et plus ou moins d'idiotisme. Des observations faites sur le cadavre de quelques crétins lui ont démontré que chez ces êtres incomplets, la matière cérébrale se trouvait en bien plus faible quantité que chez es autres hommes. Elle ne croit pas que le crétinisme et le goître soient nécessairement liés, et la preuve qu'elle en donne, c'est que dans la population sarde alpestre, qui est presque entièrement goîtreuse, on ne rencontre aucune trace de crétinisme, tandis que dans certaines vallées supérieures, où le crétinisme est fréquent, on ne trouve pas de goîtres.

Suivant la commission, le crétinisme endémique se rencontre seulement dans les vallées et dans les plaines voisines des plus hautes élévations alpestres. Comme s'ils avaient l'instinct de la répulsion qu'ils inspirent, ces êtres disgraciés recherchent les endroits les plus sombres, les trous sous les rochers, les marécages environnés d'arbres. L'abri le plus misérable leur suffit ; ils sont incapables de sentiments ; à peine éprouvent-ils des sensations.

Sur une population de 2,650,905 habitants, le Piémont compte 5,075 crétins avec goîtres, et 2,014 sans goîtres ;

2,163 de ces malheureux ne possèdent aucune faculté raisonnable et n'ont pas même conscience de leur sexe.

5,518 ont quelque faculté de langue, mais leur intelligence, si on peut ici employer ce mot, est limitée à leurs besoins corporels.

Enfin, 1,414 sont un peu moins imparfaits au moral et au physique. On pourrait, avec beaucoup de soins, leur apprendre un métier. Ils ne sont pas, comme les précédents, absolument dépourvus de pudeur.

Dans la haute Styrie, la Carinthie, le Tyrol, où les vallées sont profondes et étroites comme celles du Valais et du Piémont, on trouve aussi des crétins. On les appelle *goanques*, *gagges*, *lappes*, noms singuliers qui semblent dérivés de ceux des *Gouanches* et des *Lapons* [1].

PRÉJUGÉS DES RACES. — Les Guèbres sont un peuple errant et répandu dans plusieurs contrées de la Perse et des Indes, triste reste de l'ancienne monarchie persane que les Califes arabes ont détruite dans le viie siècle. Le plus grand nombre des Perses dut alors renoncer à la religion de ses pères ; les autres se dispersèrent en différents lieux de l'Asie où, sans patrie et sans rois, méprisés et haïs des autres nations, et invinciblement attachés à leurs usages,

---

[1] Rohrer, *Tableau des tribus allemandes de l'Autriche*, tom. II, pag. 76.

ils ont, jusqu'à présent, conservé la loi de Zoroastre. Il y a beaucoup de superstition et d'ignorance parmi les Guèbres ; mais ils sont doux et humbles, tolérants, charitables et laborieux. Quoique pauvres et simples dans leurs habits, ils n'ont point de mendiants parmi eux ; ils sont tous artisans, ouvriers et agriculteurs.

Ils sont prévenants envers les étrangers, de quelque nation qu'ils soient ; ils ne parlent point devant eux de leur religion ; mais ils ne condamnent personne, leur manière étant de bien vivre avec tout le monde et de n'offenser qui que ce soit, même les mahométans, qu'ils ont tant de raisons de haïr, puisque ceux-ci, non contents de les condamner au mépris, les ont accusés, dans tous les temps, d'impiété, d'idolâtrie, d'athéisme et des crimes les plus infâmes. Ils détestent, en général, les conquérants, et particulièrement Alexandre. Cette haine traditionnelle est remarquable et vient à l'appui de l'origine perse qu'on leur attribue. Ils n'épousent que des femmes de leur religion et de leur nation, et vivent entre eux sous la conduite de leurs anciens qui leur servent de magistrats.

Les Guèbres ont été quelquefois désignés sous les noms de Parsis et de Magions ; mais celui de Guèbre a prévalu. Ce qu'il y a de singulier dans ce nom, c'est qu'il est d'usage chez plusieurs nations de l'Europe et de l'Asie, et que, sous différentes formes et en différents dialectes, il est partout l'expression d'une injure grossière. Le changement du *b* en *u* donne *guur*, autre nom des Guèbres ; une inflexion dans les voyelles donne *giaour* (infidèle) chez les Turcs ; le changement du *g* en *k* donne *Kèbre*, qui est aussi en usage ; et celui du *b* en *ph* ou *f* produit *Kufre*, nom que plusieurs peuples d'Afrique ont reçu des Arabes, parce qu'ils ne pratiquent point la loi de Mahomet.

L'inverse et la métathèse des radicaux de ce nom de

Gebr, ont porté dans l'Europe, par le canal des Phéniciens ou des Arabes d'Espagne, les expressions populaires de *bogri*, *borgi*, *bougari* et *bougeri*, qui conservent en eux l'idée du crime contre nature dont les Guèbres sont accusés par les Persans modernes. Nos ancêtres n'ont pas manqué de même d'en décorer les hérétiques du xiie siècle ; et nos étymologistes ont savamment dérivé ces mots des Bulgares, *à Bulgaris* [1].

La cinquième caste de l'Inde, les Parias, classe immonde et proscrite, a tous les signes d'une race primitive vaincue lors de l'irruption des Indous dans la Péninsule, vers le xiie siècle avant l'ère chrétienne, si l'on en croit les conjectures historiques. Suivant l'abbé Dubois, elle forme une masse de 22 millions d'individus, divisés en vingt-cinq métiers, ou castes, dont la plus abjecte est celle des cordonniers, parce qu'ils touchent aux cadavres des animaux. Les Parias adorent *Marientale*, la déesse du mal. Quoi d'étonnant ? le Dieu de bonté ne s'est jamais manifesté à eux par ses bienfaits.

Le 17 septembre 1394, un édit de Charles VI bannit de France les Juifs, qui avaient déjà été proscrits plusieurs fois sous Philippe le Hardi; ils avaient été obligés de porter une corne sur la tête ; il leur était défendu de se baigner dans la Seine. Plus tard, on ne leur permit de reparaître qu'avec le chapeau jaune, signe infamant de leur race, qu'une rouelle de drap de même couleur finit par remplacer. Les Juifs de Metz la portaient encore au xviie et au commencement du xviiie siècle.

Si pauvre qu'il soit, l'Espagnol dont le sang n'a pas été souillé par un mélange de sang maure, est appelé hono-

---

[1] Voir l'*Encyclopédie*, art. *Guèbre*.

rable; mais, dans le cas contraire, aucun rang ne les protège contre le stigmate du *mala sungre*.

Les *Morisques*, descendants des Maures, dont M. Albert de Circourt a donné une si curieuse histoire, ont depuis longtemps disparu du territoire espagnol : les uns se sont convertis, les autres cédant aux proscriptions de Philippe III et de Philippe IV, et préférant l'exil à l'abandon de leur croyance, ont émigré soit en Afrique, patrie de leur foi, soit en France, où ils se mêlèrent dans quelques provinces, à la masse de la population, tandis que dans quelques autres, telle que l'Auvergne, ils restèrent distincts des autres habitants et formèrent sous le nom de *Marannes*, une sorte de caste de parias, que M. Francisque Michel n'a eu garde d'oublier dans son excellente *Histoire des races maudites*.

RAPPROCHEMENTS ET INFLUENCES ETHNOLOGIQUES. — Les femmes des Hottentots portent, dès l'âge de douze ans, jusqu'à leur mort, de petites bandes de cuir d'agneau ou de brebis, larges d'un doigt, qui leur couvrent les jambes, et qui s'étendent depuis la cheville du pied jusqu'au genou. — Les femmes, chez les habitants de la baie de Bon-Succès, portent, selon le témoignage de Cook, Banks et Salander, un morceau de peau autour des hanches, et des lanières autour de la cheville du pied.

Lorsqu'une veuve, chez les Hottentots, a envie de se remarier, elle est obligée de se faire couper une jointure des doigts, pour chaque mari qu'elle prend après la mort du premier. — Une nation du Brésil, appelée les Tucumans, observe la même coutume, avec cette différence, cependant, que chez les Hottentots ce sont les femmes veuves qui se coupent le bout des doigts pour pouvoir se remarier, au lieu que les Tucumans se font cette opération toutes les fois qu'il meurt un de leur proches parents.

Les Hottentots aussi bien que les habitants des îles Caraïbes en Amérique, courbent les membres de leurs morts; de manière qu'on peut comparer leur figure à celle d'un enfant lorsqu'il est encore dans le sein de sa mère.

Cook, Banks et Salander trouvèrent la circoncision et le dogme de la métempsychose, établis chez les habitants de l'île d'Otaïti. Ils jetaient des fleurs sur leurs morts, et mettaient auprès d'eux du poisson et d'autres vivres. Ils élevaient aux gens riches, après leur mort, des obélisques ou des pyramides assez hautes, et de moins élevées pour les personnes de moindre condition. — Il n'y a pas un de ces traits qui n'ait un rapport singulier avec les coutumes des anciens Egyptiens, Phéniciens et Carthaginois. Pline, Hérodote et Strabon, assurent que les habitants de la Colchide et les Egyptiens se circoncisaient. Les Egyptiens mirent aussi à côté de leurs morts toutes sortes de vivres, et l'on connaît l'usage de leurs pyramides.

Les nègres, en Afrique, ont à l'égard de tout ce qui concerne la religion, les mêmes usages et coutumes que les Américains [1].

L'analogie de mœurs et de coutumes entre les peuples de l'ancien monde et ceux du nouveau, n'est pas moins remarquable. A ce propos l'auteur que nous avons déjà cité, Scherer, fait les réflexions suivantes :

« Deux nations très-éloignées l'une de l'autre, peuvent sans doute se ressembler à plusieurs égards dans leur manière de vivre, sans néanmoins sortir de la même souche ; mais aussitôt qu'on trouve chez deux différents peuples dont on peut prouver la communication, une ressemblance frappante de coutumes fantasques, et quelquefois atroces et contraires à la nature, c'est une marque con-

---

[1] Voir les relations de *Georges Candidius*, prêtre hollandais.

vaincante qu'ils les ont empruntées les unes des autres... Jamais des gens sensés ne se persuaderont que des nations entières aient pu imaginer d'elles-mêmes, sans se consulter, des usages bizarres, et cependant semblables; au lieu qu'il n'est que trop ordinaire de voir des usages ridicules et même superstitieux s'accréditer et trouver des sectateurs. »

Les Esquimaux et les Groënlandais s'appellent frères, et tout porte à croire qu'ils ont une commune origine; de nombreux rapports existent entre leur langue, leurs mœurs, leur religion et leurs cérémonies. La conformité du langage est surtout frappante; nous allons en donner quelques exemples :

	ESQUIMAUX.	GROENLANDAIS.
Le Renne.	Caribu.	Caribu.
L'Ile.	Kikertak.	Kekertak.
La barrière.	Stuiktok.	Stuiktok.
Un étranger.	Kablunet.	Kablunet.
Comment t'appelles-tu ?	Kena erlet?	Kina iolit ?
Deux.	Marguk.	Mardluk.
Le Grand-Esprit.	Torngarsuk.	Torngarsuk.
L'air, l'esprit, le monde.	Silla.	Silla.
Il voit.	Tikkoa.	Tekkoa.
Le tonnerre.	Kallek.	Kullek.
Des harengs.	Angmarset.	Angmarset.
La mer.	Esaco.	Esaco.
Un homme.	Angut.	Angut.

« Ce n'est que depuis peu que nous savons, dit Scherer [1], que les Groënlandais, sortant de la terre de Labrador et du pays des Esquimaux, vinrent s'établir dans le Groënland, en traversant, entre le 66e et le 69e degré de latitude septentrionale, le détroit qui sépare l'Asie septen-

[1] *Recherches hist. sur le Nouveau-Monde*, 1777, in-8º.

trionale du nord de l'Amérique, et en faisant le tour du détroit de Davis ou de la baie de Baffin. » La similitude des mœurs avait fait prévoir longtemps cette communauté d'origine.

Les Péruviens avaient quatre grandes fêtes dans l'année, principale, établie à Cusco, se célébrait aussitôt après le coucher du soleil; la seconde et la troisième au temps des équinoxes, la quatrième était appelée la Fête des Chevaliers et n'avait pas de jour fixé. Ces fêtes des Péruviens ont un singulier rapport avec celles des Chinois, relativement à leur nombre et au temps où elles se célébraient.

La manière de compter l'année, chez les Péruviens et les Mexicains, s'accordait parfaitement avec celle des Chinois, qui l'avaient prise eux-mêmes des Egyptiens. Chez les uns et chez les autres, l'année comprenait 365 jours partagés en 18 mois; les cinq jours supplémentaires étaient des jours de réjouissance. Cela rappelle nos sans-culottides. Leur semaine consistait en 13 jours, et leur siècle en quatre semaines d'années, ou 52 ans [1].

Les rois du Pérou, ainsi que les empereurs de la Chine, s'appelaient Fils du soleil.

Dans l'enceinte de la ville de Cusco, il y avait un arpent de terre dont le défrichement était expressément défendu aux habitants; il était destiné pour le monarque et sa famille qui se réservaient l'honneur de le labourer. La femme du roi apprenait aux Indiennes à filer, à tisser le coton et la laine; elle leur enseignait tous les exercices convenables à leur sexe, et tout ce qui regarde l'économie domestique. Les empereurs de la Chine se réservent de même un arpent de terre pour le labourer avec leur fa-

---

[1] *Hist. univ. de l'Amérique*, t. II, p. 37. — Gerard Vossius, *Idolât.* C. 1, c. 28.

mille, et dès le commencement de la monarchie chinoise, Ching-Nong obligea l'Impératrice et ses femmes à faire des ouvrages à l'aiguille, pour engager les dames chinoises à se livrer à une semblable occupation.

Garcilaso de la Véga, qui a écrit l'histoire des Incas du Pérou, rapporte que les Espagnols ayant pénétré dans l'intérieur d'un temple, y trouvèrent un tableau représentant un grand dragon auquel le peuple du pays rendait hommage. « Les empereurs de la Chine ont choisi un dragon pour leurs armoiries et pour celles de la famille impériale, à l'exclusion de tout autre [1]. »

L'usage de se serrer les pieds pour les rendre petits existait chez les Péruviennes de qui les Espagnols l'ont pris probablement. On sait jusqu'à quel point cette mode est poussée en Chine.

Les Américains portent leurs divinités avec eux, dans leurs voyages de mer; ils ont même la coutume de les attacher à leurs canots. Les Chinois le font encore, et les Phéniciens l'ont pratiqué dans tous les temps, au rapport d'Hérodote et d'Hésychius.

« Les Quipos forment encore un objet de ressemblance entre les Péruviens et les Chinois, car avant que les Chinois se fussent servis de leurs chiffres d'aujourd'hui, ils employaient aussi des nœuds pour exprimer leurs volontés et faire passer leurs intentions jusque dans les contrées les plus éloignées [2]. »

De tout cela, et de la ressemblance des traits du visage, Scherer conclut que les Péruviens sont les descendants des Chinois.

Il paraît constant, ajoute-t-il, qu'outre le Pérou, les Chinois ont encore peuplé d'autres parties de l'Amérique.

---

[1] Trigantius, *De expeditione apud Sinas*, liv. IV, p. 38.
[2] *Recherches historiques sur le Nouveau-Monde.*

Il corrobore son opinion de celle de M. Guignes, auteur des *Remarques géographiques et critiques sur la position des contrées de l'Asie et de l'Amérique septentrionale*, qui prouve par des faits, incontestables selon Scherer, que les Chinois avaient établi un commerce florissant dans l'Amérique septentrionale, dès l'an 458 de l'ère chrétienne, et que le centre de leur commerce subsistait principalement dans la partie située vers le nord-ouest de la Californie. MM. Engel et Robert de Vaugondy se réunissent pour cette opinion et nomment ce pays *Quivira*.

Les voyageurs s'accordent à trouver de la similitude de mœurs, d'opinions et de langage, entre les Américains indigènes et les Tatars. Ils ont les mêmes superstitions et disent avoir été chassés par la crue des eaux. Toutes les tribus diminuent, décimées par des maladies nombreuses et de funestes habitudes.

M. J. Tolmer, dans le feuilleton du *Journal des Débats* du 6 avril 1847, émet l'opinion que les races faibles, comme la race australienne et la race finoise, en contact avec une race forte, comme la race anglaise, reproduisent des sujets plus rapprochés de la dernière, de telle façon qu'on pourrait formuler ce principe général : que les races faibles sont destinées à disparaître. — Il ajoute, à l'appui de cette opinion, qu'on a observé que les femmes australiennes qui ont produit quelques enfants avec des Européens sont frappées de stérilité avec les indigènes.

« Toutes les races humaines ont la faculté de se reproduire entre elles, écrit M. Alph. Esquiros[1] résumant les observations et les expériences de M. Serres. La nature, ajoute-t-il, a pourtant mis certains obstacles au rapprochement de leurs extrêmes : l'union d'un individu de la race

---

[1] *Revue des deux Mondes*, 1er avril 1845, pag. 165.

éthiopique avec une femme blanche est douloureuse, antipathique, le plus souvent improductive. La condition inverse est, au contraire, favorable au mélange des sexes : l'union du blanc avec la femme noire est facile, sympathique et presque toujours féconde... La nature veut l'élévation des races, elle ne veut pas leur abaissement. »

Un des phénomènes les plus remarquables de l'histoire est l'extinction graduelle des Aborigènes qui se trouvent en contact avec les races européennes. Que les famines, les épidémies, les privations et les fléaux de tous genres tendent à décimer des populations qui les subissent avec toute l'incurie du fatalisme ; on le comprend : mais, en général, la nature redouble d'énergie au lendemain de ces catastrophes, et elle parvient à réparer ses pertes. La guerre elle-même qui est faite aux sauvages sous prétexte de civilisation, la guerre avec toutes ses conséquences, ne suffirait point à expliquer la disparition complète de certaines races telles que les Guanches, les Caraïbes [1], dont celles qui restent encore disent dans leur langage poétique : « Ils ont fondu comme la neige aux rayons du soleil. » Il a fallu qu'à cet accroissement de mortalité se joignît une halte dans le chiffre des naissances.

C'est, du moins, la solution que donne de ce problème M. le comte de Strzlecki dans son ouvrage intitulé : *Description physique de la Nouvelle-Galles du sud et de la terre de Van-Diémen*, où il donne le résultat de ses observations pendant un long séjour parmi les natifs du Canada, de la Californie, du Mexique, des Marquises, et autres peuplades. Selon lui, l'anéantissement des races indi-

---

[1] Il existe encore des Caraïbes sur le continent américain, mais on n'en trouve plus dans les îles. En 1845, dans la terre de Van-Diemen on ne comptait plus que trente ou quarante individus de la race primitive.

gènes est dû à un affaiblissement dans les facultés propres à continuer et à procréer l'espèce. A l'en croire, cette stérilité serait uniquement du fait de la femme, et se manifesterait de la façon très-curieuse, dont il a été dit un mot tout à l'heure.

Ainsi, chaque fois qu'une femme du *pays s'unit à un Européen, elle perd aussitôt la faculté de concevoir avec un indigène, conservant néanmoins sa fécondité dans ses rapports avec les hommes blancs.* Or cette union, qui a pour cause tantôt l'attraction naturelle des sexes, tantôt les rites hospitaliers en usage chez les nations primitives, est très-fréquente, et a partout produit les mêmes effets. Le comte de Strzlecki dit avoir constaté la chose chez les Hurons, les Seminoee, les Yakies, les Araucos, les Peaux-Rouges, etc. On comprend dès lors combien le nombre des aborigènes a dû se réduire. Seulement cette théorie, pour être plus qu'ingénieuse, aurait besoin de s'appuyer sur des preuves plus rigoureusement scientifiques, et pour qu'elle fût complète, il serait bon de vérifier si les mêmes résultats se produisent dans l'union d'une femme blanche avec un indigène, ou si, par une faculté d'assimilation croissante avec la beauté physique, la fécondité de notre race l'emporte sur l'influence de ce contact.

MÉLANGES. — Dans un voyage qu'il a fait à travers la partie de l'Amérique du sud située entre l'équateur et le tropique du Capricorne, M. Castelnau rapporte un fait assez rare qu'il a observé, dit-il, à Arequipa, celui de la fécondité d'une mule. Cette mule a engendré deux fois : 1º à l'âge de sept ans, avec un âne, et a produit un mulet semblable en tout aux autres animaux de ce nom ; et 2º à l'âge de neuf ans, avec un cheval : cette fois, elle a produit une véritable jument, assez chétive et de petite taille.

On croise un animal domestique avec un autre d'une race différente ; on croise ensuite le produit de ce mélange avec un individu de l'une de ces races pures. Le nouveau produit se rapproche de celle-ci. On continue les croisements d'après le même principe, jusqu'à ce que le dernier rentre dans l'un des types primitifs, ce qui arrive en général au bout de la quatrième génération.

Nous avons des renseignements positifs sur ce qui arrive en pareil cas dans les races humaines dont les traces, dans les générations successives, sont le plus reconnaissables ; celles des nègres ou des blancs disparaissent dès la quatrième ou la cinquième génération, conformément au résultat général que nous avons indiqué chez les animaux domestiques[1]. S'il faut s'en rapporter au témoignage d'un des délégués du commerce français en Chine, l'obliquité des yeux que nous sommes accoutumés à considérer comme un des caractères essentiels des figures chinoises, serait infiniment plus rare dans le pays que nous ne le supposons. Ce délégué affirma au secrétaire de la Société d'Ethnologie que, quant à lui, en parcourant les abords de Canton ou des villes du nord, il n'avait jamais rencontré cette obliquité que par exception, surtout chez les hommes ; qu'elle semblait à la vérité plus commune chez les femmes, mais que cela tenait à ce que les femmes regardaient comme une beauté d'avoir la peau du front et des tempes entièrement tendue, qu'elles y arrivaient tout naturellement par l'emploi de la coiffure, qui a pris d'elles le nom de coiffure chinoise, et que cette tension avait nécessairement pour effet de relever l'angle externe de l'œil.

---

[1] *Des caractères physiologiques des races humaines*, par W. F. Edward, 1829.

— D'après une statistique du mosaïsme, on ne compte guère que 4 au 5 millions de juifs dans l'univers, tandis que le bouddhisme compte 400 millions d'adeptes, le brahmisme, 200 millions ; le christianisme, 230 à 250 millions ; le mahométisme, de 130 à 150 millions, et le fétichisme, de 80 à 100 millions.

Les juifs sont ainsi répartis : environ 500,000 en Syrie et dans le reste de la Turquie d'Asie, 600,000 dans le Maroc et le nord de l'Afrique, 50 à 80,000 dans l'Asie orientale, 100,000 en Amérique et environ 2,200,000 en Europe, savoir : 13,000 en Angleterre, 1,594 en Belgique, 850 en Suède et Norwége, 6,000 en Danemark, 70,000 en France, 52,000 dans les Pays-Bas, 1,120,000 en Russie, 651,000 dans les Etats autrichiens, 214,454 en Prusse, 175,000 dans le reste des Etats de la confédération germanique, et enfin 4,000 en Italie.

Un mot avant de terminer. Les ouvrages de la nature de celui-ci vivent nécessairement d'emprunt, et le nombre des auteurs et des livres cités par nous chemin faisant prouve suffisamment notre désir de rendre à chacun ce qui lui est dû. Quant aux omissions que nous aurions pu commettre, nous nous en excuserons par un nouvel emprunt fait à l'Avertissement de la collection intitulée l'*Opinion en Alphabet*, et nous dirons avec Voltaire : « Ce recueil est extrait des ouvrages les plus estimés, qui ne sont pas toujours à la portée du grand nombre ; et si l'auteur ne cite pas toujours les sources où il a puisé.... il ne doit pas être soupçonné de vouloir se faire honneur du travail d'autrui, puisqu'il garde lui-même l'anonyme, suivant cette parole de l'*Evangile* : Que votre main gauche ne sache point ce que fait votre main droite. »

TABLE DES MATIERES

CONTENUES

DANS CE VOLUME.

A.

	Pages.
A au lieu d'*o* dans certains mots de la langue française	66
Aborigènes. — Leur extinction graduelle	357
Afrique	279
Algèbre. — Etymologie de ce mot	93
Alphabet	4
Altérations diverses de certains mots de la langue française	46
Amazone. — Etymologie de ce mot	77
Amérique du nord	176
Amérique. — Richesse de la grammaire de certains peuples de cette contrée	24
Anthropologie	266
Arlequin. — Etymologie de ce mot	83

	Pages.
Asie..	277
Aspects du sol de la Grèce. — Ses modifications....	183
Assassin. — Etymologie de ce mot.................	80
Atlas (premier).......................................	154

B.

Baïf. — Ses vers mesurés sur le rhythme grec et latin..	73
Bal. — Etymologie de ce mot.......................	79
Baragouin. — Etymologie de ce mot...............	70
Bière. — Etymologie de ce mot.....................	86
Blason. — Etymologie de ce mot...................	92
Bohémiens..	305

C.

Caillette. — Etymologie de ce mot..................	99
Cagots. — Leur vie malheureuse....................	335
Californie...	198
Cartes anciennes.....................................	155
Cartes curieuses......................................	160
Cataracte du Niagara................................	250
Cérès. — Cervoise. — Etymologie de ces mots.....	86
Ceylan..	245
Champollion. — Ce qu'il dit de l'écriture Egyptienne	8
Chevaliers de la Table ronde. — Origine de cette dénomination......................................	103
Chine..	200
Chinois (les) à Batavia...............................	278
Chinois. — Obliquité de leurs yeux................	359
Classement des races humaines basé sur la forme du crâne...	267

TABLE DES MATIÈRES.

Pages.

Climats de l'Europe	167
Cocagne. — Etymologie de ce mot	94
Colonie danoise dans le Groënland	194
Colonie de familles indigentes	145
Cosaques	316
Cours bizarre de quelques fleuves et ruisseaux	189
Courbure de la terre	164

D.

Daougan. — Etymologie de ce mot	96
Découvertes géographiques	179
Dictionnaire de signes en usage dans les monastères	141
Difficulté de la fusion des races	307
Diversités corporelles dans quelques races	273
Druses et Maronites	279

E.

Echantillons de la langue française à ses différents âges	37
Ecriture chinoise	9
Émigrations	312
Enceintes de Paris	214
Espagne	300
Esquimaux et Groënlandais. — Leur origine commune	353
Ethnologie	262
Étrangers qui ont écrit en français	57
Étude du grec en Europe	29
Étymologies	77
Europe	300
Excroissances subites à la surface du globe	192
Expéditions dans les mers polaires	247

364 CURIOSITÉS PHILOLOGIQUES, ETC.

                                                              Pages
Expériences géographiques........................ 220
Expressions perdues et néologisme.............. 219
Extension de la langue française................. 5:
Évaporation de l'eau de la mer................... 221

F.

Fécondité remarquable d'une mule..... .... 35!
Fermetés. — Étymologie de ce mot............... 8!
Fleuves....................................... 17
Florin. — Étymologie de ce mot. 9:
Formation de la langue française................ 3:
Forteresses de verre............................ 23:
Français qui ont écrit en langue étrangère........ 6:
Frontières.—Rapprochements bizarres à cet égard. 23:

G.

Genre des mots *Soleil* et *Lune* chez différents peu-
    ples...... 149
Geoffroy Tory. — Son opinion sur l'alphabet latin. 10
Géographie..................................... 154
Géographie conjecturale et imaginaire... .... 22:
Géographie politique........................... 19/
Géographie rétrospective....................... 25
Glaces des Alpes. — Leur quantité............. 18
Guaranis (les). — Nation de mœurs singulières.... 277

H.

Hasard.—Étymologie de ce mot................. 9:
Hébrides (les) — Absence d'arbres dans ces îles.. 231
Hiatus (les)................................... 74
Hiéroglyphes..................................
Hommes de paille.—Étymologie de ces mots...... 100

TABLE DES MATIÈRES.

Pages.

Huttiers de la Sèvre.................................... 337

I.

Iles Falkland... 199
Iles Malouines.. ib.
Islande. — Sa physionomie............................... 240

J.

Jamaïque (la). — Ses tremblements de terre............. 191
Jean Goropius. — Son opinion sur la langue primitive... 1
Journal et alphabet Iroquois............................ 25
Juifs. — Leur nombre................................... 360
— — Persécutions qu'ils eurent à subir................. 331

K.

Kircher. — A étudié le premier les hiéroglyphes........ 7
Kordofan... 209

L.

Langage des bêtes...................................... 131
Langage des fleurs..................................... 137
Langues anciennes...................................... 28
— chez les modernes.................................... ib.
Langue d'Oil. — Quelques observations sur cette langue. 64
Langue flamande (la). — Sa retraite devant la langue française... 126
Langue française....................................... 35
Langue groënlandaise. — Une particularité de cette langue...

	Pages
Langue latine	3
La Paulette. — Étymologie de ce mot	9
Latin de cuisine	3
Leibnitz. — Son projet d'alphabet	

M.

Malte	24
Mangeurs de terre	29
Marolles (abbé de) — Le nom qu'il donne aux divers cris des animaux	13
Mélanges géographiques	25
Méridiens comparés	16
Mérinos. — Étymologie de ce mot	9
Mers (des)	24
Méthodes diverses pour apprendre l'hébreu en quelques leçons	
Méthodes pour apprendre l'orthographe	7
Mexique	291
Mines de sel de la Barbarie	191
Ministre. — Étymologie de ce mot	100
Modifications géographiques	186
Montagnes	17
Moutarde. — Étymologie de ce mot	93
Mots usités depuis peu	124

N.

Nations Caucasiennes	309
Nil (le). — Ses sources	259
Nombre des combinaisons des vingt-cinq lettres de l'alphabet	1
Nombre des langues connues	9
Nombre de mots dont se composent certaines langues modernes	11
Noms propres	104
Noms propres chez les Romains	109

Noms propres et mots bizarres chez quelques peuples sauvages.................................. 20

O.

Océanie... 295
Ogre. — Étymologie de ce mot................. 83
Opinion de quelques auteurs étrangers sur la langue française................................. 127
Origine de certains noms contemporains......... 105
Origine des noms des États-Unis............... 103
Origines incertaines............................. 341
Orthographe...................................... 63

P.

Paletot. — Étymologie de ce mot................ 84
Paris... 211
Paris. — Étymologie de ce mot.................. 81
Paris sous les Romains.......................... 212
Passage au pôle nord............................ 224
Patois de France................................. 47
Peau (de la).................................... 276
Péquin. — Étymologie de ce mot................ 100
Percement de l'isthme de Panama............... 192
Père. — Façon dont ce mot s'exprime chez cent soixante-dix nations différentes................. 15
Petaud. — Étymologie de ce mot................ 82
Philologie conjecturale......................... 130
Philologie emblématique........................ 137
Poids de la terre et de la mer................. 221
Pôles magnétiques............................... 258
Populations diverses ayant concouru à former la nation française............................. 322

	Pages.
Porphyrogénète. — Etymologie de ce mot........	48
Préjugés des races.............................	348
Première langue (de la).........................	1
Prononciation du latin..........................	30
Proportion dans laquelle certaines langues d'Europe sont parlées dans le Nouveau Monde..........	11
Prusse..	202

Q.

Quebec. — Etymologie de ce mot................	90
Queux. — Coq. — Etymologie de ces mots........	96

R.

Races disgraciées.............................	347
Races humaines. — Leur classification...........	262
Races indiennes du Brésil......................	288
Rapports entre les Péruviens et les Chinois........	354
Rapprochement et influences ethnologiques.......	251
Recherches faites au sujet de l'expédition de sir John Franklin...............................	247
Réformes dans l'orthographe des divers pays.....	70
Républiques *en miniature*.....................	224
Richesse de certaines langues sauvages..........	23
Riflard. — Etymologie de ce mot................	86
Rocher de Sémiramis dans la ville de Van........	152
Rodomont. — Etymologie de ce mot.............	100
Russie..	206

S.

Sable du désert. — Sa finesse...................	187
Sac (le mot) est le même dans toutes les langues. — Explication qu'en donne Jean Goropius..........	4
Sahara. — Etymologie de ce mot................	97
Sibérie. — Groupes de peuples qui l'habitent......	321

TABLE DES MATIÈRES.

Singularités géographiques..................... 274
Singularités. — mélanges...................... 172
Sobriquets employés dans la correspondance de
   Henri IV et de Villeroy..................... 112
Staten Island, dans les Etats-Unis.............. 195
Surnoms..................................... 111

T.

Tentatives faites pour la Réforme de l'orthographe
   française................................... 67
Terre (de la)................................. 161
Testament. — Etymologie de ce mot............ 100
Tintamarre. — Etymologie de ce mot........... Id.
Titres.. 114
Traité des noms............................... 287
Tremblement de terre de Lisbonne............. 241

V.

Vallée du Jourdain............................ 188
Vaudois et albigeois.......................... 304
Versification................................. 93
Vieux mots inusités actuellement.............. 119
Voltaire. — Ce qu'il dit de l'alphabet.......... 4
   — — Innovation dans l'orthographe........ 64
   — — Son opinion sur la langue primitive . 3
Voyelles (les). — Sont la langue du rire........ 131

FIN DE LA TABLE.

TABLE DES CHAPITRES.

	Pages.
Philologie	1
Prolégomènes	Id.
Langues anciennes	28
Langue française	35
Orthographe	63
Versification	73
Etymologies. — Noms propres. — Néologismes	77
Philologie conjecturale	131
Philologie emblématique	137
Singularités. — Mélanges	149
Géographie	154
Ethnologie	262

FIN DE LA TABLE.

www.ingramcontent.com/pod-product-compliance
Lightning Source LLC
Chambersburg PA
CBHW070456170426
43201CB00010B/1361